财务决策模拟实验教程

主　编◎饶琼利　祝勇军
副主编◎颜才玉　肖倩冰　敖天平

中国财经出版传媒集团
经济科学出版社
Economic Science Press
·北京·

图书在版编目（CIP）数据

财务决策模拟实验教程／饶琼利，祝勇军主编；颜才玉，肖倩冰，敖天平副主编． －－北京：经济科学出版社，2025.6. －－ISBN 978－7－5218－6922－4

Ⅰ．F234.4

中国国家版本馆 CIP 数据核字第 2025R9C772 号

责任编辑：顾瑞兰
责任校对：孙　晨
责任印制：邱　天

财务决策模拟实验教程

CAIWU JUECE MONI SHIYAN JIAOCHENG

主　编：饶琼利　祝勇军
副主编：颜才玉　肖倩冰　敖天平

经济科学出版社出版、发行　新华书店经销
社址：北京市海淀区阜成路甲 28 号　邮编：100142
总编部电话：010-88191217　发行部电话：010-88191522
网址：www.esp.com.cn
电子邮箱：esp@esp.com.cn
天猫网店：经济科学出版社旗舰店
网址：http://jjkxcbs.tmall.com
固安华明印业有限公司印装
787×1092　16 开　16 印张　250000 字
2025 年 6 月第 1 版　2025 年 6 月第 1 次印刷
ISBN 978－7－5218－6922－4　定价：59.00 元
（图书出现印装问题，本社负责调换。电话：010-88191545）
（版权所有　侵权必究　打击盗版　举报热线：010-88191661
QQ：2242791300　营销中心电话：010-88191537
电子邮箱：dbts@esp.com.cn）

前　言

会计学是一门十分成熟的学科,会计学专业是一个十分成熟的专业。随着时代的进步,企业会计管理理念和管理会计功能伴随着数智化而不断深化,以大数据、区块链、人工智能、云计算等现代化新兴技术的发展应用为平台的财务数据信息化要求也越来越高,财务会计工作不再仅仅只是为企业提供"过去"的真实业绩信息,而更需要财务会计工作者运用专业技能去帮助企业"认清当下"和"预测未来",真正参与企业的经营管理和各项决策工作。因此,从人才需求的角度出发,新时代对于会计学、财务管理学、审计学等专业学生的专业理论知识、综合实践能力等都提出了新的要求。基于这种认识和新时代背景,我们编写了《财务决策模拟实验教程》。

一、《财务决策模拟实验教程》的使命

众所周知,会计学具有核算和监督两个基本职能。就其核算职能视角而言,会计学具有规范性、可操作性特征。就其监督职能视角而言,会计学具有决策的系统性和前瞻性特征。在当今社会生活高度数智化的信息时代,会计人才专业素质又必须符合合法性、合理性、公允性和创新性要求,随着财务会计不断向信息化、智能化方向发展,传统的基础性会计工作将由财务软件信息系统和财务智能机器人完成,不仅使得大量会计专业劳动力得以解放、会计人才市场

需求发生巨变，而且会导致会计管理工作关键点前移，会计管理工作重心也将从对于事项的信息报告管理前移为对于事项的预测决策管理，人才培养应该呼应这种市场的变化。

《财务决策模拟实验教程》呼应这种变化了的市场对于人才培养的要求，响应产教融合和人才强国的教育发展战略，在高校教育人才培养中，与人才培养方案课程体系其他创新性课程共同担负起培养新时代会计专业人才的使命，满足高校教育在新时代、新要求的背景下必须要充分重视开展实验课程的教学要求，即在传授学生专业理论知识的同时，也要注重学生实践技能水平的提高，以及学生综合素养的提升，使他们能够更好地接轨现代社会，帮助其顺利完成从高校教育到社会工作实践的过渡。

坦率地说，会计实务工作已经远远超前于大学专业教育，人才培养工作滞后于会计实务工作。由于缺乏对企业人才需求的充分了解，致使当下很多高校会计学专业的人才培养脱离社会需求。为有效解决人才培养供给侧和需求侧的"两张皮"问题，党的十九大报告明确提出"深化产教融合、校企合作"。2019年10月，国家六部委发布的《国家产教融合建设试点实施方案》再次明确指出，要深化产教融合，促进教育链、人才链与产业链、创新链有机衔接。党的十九大报告明确提出，"教育、科技、人才是全面建设社会主义现代化国家的基础性、战略性支撑"，"深入实施科教兴国战略、人才强国战略、创新驱动发展战略"，"加快建设教育强国、科技强国、人才强国"。那么，按照产教融合和人才强国的要求，基于"双链融合"的创新课程教学改革具有十分重要的意义。《财务决策模拟实验教程》呼应这种创新要求，其使命就是培养新时代会计专业人才。

二、《财务决策模拟实验教程》的目标

《财务决策模拟实验教程》基于"产教融合"的大环境，根据融合"会计

信息链"与"专业课程链"的要求撰写而成，在创新课程教学中实现会计方法与经济业务融合、业务核算与财务分析融合、会计信息化与智能化财务融合、专业判断与财务决策融合、资源管理与协作沟通融合、价值创造与社会责任融合、课程教学与专业竞赛融合、知识与能力融合、创新与创业融合、课程思政与企业文化融合的课程教学目标。

在信息化大数据背景下，会计专业人才培养应该符合会计实务的综合变革要求，《财务决策模拟实验教程》要求会计综合仿真实验在网中网、用友等财务软件信息化平台操作。通过会计综合仿真实验，掌握现实中企业财务会计实现信息化、数智化的过程和技能，学会财务决策的基本方法程序，培养创新意识，提升创新创业能力，夯实学习能力和职业后续自我提升能力。

在会计综合仿真实验过程中，不仅要求学生掌握财务会计基本业务处理的知识技能，而且要求学生掌握通过财务决策平台实现创业决策、企业筹资管理决策、企业运营管理决策、企业收益分配管理等会计管理和财务决策的知识技能，学会把所学专业知识与实际业务相结合，培养和提升学生的会计业务处理能力、会计管理能力、团队协作能力、信息沟通能力、分析预测能力、财务决策能力，提升学生的专业素质、综合能力、创新意识和学习能力，把科学知识迅速转化为生产力。

同时，会计综合仿真实验所采用的网中网财务决策平台是大学生财务决策大赛竞赛平台，通过会计综合仿真实验，培训学生参加大学生财务决策大赛的能力，实现以学代训、以学助赛、以学促改、以学促教的目标。通过积极组织学生参加竞赛，又可以实现以赛代练、以赛促教、以赛促改的教育教学改革目标，从而实现以学助赛、以赛促学的良性循环。

三、《财务决策模拟实验教程》的篇章设计

《财务决策模拟实验教程》分为财务决策平台及功能篇、财务决策平台规则

讲解篇、企业运营决策实战篇、会计业务处理篇、纳税业务篇、财务分析篇和教师管理篇七个篇章。

第1篇，财务决策平台及功能篇。主要介绍财务决策平台特色及学生端功能。

第2篇，财务决策平台规则讲解篇。主要介绍平台关于原材料规则、产品规则、日常费用规则、投资规则、筹资规则、市场营销规则、或有事项规则、非货币性资产交换规则、人力资源规则、信誉规则、工作规则、内部会计核算政策等。

第3篇，企业运营决策实战篇。主要内容包括企业运营决策战略，包括产品生产决策、取得房产和设备决策、生产线建设决策、原材料采购决策、产品生产决策、财务杠杆决策、研发投入决策、销售管理决策等。

第4篇，会计业务处理篇。运营决策产生的所有经济业务如何编制记账凭证，如何核算产品生产成本以及如何登记账簿和编制财务报表等。

第5篇，纳税业务篇。主要包括企业增值税的申报、印花税的申报、城市维护建设税和教育费附加申报、个人所得税申报要点、年度所得税汇算申报等业务的申报及纳税核算，通过信息化平台实现。

第6篇，财务分析篇。主要包括财务指标分析和企业经营绩效综合分析。

第7篇，教师管理篇。主要包括教师端功能模块的使用和课程教学的设计和考核。

四、《财务决策模拟实验教程》课程思政特色

《财务决策模拟实验教程》课程教学以小组形式组织实施，每一小组为一家模拟企业。每4人为一组，分别担任企业4个不同角色，完成从创办企业到企业经营到财务报表生成全过程的模拟实验。

《财务决策模拟实验教程》内容融合了会计学、财务学、法学、管理学、经

济学、税务管理以及现代信息技术等多学科、多种技术知识，融合了管理学、经济学、法学等多学科理论知识和理工科技术方法。实施《财务决策模拟实验教程》教学，从一开始就让每一位学生迅速进入角色，分工协作，运用多学科交叉融合理论知识和现代信息技术方法完成企业创立、价值实现过程中的各种决策和运作。不仅培养学生的专业技能，而且可以在潜移默化中培养学生的沟通能力、合作能力、专业判断能力、决策能力、社会责任感等，让学生懂得做人的道理，获得做事的能力，养成做人做事的责任和情怀，有社会责任感和环境认同感。

《财务决策模拟实验教程》适用于采用网中网财务决策平台教学的相关实验课程，包括会计学、财务管理学、审计学等专业的《会计综合仿真实验》《财务管理实验》等课程教学，以及采用网中网财务决策平台教学的其他经管类专业的《业财融合训练》等课程教学。

整个编写过程中，感谢湖南工商大学颜才玉博士、祝勇军博士、程晓娟博士、肖倩冰博士，湖南信息学院敖天平老师，湖南科技大学佘志先老师的共同努力。

饶琼利

2024 年 12 月 12 日

目 录

第 1 篇　财务决策平台及功能 ·· 1
 一、财务决策平台特色 ··· 3
 二、财务决策平台概念图 ·· 6
 三、财务决策平台学生端功能 ·· 7
  （一）系统运营主页 ··· 7
  （二）采购管理 ··· 10
  （三）生产管理 ··· 14
  （四）销售管理 ··· 18
  （五）物资管理 ··· 24
  （六）人力资源管理 ·· 28

第 2 篇　财务决策平台规则讲解 ·· 32
 一、原材料规则 ··· 33
 二、产品规则 ·· 34
  （一）产品生产 ··· 34
  （二）产品成本 ··· 35
  （三）产品销售 ··· 36
  （四）产品研发 ··· 37

三、日常费用规则 ·· 38
四、投资规则 ·· 38
 (一) 生产线、房产、其他资产投资 ························ 38
 (二) 股票投资 ·· 40
五、筹资规则 ·· 40
 (一) 筹资方式 ·· 40
 (二) 短期贷款规则 ···································· 40
 (三) 按揭贷款规则 ···································· 41
 (四) 贷款资金到账日期 ································ 41
六、市场营销规则 ·· 41
七、或有事项规则 ·· 41
八、非货币性资产交换规则 ·································· 42
九、人力资源规则 ·· 42
十、信誉规则 ·· 43
十一、工作规则 ·· 43
十二、内部会计核算有关政策 ································ 44

第3篇　企业运营决策实战篇 ·································· 46
一、企业运营决策 ·· 46
 (一) 企业运营决策平台基本要求 ························ 46
 (二) 企业运营决策前期准备工作 ························ 48
 (三) 企业运营决策基本战略 ···························· 49
二、选择产品决策 ·· 49
三、取得房产决策 ·· 51
 (一) 实验企业不动产 ·································· 51
 (二) 不同方式取得不动产对企业现金流的影响 ············ 52

（三）厂房方案的选择 ……………………………………………………… 54
　　（四）办公用房方案的选择 …………………………………………………… 55
四、生产线建设及其他设备决策 ………………………………………………… 55
　　（一）生产线建设决策 ………………………………………………………… 55
　　（二）采购办公设备方案决策 ………………………………………………… 57
五、原材料采购决策 ………………………………………………………………… 57
　　（一）原材料采购流程 ………………………………………………………… 57
　　（二）原材料采购批量 ………………………………………………………… 59
　　（三）原材料精准采购量 ……………………………………………………… 61
　　（四）小规模纳税人和一般纳税人利润平衡点下的原材料采购量 ……… 61
　　（五）原材料采购付款方式选择 ……………………………………………… 62
　　（六）原材料入库成本及供应商选择 ………………………………………… 63
六、产品生产决策 …………………………………………………………………… 64
　　（一）生产方法选择 …………………………………………………………… 64
　　（二）制定生产预算计划 ……………………………………………………… 64
　　（三）预估生产所需原材料用量和工人数量 ………………………………… 66
　　（四）调整生产计划 …………………………………………………………… 66
　　（五）估算产品的生产成本 …………………………………………………… 67
　　（六）企业生产本量利分析 …………………………………………………… 68
七、利用财务杠杆决策 …………………………………………………………… 74
　　（一）杠杆理论 ………………………………………………………………… 74
　　（二）财务杠杆的运用 ………………………………………………………… 77
八、企业销售管理决策 …………………………………………………………… 79
　　（一）承接订单的销售管理 …………………………………………………… 79
　　（二）产品价格 ………………………………………………………………… 80
　　（三）产品的广告投入 ………………………………………………………… 81

（四）产品订单对企业的影响 …………………………………… 83
　　（五）企业收入确认 ……………………………………………… 86
九、研发投入决策 …………………………………………………… 87
　　（一）企业研发投入的影响 ……………………………………… 87
　　（二）测算研发投入的成本 ……………………………………… 88
　　（三）研发投入产品的选择 ……………………………………… 88
　　（四）研发投入阶段的选择 ……………………………………… 89
　　（五）测算研发投入成本考虑税收影响的经济效益 …………… 90

第4篇　会计业务处理篇 …………………………………………… 91

一、成本管理 ………………………………………………………… 91
　　（一）开具和索取发票 …………………………………………… 91
　　（二）月末成本核算 ……………………………………………… 94
二、资金管理 ………………………………………………………… 102
　　（一）报账审核关联生成相应记账凭证 ………………………… 102
　　（二）通过嵌入的电算化信息系统录入稽核原始单据记账凭证 … 121
　　（三）通过嵌入的电算化信息系统录入不附带原始单据凭证 … 128
　　（四）录入保存凭证相关提示 …………………………………… 131
三、财务总监 ………………………………………………………… 132
　　（一）凭证查询 …………………………………………………… 132
　　（二）凭证审核 …………………………………………………… 132
　　（三）凭证检查 …………………………………………………… 133
　　（四）凭证过账 …………………………………………………… 133
　　（五）结转损益 …………………………………………………… 133
　　（六）期末结账 …………………………………………………… 134
　　（七）生成报表 …………………………………………………… 134

第5篇 纳税业务篇 ... 138

一、增值税纳税业务 ... 141
（一）增值税计算原理 ... 141
（二）增值税计税方法 ... 141
（三）可抵扣进项税额 ... 142
（四）应纳税额计算实例 ... 143
（五）增值税的申报 ... 144
（六）平台增值税业务申报及处理 ... 147

二、印花税纳税业务 ... 155
（一）印花税的申报要点 ... 155
（二）征税对象 ... 155
（三）征税范围 ... 156
（四）税目税率 ... 157
（五）财务决策平台涉及的印花税 ... 159

三、城市维护建设税和教育费附加纳税业务 ... 160

四、个人所得税纳税业务 ... 162

五、企业所得税纳税业务 ... 162
（一）年度所得税汇算清缴定义 ... 162
（二）企业年度所得税汇算申报 ... 163
（三）财务决策平台所得税申报示例 ... 172

第6篇 财务分析篇 ... 191

一、企业财务能力分析 ... 191
（一）偿债能力分析 ... 192
（二）营运能力分析 ... 196

（三）获利能力分析 ·· 198
　　（四）发展能力分析 ·· 200
二、企业综合绩效分析——杜邦分析体系 ·································· 202

第 7 篇　教师管理篇 ·· **204**
一、财务决策平台教师端功能 ·· 204
　　（一）班级管理 ·· 205
　　（二）学生管理 ·· 207
　　（三）实验批次管理 ·· 210
　　（四）实验运行组管理 ·· 211
　　（五）成绩管理 ·· 217
　　（六）稽查管理 ·· 219
二、平台教学设计 ·· 236
　　（一）教学对象 ·· 236
　　（二）教学目标 ·· 237
　　（三）教学要求 ·· 237
　　（四）教学实施 ·· 239

第 1 篇　财务决策平台及功能

本课程要求学生以团队形式,通过人机对抗方式,分角色虚拟运营一家工业企业,着重训练学生从 CFO 的角度综合运用企业管理、财务管理、会计、税法、市场营销等理论知识实际运作企业的能力。

本课程依托的虚拟仿真软件是厦门网中网软件有限公司开发的《财务决策平台》共享版。该平台通过计算机网络仿真模拟企业实务操作,形象生动,具有良好的交互性;学生可以在系统中扮演运作一家企业的各种主要角色,类似玩游戏一样去体验企业运营管理的全过程,增强了课程的体验性和趣味性;系统设计了企业运营的内外部环境,具有很强的不确定性,提高学生的变通能力;系统融合了企业运营、财务决策、财务共享服务中心、税收筹划等操作模块于一体,具有很强的综合性,提高学生在专业之间融会贯通的能力。

平台提供 500 万元的初始资金,提高学生的创新创业能力。500 万元资金该如何配置自己的资产、生产何种产品、如何投资、如何盈利、如何经营好自己创办的企业,实现价值最大化等,都由学生自行决定,提高其创新创业实践能力。

系统内置集成了电算化平台,将企业运营中产生的数据自动智能地生成仿真单据,学生通过对单据的解读、判断填写记账凭证,最后生成财务报表,让学生体验到运营决策会产生何种原始凭证,如何根据该原始凭证填制记账凭证,最后如何编制会计报表披露相关财务信息,提高同学们会计业务处理能力,以及对业财融合的理解，真正地把业财融为一体。同时，通过信息化平台的嵌入，提高学生的信息化处理能力。

内置集成报税系统，完全模拟现行税务系统的表单及申报流程，学生依照现行法律法规如实填报企业运营过程中产生的税务信息且申报缴纳；同时，利用大数据信息将学生经营数据抓取，并形成正确的财税信息，方便学生们在实验过程中查找错误、不足，从而进一步提高学生专业知识的应用能力。

该平台也是一个竞赛平台，目前已举办十届财务决策大赛，通过学生的参赛可以不断促进教学，不断促进教学改革，从而不断提升教学质量。

在财务决策实验过程中，所有参加训练的学生在同一市场环境下组建不同公司，自主决策、自主经营，应用所学的财务管理等知识技能，努力提升企业绩效；应用财会、税务等知识加工出准确无误的财税信息，以便决策者利用这些信息，作出更加准确的经营决策。

每个企业（小组）设置运营管理、资金管理、成本管理、财务总监4个角色，完成1~3个月（或9~12个月）的企业全过程运营，包括采购、员工招聘、生产、广告、销售、研发等企业运营决策，并对决策所产生的会计信息进行账务处理和纳税申报，编制资产负债表和利润表等主要财务报表，并进行财务分析。

该门课程每个角色既有自己独立的工作任务，同时还需与其他角色密切配合、沟通，树立全局观念，并对关乎企业生产运营的各个方面进行关注。例如，采购要考虑价格波动及供应商情况，生产要考虑产能匹配、研发、广告投放情况，人员招聘要考虑企业实际需要等。学生通过任务实施，以及各种决策的制定，可以体会企业运营管理的全过程，并且将运营产生的原始凭证编制记账凭证，并进行成本核算，最后生成财务报表，将所学的学科知识综合运用到虚拟企业运营中，做到决策和信息处理之间的融会贯通。

每个企业初始注册资金均为500万元，经营范围为电子产品的生产与销售，现阶段可生产的产品是抽油烟机、电视机、微波炉，每个企业从上述3种产品中选择生产，原材料和产品价格随市场波动而不断变化，企业可以进行研发投入，不断提高产品质量，通过广告的投放进入不同市场销售，企业可以自主进行筹资业务，每家企业最高可向银行贷款500万元，也可以通过购买股票获取收益。总之，每个企业自主经营、自主决策、自负盈亏。

运营结束，进行账务处理并生成报表信息。系统按照运营结果以及会计处理的正确性，会自动评分，系统自动评定企业运营成果（满分100分）和稽查得分（账务处理和纳税申报，满分100分），总成绩由运营得分（占比70%）和稽查得分（占比30%）构成。每次运营结束后，系统给出详细得分报告。

一、财务决策平台特色

1. 各个实验环节充分体现了资金成本、时间成本、企业信誉、机会成本等企业价值理念

每个初创企业，平台都是统一提供500万元的资金，企业从采购到生产到销售都涉及资金的流动，而资金的利用率和资金的时间成本是平台考核的一个主要指标。

企业在运营过程中若出现延迟付款或不能按时交货等，会导致企业信誉下降，并且扣减信誉值分，后期即使规范经营该值也不会再增加。因为信誉降低，企业需要计提一定比例的信用减值损失。

在企业运营过程中面临各种决策，每种决策的选择都会产生相应的机会成本，在这个平台里都会有体现。

2. 从CFO的角度进行企业运营管理，充分体现财务决策的重要地位

从首席财务官（CFO）的角度来审视企业运营，财务决策的重要性不言而喻。CFO作为企业财务战略的核心制定者与执行者，其决策不仅影响企业的日常运营，还深刻塑造着企业的长期发展方向和竞争力。

资本配置与优化：CFO负责确保企业资本的有效配置，包括投资决策、融

资策略以及工作资本管理。通过精确分析项目的预期回报率、风险水平，CFO 能够指导企业投资于最具潜力的领域，同时优化资本结构，平衡债务与股权融资，以降低资本成本并提升企业价值。

风险管理与控制：在不确定的市场环境中，CFO 通过建立健全的风险管理体系，识别、评估并应对财务风险，如市场风险、信用风险、流动性风险等。通过财务策略调整、保险购买、对冲操作等手段，CFO 能够保障企业财务稳健，减少突发事件对企业运营的冲击。

绩效评价与激励机制：CFO 参与设计并实施企业的绩效评价体系，确保各部门的目标与整体财务目标相一致。CFO 通过制定合理的预算、成本控制和利润目标，以及与之配套的激励措施，激励管理团队和员工共同努力，实现企业财务和战略目标。

CFO 负责对外披露准确、及时的财务信息，增强投资者信心，维护良好的企业形象。通过有效的投资者关系管理，CFO 能够吸引更多资本，降低融资成本，为企业的持续发展奠定坚实基础。

综上所述，CFO 在企业运营中通过一系列关键的财务决策，不仅保障了企业的财务健康，还促进了企业战略目标的实现，充分体现了财务决策在企业运营中的核心地位。CFO 的专业能力和战略眼光，是企业持续成长和竞争力提升不可或缺的一环，也决定了企业价值创造能力。

3. 引入市场机制，让学生真切体验市场调控功能和市场风险

财务决策平台引入市场机制，让学生在实验业务过程中能够真切体验到市场调控功能和市场风险。比如，在财务决策平台中，原材料价格是每日波动的，产品的价格也是波动的，每个实验小组经营的企业必须按照波动的价格进行市场风险预测，以及其对采购成本、销售收入的影响，据此作出购销业务决策。

4. 加入企业风险控制实验，让学生真切体验风险控制对财务决策的影响

在财务决策平台里，加入企业风险控制实验功能，让学生在实验中分析风

险控制对财务决策的影响。比如，采购过程中，有可能面临企业不能按时发货，进而直接影响企业生产、销售，甚至影响企业信誉的情况。实验中要求学生运用经济订货批量控制的相关专业知识进行决策，实现精准采购的管理决策，以降低企业生产经营风险。

5. 创设企业运营真实环境，实验操作完成会计业务核算全过程任务

财务决策平台模拟企业运营的真实环境，每4人为一小组，每个小组代表一家企业进行实验。每企业设置运营管理、资金管理、成本管理、财务总监4个角色，完成1～3个月（或9～12个月）的企业全过程运营，包括采购、员工招聘、生产、广告、销售、研发等企业运营决策，并对决策所产生的会计信息进行账务处理和纳税申报，编制资产负债表和利润表等财务报告，并进行财务分析。

每个学生通过先分组、再分工完成一个企业所有运营决策，并对运营过程中产生的相关原始单据由资金管理角色进行业务关联，自动生成相应的记账凭证。由成本管理进行月末的成本核算，结转产品成本，由CFO进行凭证审核、凭证过账、损益结转和期末结账，最后生成财务报表，不仅完成一个企业所有的会计业务处理工作，而且能够实现真正的业财融合。

同时，每个决策和对应的原始单据相结合，通过实验切身体会，进而实现跨学科、跨专业之间知识的融会贯通。

学生在平台使用中通过完成虚拟企业设置的工作任务来加深对理论知识的理解和反思，并不断通过复习、拓展理论知识来指导虚拟企业的运作，最终实现知识和能力的全面提升。

6. 真实再现企业纳税申报场景，培养学生纳税筹划意识

财务决策平台里涉及到增值税、城市维护建设税、教育费附加、印花税、所得税等纳税申报，以及计提税费和缴纳税费的相关会计业务处理。通过纳税

申报场景的设计和纳税稽查，培养学生纳税筹划意识。

7. 建立稽查功能，提升学生审计查账能力

财务决策平台提供了稽查功能，实现企业税务自查，多角度审核企业账务，锻炼和提升学生审计查账业务能力。学生通过自查，可以发现会计业务处理过程中存在的问题，并及时解决。比如，出现银行存款账实不符，那就是资金管理角色的付款类凭证和收款类凭证的错误，查询该类凭证，并按正确方式处理。通过此类稽查，可以锻炼学生审计和查账能力。

二、财务决策平台概念图

财务决策平台概念如图 1-1、图 1-2 所示。

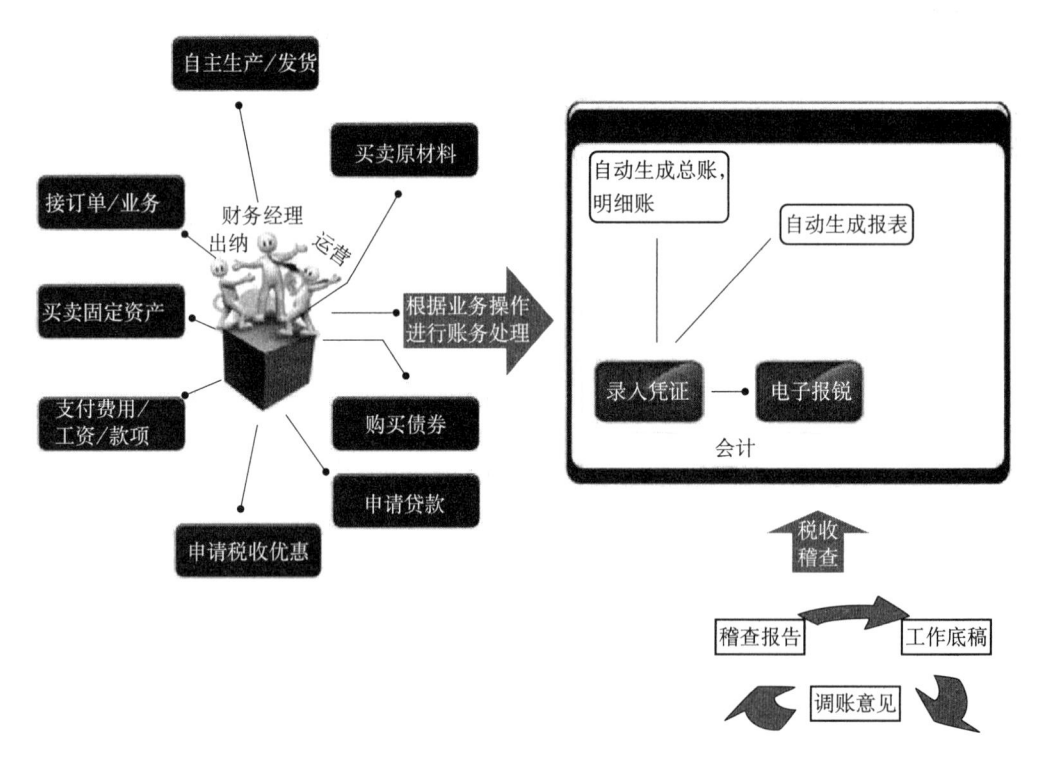

图 1-1 财务决策平台概念（非共享版）

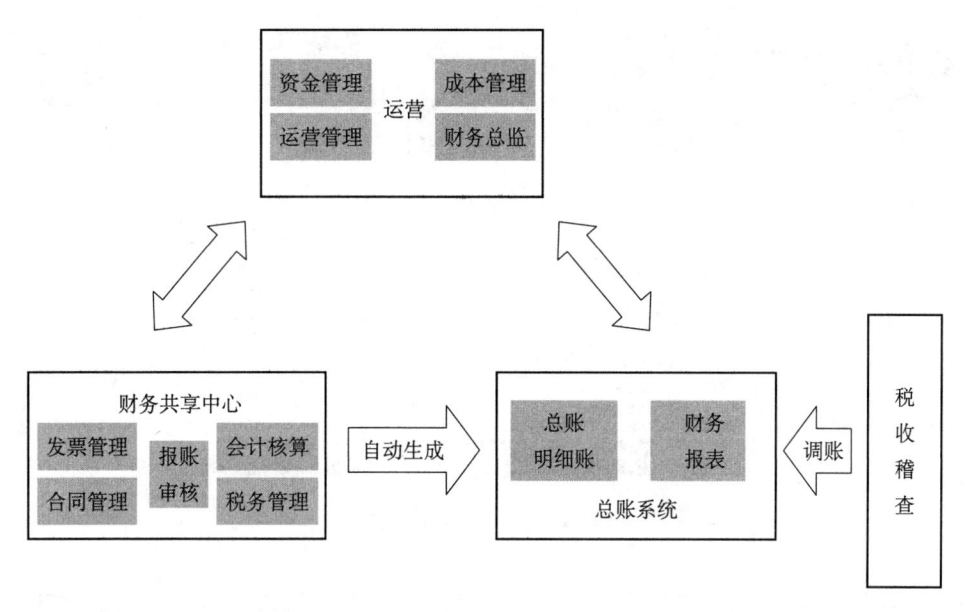

图 1-2 财务决策平台概念（共享版）

三、财务决策平台学生端功能

学生登录系统后，即代表开始运营教师所分配的实验企业，进行各种日常经济业务，目的就是将实验企业运营好。系统分为运营、出纳、会计、财务经理和财务总监 5 个角色，财务决策平台立足于财务部门，除了财务部门的角色细分以外，企业中其他角色统称为运营角色，首次登录会要求学生选择一个角色。

（一）系统运营主页

学生登录系统运营主页（如图 1-3、图 1-4 所示），可以看到主页面分为 3 个区域，最上面是一排信息查询菜单；中间是市场资讯、今日事项、待办事项、我的审批单和组信息；左侧是各种操作的菜单，学生可以在左侧菜单中选择相应项目进行各种操作。

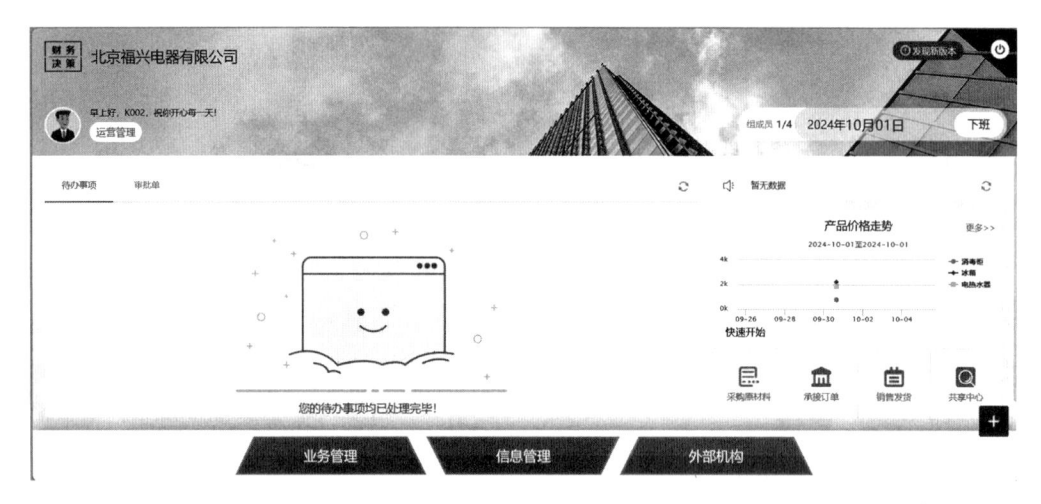

图 1-3 财力决策平台主页

图 1-4 信息查询菜单

1. 角色信息

左侧为企业名称、角色头像和相应的角色名称（这里可点击角色名称进行切换角色）。

2. 成员信息

点击"组成员"，可以查看小组的信息（如图 1-5 所示），如果其他成员已下班，但还有事项未完成，其他成员可以通过该界面将其召回加班。

图1-5 组成员信息

3. 系统当前时间

当天事情处理完毕可以下班，其余角色均下班后，财务总监可以控制进入下一天或者下几天（如图1-6所示）。下班后发现某角色有当天未处理事项，可以选择该角色加班。

图1-6 上下班时间控制

4. 待办事项、审批单

待办事项为企业经营过程中待办理的事项，不必一有事项就处理（如款项支付事项），当待办事项出现红色背景的"今日任务"字样时，必须当日处理完毕，否则无法进入下一天。审批单为企业经营中需要审批的单据，单据审批后相关业务才能继续执行（如图1-7所示）。

5. 快速开始

系统依据每个角色的不同操作需求，设置有快速开始的访问入口（如图1-8所示），节约学生的操作时间。

图 1-7 待办事项、审批单

图 1-8 快速开始入口

（二）采购管理

学生可以在采购市场中采购，购买或租赁房产、生产线及其他固定资产（如图 1-9 所示）。

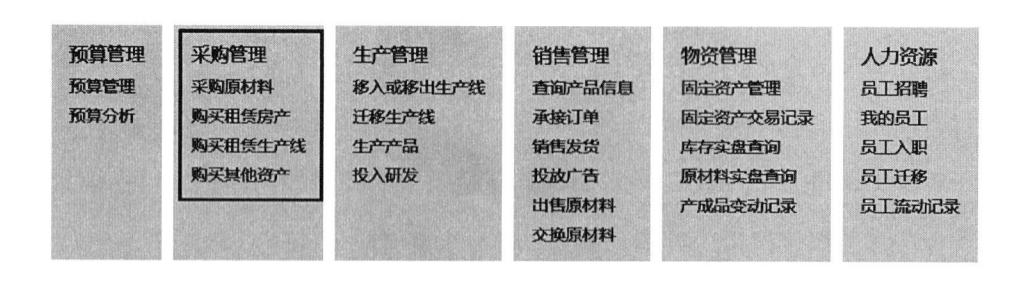

图 1-9 采购管理菜单

1. 采购原材料

市场提供了多种原材料。原材料价格随市场变化。学生在采购的时候应当关注供应商的信息、原材料价格走势图、材料与产品配比、现金折扣条件、商业折扣条件、付款方式、运费等相关信息（如图1-10所示）。根据需求自主选择材料（如图1-11所示）。采购完成付款，到货后可以由成本管理索取发票。

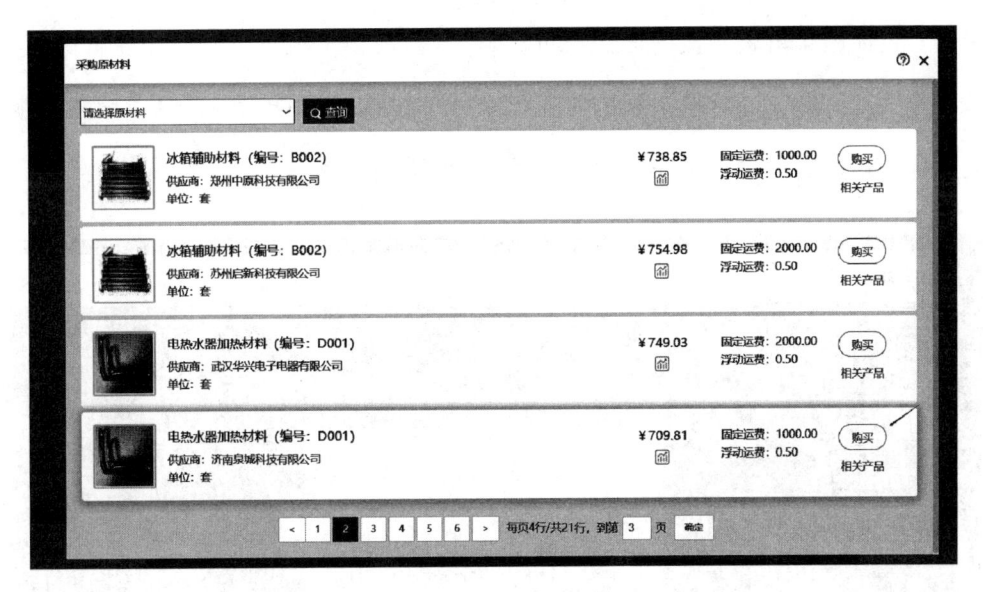

图1-10 原材料信息

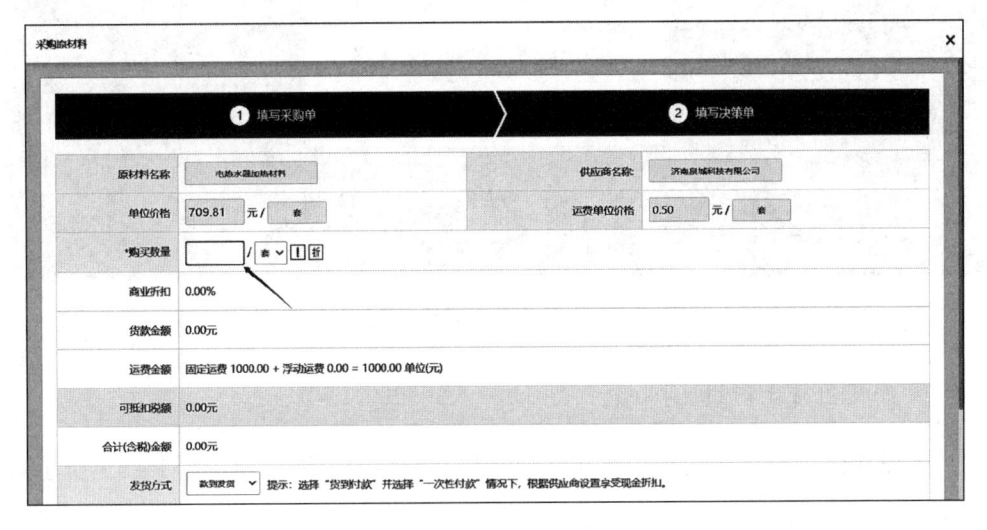

图1-11 原材料采购单

2. 购买租赁房产

市场提供厂房、办公用房等多种房产，可购买，可租赁。房价、租金随市场变化。租赁一般租期为1年，租金采用预付的方式，第一期支付4个月租金，最后一期支付2个月租金，按季结算（如图1-12、图1-13所示）。

购买房产可一次性付清，也可采用按揭贷款方式，首付价格为房产总价的30%，具体内容可查看按揭贷款合同。

购买房产时，注意填写折旧月数，净残值比率（不能为空，可以填0）。购买和租赁房产时，请注意与您的生产线占用面积相匹配。

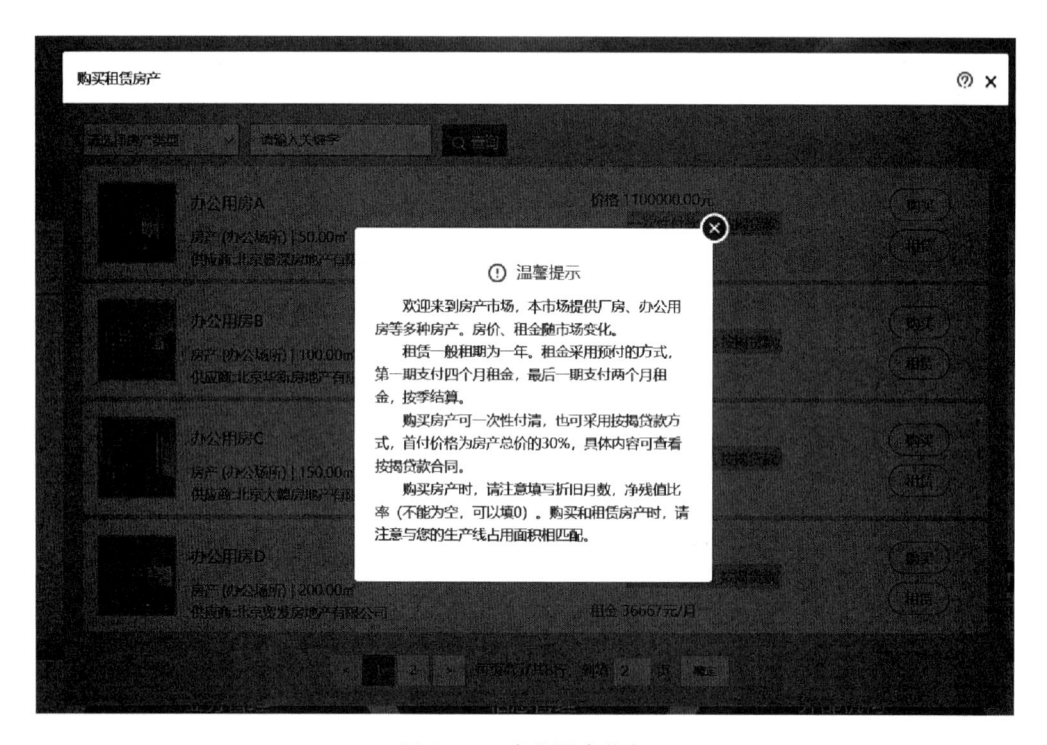

图1-12　办公用房信息

3. 购买租赁生产线

市场提供多种生产线可以购买，也可以租赁（如图1-14、图1-15所示）。购买生产线时请注意以下几点。

图1-13 填写租赁单信息

（1）折旧月份、净残值率需要自己填写且不能为空。

（2）产能和单位产品耗用工时。

（3）占用面积和您所使用的厂房的配比。

（4）废品率。

租赁生产线请注意：租金为预付方式，第一次支付4个月租金，最后一期支付2个月租金，按季结算支付。交易完成后会计可以到财务部发票管理处索取发票。

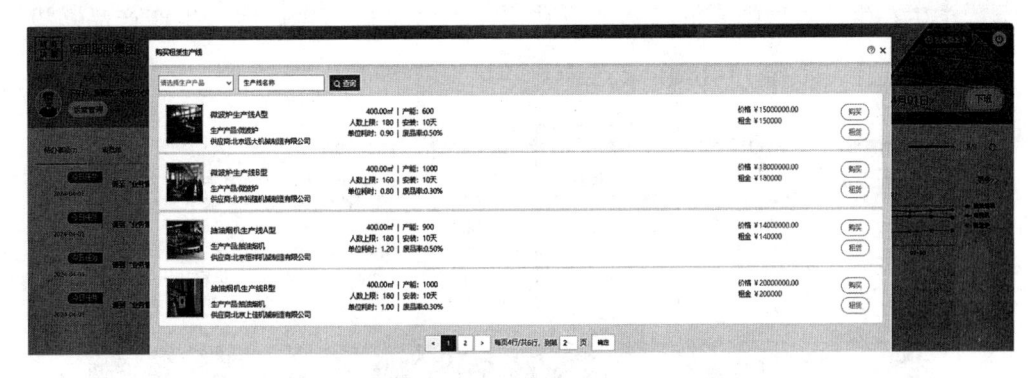

图1-14 生产线采购合同

图 1-15　生产线租赁合同

（三）生产管理

学生在生产管理中，可以移入或移出生产线、迁移生产线、生产产品、投入研发等工作（如图 1-16 所示）。

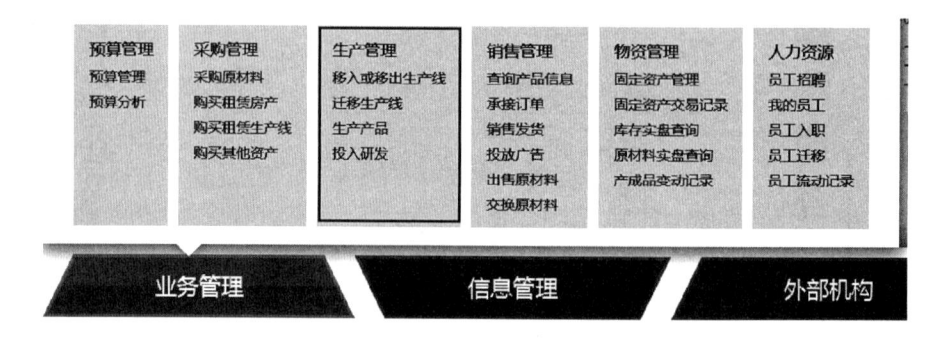

图 1-16　生产管理界面

1. 移入或移出生产线

点击"移入或移出生产线",进入生产线安装调试页面(如图 1-17 所示)。

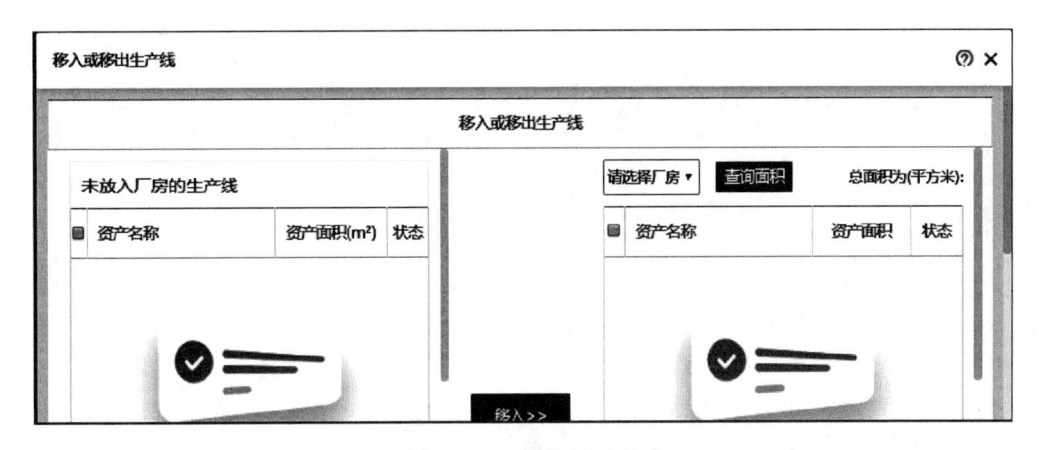

图 1-17 生产线安装调试

从列表左边,勾选未放入厂房的生产线,移入所选择的厂房;或者从厂房中勾选已放入的生产线进行移出操作。

2. 厂房内生产线迁移

点击"厂房内生产线迁移",进入生产线迁移页面(如图 1-18 所示)。

图 1-18 迁移生产线

从左右列表中已选择的厂房内,勾选生产线迁移到另一个厂房内。

3. 产品生产

点击"产品生产",进入产品生产操作页面(如图1-19所示)。

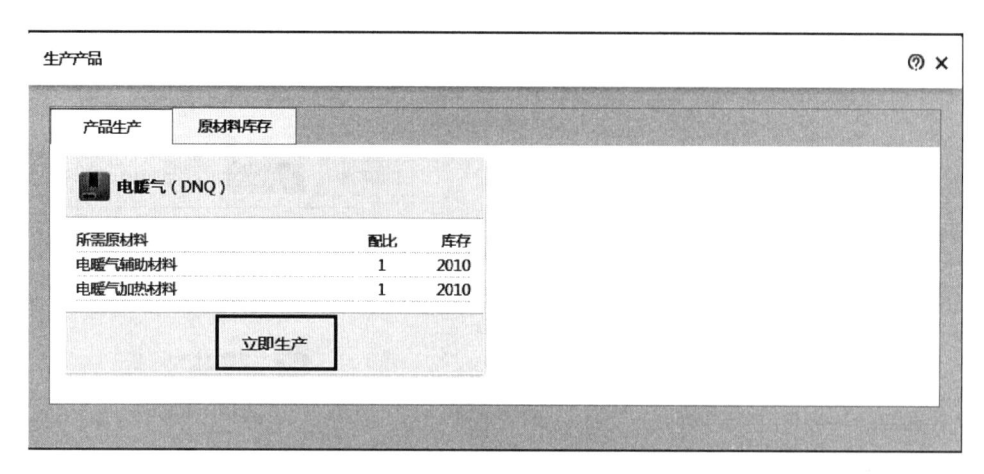

图1-19 产品生产界面

上方列表显示当前原材料库存,下方列表显示可以生产的产品以及相关原材料配比。选择一种产品,点击"立即生产",进入产品生产页面(如图1-20所示)。

图1-20 生产单填写

输入生产数量并分配生产人员人数，如果有多条生产线，则可以选择其中一条生产线，不同生产线产能，单位产品耗用工时可能不尽相同，由学生自主判断选择。当选择完毕，并确认生产数量和生产人员数量后，点击"确认提交"确认进入产品生产（如图1-21所示）。

图 1-21　生产完成确认

4. 产品研发投入

点击"产品研发投入"，进入产品研发选择页面（如图1-22所示）。

图 1-22　投入研发界面

上方列表显示可以进行投入研发的产品,以及已经累计投入的研发费用等信息;下方列表显示产品研发的历史记录,并可查看因投入原材料进行产品研发而生成的领料单。

在产品列表选择一种产品,点击"投入研发",进入产品研发页面(如图1-23所示)。

图1-23 产品生产研发

输入原材料投入数量并分配研发人员数量,点击"确认提交"完成一次产品投入研发。

(四)销售管理

学生在销售管理中,可查询产品信息、承接订单、销售发货、投放广告、出售原材料、交换原材料等工作（如图1-24所示）。

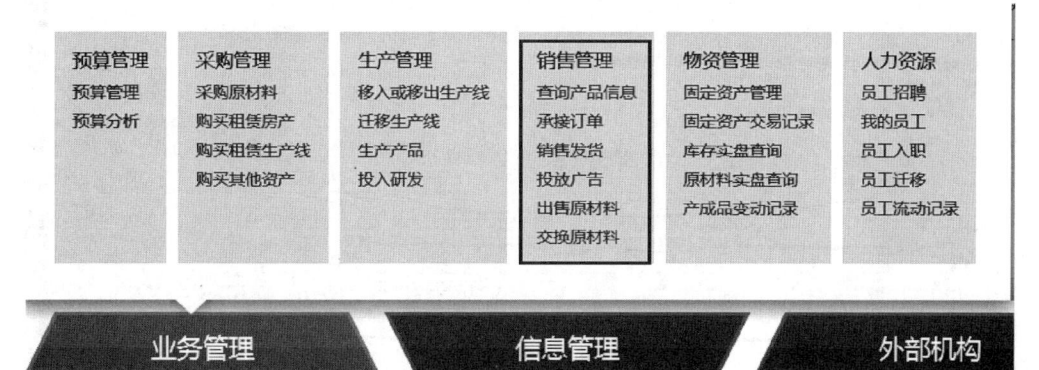

图1-24 销售管理界面

1. 产品信息查询

查询产品信息如图1-25所示。

图1-25 产品信息查询

点击"产品价格图"，就可以查看该产品在运营过程中的价格走势（如图1-26所示）。

选择时间范围，点击"查询"，即可查询该时间段内的价格走势。

2. 承接主营业务订单

（1）选择产品，点击"搜索"就可以查询到该产品可以承接的订单（如图1-27所示）。

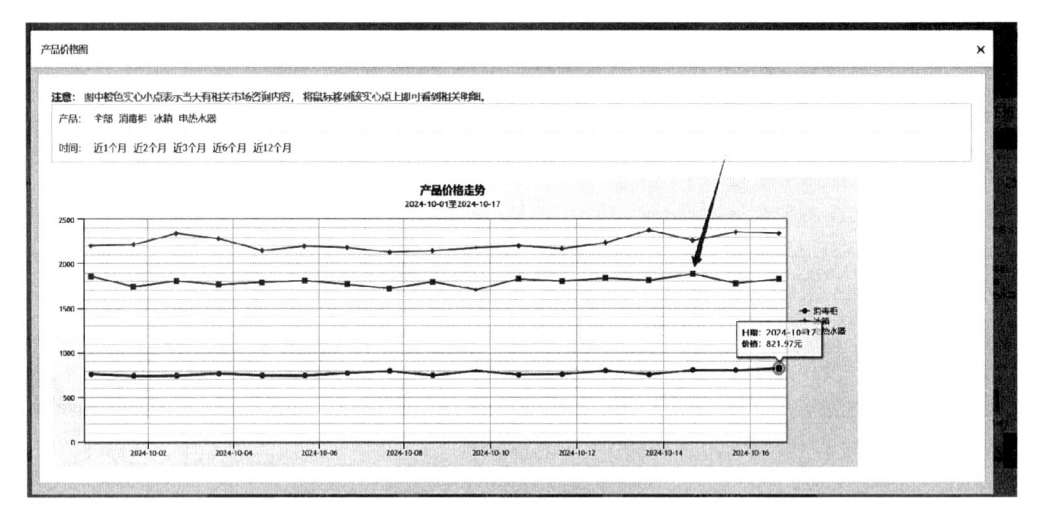

图1-26 产品价格图

图1-27 承接订单

（2）点击"承接订单"，显示如图1-28所示界面。

选择不同的客户，将有不同的付款规则，选择好后，点击"承接订单"，即承接了该笔订单。

点击"客户信息"，就可以查看该订单对应的客户相关信息（如图1-29所示）。

3. 合同清单及发货

通过"合同清单及发货"功能，可以查询已承接的所有订单（包括未发货

图 1-28　承接订单合同详情

图 1-29　客户信息

和已发货的），可以给未发货的订单发货（如图 1-30 所示）。

　　点击合同名称，可以查看合同的详细信息（如图 1-31 所示）。

　　点击"发货"，即如果库存数量够的话，就可以进行发货动作并完成合同。

　　点击"终止"，即终止该合同，并需扣除相应的信誉值。

图 1-30 合同列表

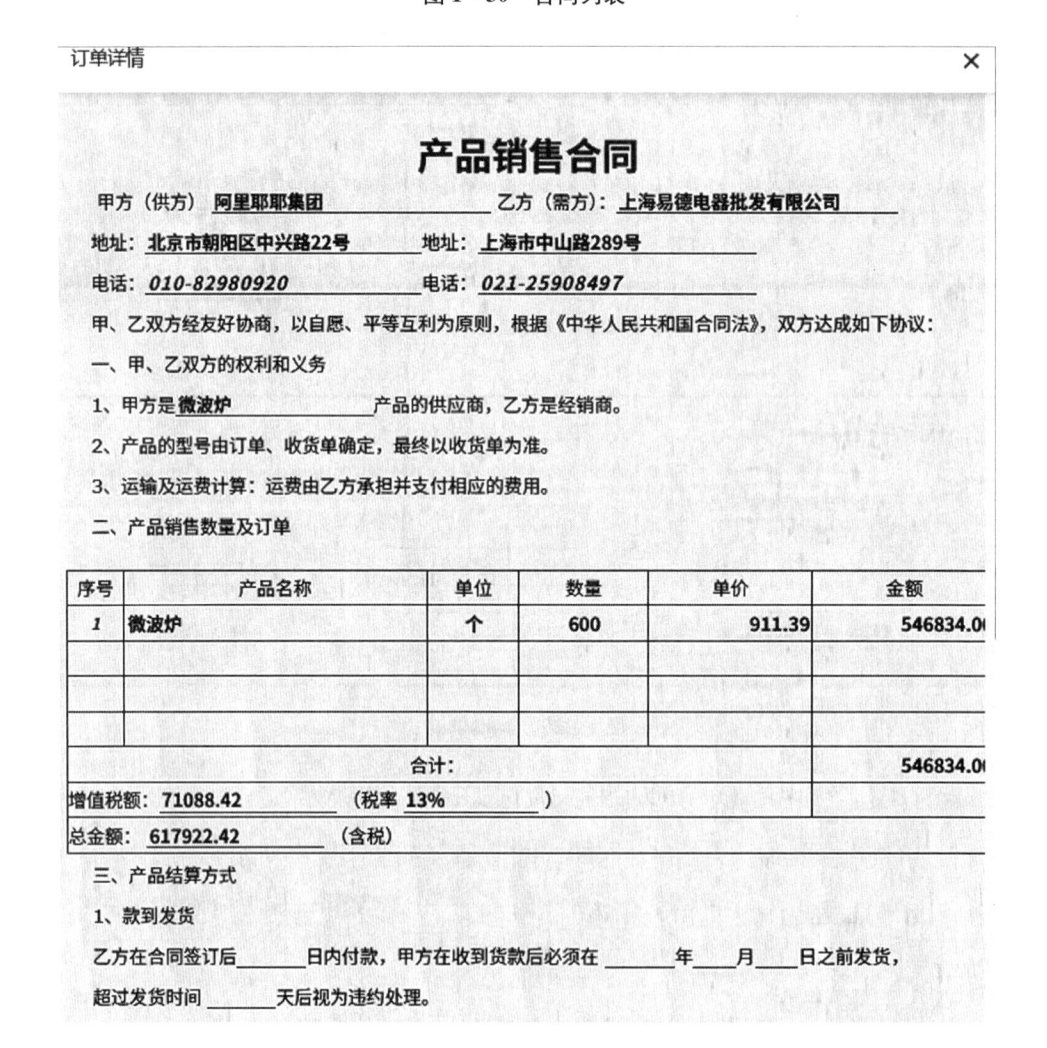

产品销售合同

甲方（供方）：阿里耶耶集团　　　　　　乙方（需方）：上海易德电器批发有限公司

地址：北京市朝阳区中兴路22号　　　　地址：上海市中山路289号

电话：010-82980920　　　　　　　　电话：021-25908497

甲、乙双方经友好协商，以自愿、平等互利为原则，根据《中华人民共和国合同法》，双方达成如下协议：

一、甲、乙双方的权利和义务

1、甲方是 微波炉 产品的供应商，乙方是经销商。

2、产品的型号由订单、收货单确定，最终以收货单为准。

3、运输及运费计算：运费由乙方承担并支付相应的费用。

二、产品销售数量及订单

序号	产品名称	单位	数量	单价	金额
1	微波炉	个	600	911.39	546834.00
			合计：		546834.00

增值税额：71088.42　　　（税率 13%　　　）

总金额：617922.42　　　（含税）

三、产品结算方式

1、款到发货

乙方在合同签订后_____日内付款，甲方在收到货款后必须在_____年____月____日之前发货，超过发货时间_____天后视为违约处理。

2、货到付款

1）一次性付款

甲方必须在乙方订单要求的日期内发货，即在 *2024* 年 *3* 月 *31* 日之前发货，超过发货

时间 *20* 天后视为违约处理。乙方在收到货并验收合格后， *5* 日内一次性付给甲方全部货款。

2）分期付款

甲方必须在乙方订单要求的日期内发货，即在 ______ 年____月____ 日之前发货，超过发货

时间 ______ 天后视为违约处理。乙方在收到货并验收合格后，分期付款：

第一期，______日内付全部货款的__________，即 ____________ 元，第二期，__________

日内付全部货款的__________，即 ____________元。

四、违约责任：

1 、甲方未按合同约定的时间内发货。

图 1－31　产品销售合同订单详情

4. 投放广告

运营输入投放广告金额，点击“投入广告费”，财务总监审批，审批通过之后，财务经理审批付款，出纳需要进行付款操作（如图 1－32、图 1－33 所示）。

投放广告

投放广告费　历史记录

已投广告费	产品	当前市场	下一市场	距下一市场差额	操作
0.00	烤箱	国内初级市场(一类低级)	国内初级市场(一类高级)	350000.00	投入广告费
0.00	家庭影院	国内初级市场(一类低级)	国内初级市场(一类高级)	600000.00	投入广告费
0.00	电暖气	国内初级市场(一类低级)	国内初级市场(一类高级)	700000.00	投入广告费

图 1－32　投放广告菜单

投放广告费后，点击“查看单据”，就可以查看该笔广告费相关的原始单据。

图 1-33 广告费审批单

5. 出售/交换原材料

出售/交换原材料信息如图 1-34 所示。投入的广告费越多，进入的市场级别就越高，可以承接到的订单越多。

图 1-34 出售原材料信息

（五）物资管理

1. 固定资产管理

学生可以在固定资产管理里面查看公司现在所有固定资产的详细信息，并可以给固定资产进行自定义编码，对空闲的固定资产进行出售，对租赁的房产进行终止或者续租动作（如图 1-35、图 1-36 所示）。

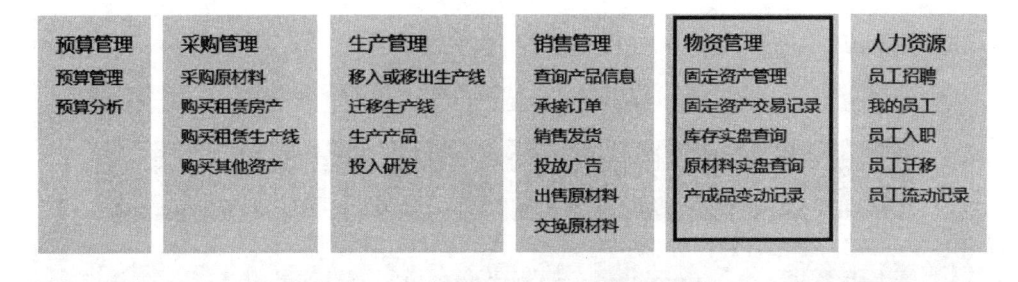

图 1-35　物资管理信息查询菜单

图 1-36　固定资产管理信息查询

自定义编码：输入用户便以区别的编码后，点击"确定"即可（如图 1-37 所示）。

图 1-37　固定资产自定义编码

出售固定资产：选择相应的客户，点击"出售"，即可出售（如图 1 – 38 所示）。

图 1 – 38　固定资产出售单

2. 固定资产交易记录

学生可以在固定资产交易记录里面查看，公司从开始到现在固定资产的租赁记录和交易记录。

3. 库存实盘查询

点击"库存实盘查询"，进入库存实盘查询界面（如图 1 – 39 所示），列表中显示了库存原材料和产品的数量，以及当前未结算的仓储费用。

图 1-39　库存实盘查询

4. 原材料实盘记录

点击"原材料实盘记录",进入原材料库存变动记录列表,以数量金额形式展现,使用移动加权平均法计算成本,显示某一月份某种原材料的入出库记录,包含数量单价金额及领用部门等信息。

5. 产成品变动记录

点击"产成品变动记录",进入产成品变动记录列表(如图 1-40 所示),选择好产品后,点击"查询",将显示该月该产品的变动记录,包含期初数量、每一次入库和出库的数量等信息。

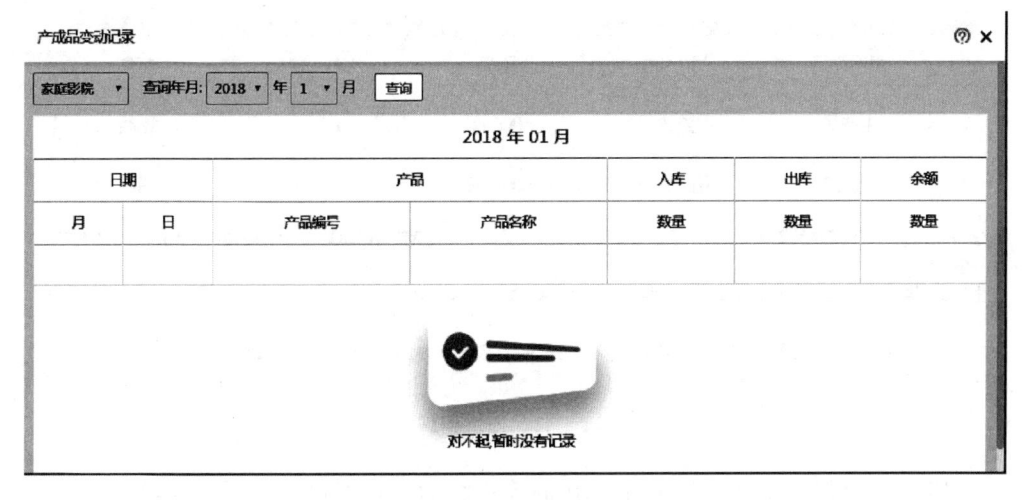

图 1-40　产成品变动记录

（六）人力资源管理

在人力资源部，可以查看我的员工和员工的流动记录，可以招聘员工、员工入职和办公场所内员工迁移（如图 1-41 所示）。

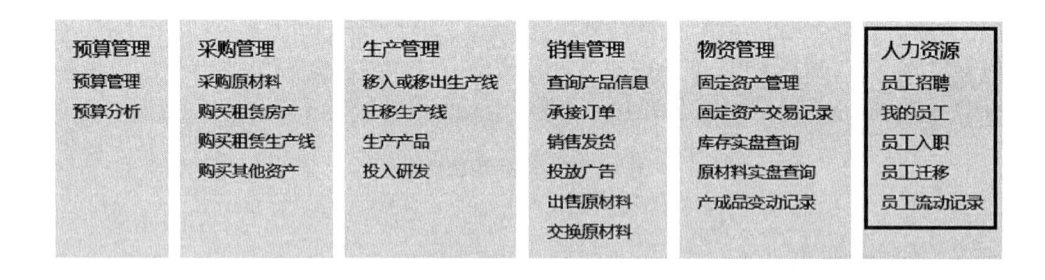

图 1-41　人力资源信息菜单

1. 招聘员工

学生可以到招聘员工界面（如图 1-42 所示），查看各种类型的员工的详细信息并招聘公司所需要的人才。

序号	员工部门	员工类型	工资	当前人数	操作
1	生产部	生产人员	3000.00	200	招聘
2	研发部	研发人员	5000.00		招聘

*鉴于现有公司规模和注册资本，公司规定招聘员工上限为600人。（不包括系统自动配给的管理人员、销售人员以及生产线管理人员）
生产线管理人员为系统自动配给，每新增一种产品的生产线，则自动配给5个。
*人均占用面积为3平方米，请注意有管理人员、研发人员、销售人员需要占用办公场所，其他工种不需要！

图 1-42　员工招聘

招聘：招聘公司需要的人才，并输入招聘的人数即可（如图 1-43 所示）。

图 1-43　员工招聘单

2. 我的员工

学生可以查看公司当前员工的详细信息，所在部门及各个工种的工资待遇，还可以解雇不需要的员工（如图 1-44 所示）。

图 1-44　我的员工信息查询菜单

解雇员工：解雇公司不需要的员工，这样可以减少公司的人力成本，只要输入相应需要解雇的人数就可以（如图 1-45 所示）。

解雇占用空间的员工，需要从相应的厂房与办公场所里面解雇，输入相应的人数就可以。

图 1-45 员工解聘单

3. 员工入职

员工入职：将招聘进来的员工，安排到对应的办公场所里面办公，后续才能使用这些员工（如图 1-46 所示）。

图 1-46 员工入职

可以将人员移入到对应的办公场所，或者移出办公场所。只有移入办公场所的人员才是属于可以使用的人员（管理人员及销售人员必须移入办公场所，企业才可以正常运营）。

4. 办公场所内员工迁移

办公场所内员工迁移：将员工从一个场所直接迁移到另外一个场所，以规划场所的空间（如图 1-47 所示）。

图 1-47 员工迁移

输入相应的人数，就可进行迁移。

5. 员工流动记录

查看公司从开始到现在，所有员工的流动详细信息，流动的人数、方向及日期。

第 2 篇　财务决策平台规则讲解

企业是指从事商品生产、流通和服务等活动，为满足社会需要，以营利为主要目的，进行自主经营、自负盈亏、具有法人资格的经济组织。企业经营的基本要求是生存、发展。

企业经营的基本要求是生存，在财务决策平台中所创企业，以生产销售空调等为主营业务，为增值税一般纳税人。企业以生产经营为主，以其他业务为辅，并根据企业的经营状况合理进行投融资。

企业在生存的基础上，应当努力寻求发展，包括开拓新市场、积极投入研发、扩大生产规模、投资其他业务等。

如果企业无法偿还到期债务，或没有足够的资金持续经营，企业将会破产。企业破产是指当债务人（企业）的全部资产无法清偿到期债务时，债权人通过一定法律程序将债务人的全部资产供其平均受偿，从而使债务人（企业）免除不能清偿的其他债务。本平台规定两种情况下企业将宣告破产：一是债权人向法院提起诉讼，企业无法付款，即刻破产；二是企业有当日应支付款项，无银行存款或现金支付，即刻破产。本平台中企业需要遵守上述基本要求。

如何保证企业正常运营，需要遵守相关制度和法规，本决策平台为企业制定了如下相应规则。

一、原材料规则

（1）本平台中企业可以在"采购市场"采购原材料，采购时自主选择供应商、采购数量及付款方式。

（2）产品品种与原材料配比。每套数据配备的产品和材料不同，详细信息请参考软件平台中的资讯信息。

（3）原材料采购完5天内到货，具体时间见平台业务。

（4）企业采购原材料可获得商业折扣和现金折扣。

①商业折扣：采购数量满1000套享受货款总额1%的商业折扣；采购数量满2000套享受货款总额1.5%的商业折扣；采购数量满3000套享受货款总额2%的商业折扣；采购数量满5000套享受货款总额2.5%的商业折扣。

②现金折扣：本平台中企业在采取"货到付款"的方式下，如果选择一次性付款可享受现金折扣，标准为：2/10、1/20、n/30。

（5）付款方式有两种：货到付款和款到发货。

①企业信誉值>60分的情况下，可以选择货到付款方式。货到付款又分为以下三类。

第一，一次性付款。30天内付清可享受现金折扣。付款期过后10天内应支付滞纳金（合同总金额的0.05%/天），每天扣减信誉值0.2分，直至付清货款为止。10天后仍未付款，有30天违约期，应一次性支付违约金（合同总金额30%），每天扣除信誉值0.2分，违约期到期日仍未支付，进入到法院程序，在法院的诉讼期内可支付相应款项（包括货款、滞纳金、违约金），如企业不支付，法院会出具最终的判决书，强制执行。

第二，首三余七。滞纳金计算：首付30%，10天内付清，超过付款期19天内，应支付滞纳金（合同一期金额的0.05%/天），每天扣减信誉值0.2分；二期付款70%，30天内付清，超过付款期10天内，应支付滞纳金（合同总金额的0.05%/天），每天扣除信誉值0.2分。

违约金计算：超过最终付款期限未付款的，滞纳金罚期10日后，按合同金额（不含税金额）的30%支付违约金，并加扣信誉值每天0.2分，不支付违约金的，进入到法院程序，在法院的诉讼期内可支付相应款项（包括货款、滞纳金、违约金），如企业不支付，法院会出具最终的判决书，强制执行。

第三，首六余四。滞纳金计算：首付60%，10天内付清，超过付款期19天内，应支付滞纳金（合同一期金额的0.05%/天），每天扣减信誉值0.2分；二期付款40%，30天内付清，超过付款期10天内，应支付滞纳金（合同总金额的0.05%/天），每天扣除信誉值0.2分。

违约金计算：超过最终付款期限未付款的，滞纳金罚期10日后，按合同金额（不含税金额）的30%支付违约金，并加扣信誉值每天0.2分，不支付违约金的，进入到法院程序，在法院的诉讼期内可支付相应款项（包括货款、滞纳金、违约金），如企业不支付，法院会出具最终的判决书，强制执行。

②企业信誉值≤60的情况下，只能选择款到发货的方式。

（6）运费。采购运费分为两个部分，固定部分和变动部分。固定部分与供应商所在的地区远近有关，变动部分与采购原材料数量有关。

（7）原材料供应商类型。供应商分为一般纳税人和小规模纳税人。选择不同类型的供应商可能影响企业当期缴纳的增值税额。

（8）原材料库存下限为10套，生产和研发领料不可使库存低于库存下限。多余的原材料可以按照当时的市场价格进行销售。

二、产品规则

（一）产品生产

本平台中的企业只生产三种产品，显示器、洗衣机和空调。企业承接了主营业务订单后，厂房、生产线、原材料、生产人员、生产线管理人员配备齐全即可投入生产。生产周期（工时）与生产线、生产人员有关。

生产耗用实际工时＝生产耗用标准工时÷实际生产人员数量

生产耗用标准工时＝生产数量×单位耗时

其中，"单位耗时"（可在平台的"生产线信息"中查看）是指生产一件产品，一个生产人员所需耗用的天数。"实际生产人员数量"是指企业实际投入到一条生产线上进行生产的人员数量。"生产线信息"中的"人数上限"是指一条生产线可容纳的"生产人员"最多人数，但企业投入生产的实际生产人员数量可以低于人数上限。

（二）产品成本

（1）产品成本由直接材料、直接人工及制造费用构成。

（2）产品成本在月末计算和结转。完工产品出库时，成本结转采用全月一次加权平均法。完工产品和在产品成本分配的方法为约当产量法。约当产量比例根据平台界面右上角的"业务信息"→"生产信息"中的产成品完工比例计算。

（3）直接材料由投入生产的原材料构成。

直接材料＝投入生产的原材料领用数量×移动加权单价

原材料入库成本采用实际成本法计算。原材料领用成本采用移动加权平均法，原材料在生产开始时一次性投入，完工产品与在产品所耗原材料成本是相等的，原材料成本按照完工产品和在产品数量分配。

（4）直接人工由员工工资薪酬构成。工资薪酬归集到各类产品中，并在完工产品及在产品中分配。按照月底获得的工时汇总表、工资汇总表和薪酬类费用表计算并填写工资费用分配表。

（5）制造费用包括低值易耗品、劳保费、生产用电费、生产用水费、生产设备及厂房租金（折旧）、维护费、生产线管理人员的工资薪酬等。

月末根据工时汇总表，归集各类产品的制造费用，计算并填写制造费用分配表，并在完工产品及在产品中分配。

低值易耗品每月采购一次，一次性投入，劳保用品每季度采购一次，一次性投入，直接计入当期制造费用。

当月生产用电费＝当月完工产品数量×单位金额

当月生产用水费＝当月完工产品数量×单位金额

（6）产品仓储。本平台无须购买或租赁仓库，没有库存上限。每月15日支付上月15日至当月14日的仓储费用（初始月份支付当月1～14日的仓储费用）。

仓储费用＝日仓储费用×结算期天数

日仓储费用＝原材料数量×M元/天＋完工产品数量×N元/天

原材料数量和完工产品数量根据当日留存数计算，当日入库同时出库则不计算。

（三）产品销售

（1）订单单价为不含税价格，平台会自动根据研发等级进行单价加成。

（2）付款方式为货到付款和款到发货。

（3）货到付款的规则有三种：一次性付款、首三余七、首六余四。

（4）付款天数根据订单的付款规则而有所区别。

（5）订单承接后应在发货期内按时发货。应根据订单中的产品数量进行发货，禁止部分发货。发货期到期前，如果预期库存数量无法达到订单中的产品数量，可选择终止发货，合同即终止。合同终止后，应扣减信誉值（终止发货日到发货期到期日的天数×0.2分），如选择款到发货的方式，应退还已收取的款项。

（6）款到发货。模拟企业根据销售订单选择结算方式，系统随机付款。企业如在收到钱后不发货，超过发货时间在20天内，系统扣减企业的信誉值，每天0.2分，20天后还未发货的，按违约处理。企业需要交纳违约金为合同总金额的 30%，违约金作为当天的待办事项，必须支付。待办事项可以申请延期，延期天数为 10 天，延期内每天扣除信誉值 0.3 分。支付违约金的同时，退回收到款项，合同终止。不退款不支付违约金的，交法院处理，法院判决后由系统自动扣除违约金和货款（诉讼费先由原告垫付，败诉者最终承担；受理日至判决日期间，继续履行合同发货及支付违约金的，法律程序终止，诉讼费还要支付），金额不足扣除的作破产处理（现金流断掉）。

（7）先发货后收款。包括分期收款和一次性收款两种情况。

①分期收款。合同签订后，企业在合同规定发货期间内先发货。系统根据合同所选客户信誉值付款，客户信誉值低于 50 分的，系统可随机不付款（不付款的概率为 5%），企业作坏账处理。

分期收款方式为：

第一期 10 日内收 60%，第二期 30 日内收 40%；

第一期 10 日内收 30%，第二期 30 日内收 70%。

②一次性收款。合同签订后，企业在合同规定发货期内先发货。超过发货时间 20 天内，系统扣减信誉值，每天 0.2 分，20 天后还未发货的，按违约处理。企业需要交纳的违约金为合同总金额的 30%，违约金作为当天的待办事项，必须支付。待办事项可以申请延期，延期天数为 10 天，延期内扣减信誉值每天 0.3 分。

系统根据合同所选客户信誉值付款，客户信誉值低于 50 分的，系统可随机不付款（不付款的概率为 5%），企业作坏账处理。

（四）产品研发

（1）本平台中可跟进不同的产品进行分别立项研发。

（2）当累计投入研发费用达到一定的研发等级后，能相应提高产品的技术含量，主营业务订单中的产品单价会相应上涨。

（3）研发"投入费用"由"投入材料经费"和"工资薪酬"构成。"投入材料经费"根据原材料领用数量及移动加权单价相乘计算。研发和生产同类产品所需的原材料及其配比关系相同。"工资薪酬"根据研发人员的工资汇总计算。

（4）"投入费用"计算节点。原材料领用日就是计算"投入材料经费"的时点。次月 15 日计算上月研发人员的工资费用。每月 1 日系统自动将上月研发人员工资薪酬计入"研发投入费用"。

（5）研发人员在同一研发等级内不可解聘。

（6）研发可以中途停止，无须连续投入，不影响累计投入研发费用，投入费用等下次再进行研发的时候继续累加。每月的 15 日之前才能投入研发，每月的 20 日之后才能终止研发。

（7）开发阶段投入的研发费用全部形成无形资产。

三、日常费用规则

平台中涉及的日常费用包括差旅费、办公费、招待费、办公用水、办公用电、通信费等。费用的发生额由系统自动生成。

四、投资规则

（一）生产线、房产、其他资产投资

1. 购买

本平台中，企业可以根据需要购置生产线、房产和其他资产。购置生产线和其他资产必须一次性付款，购置房产可以选择一次性付款或者按揭贷款。开始经营之前，需要为每位管理人员和销售人员配置笔记本电脑一台，企业办公需要配置打印机和复印机各一台。此类电子产品需要在初始月份 10 日

内购买。

2. 租赁

本平台中，企业可以根据需要选择租赁形式取得生产线和房产。租赁周期一般为一年，租赁开始日支付4个月的租金，第4个月开始之后每个季度的第一个月支付一次租金，第二、第三季度支付三个月租金，第四季度支付2个月租金。

租赁合同未到期可退租，退回的租金系统自动收款，出纳确认。

退租规则：固定资产处于空闲状态，随时可以退租。

退租的范围：生产线、厂房、办公用房。

违约责任：一个月的租金作为违约金。月租金计算节点为租赁合同签订后满一个月的第二天。第一个月多交的押金，若提前退租，则不予退还。每个季度付款当天须选择是否按季度续租，若续租即要支付季度租金，若不续租，即可退租。退租后，不用支付季度租金。被退租的资产不可再用，租赁合同终止。

3. 到货及安装

生产线购买或租赁后第二天到货，生产线的安装时间是10天。房产购买或租赁时可马上投入使用，无须安装。其他资产购买后5日内到货，无须安装。

4. 维护

无论生产线是否在用，企业每个季度必须支付5万元左右的维修费用。房产和其他资产无须支付维修费用。

5. 折旧

本平台中企业拥有的生产线、房产和其他资产应当采用直线法按月计提折旧，折旧年限及净残值率根据企业具体情况设置，超过税法规定的标准，年终应当进行纳税调整。

6. 处置

本平台中企业拥有的生产线、房产和其他资产只有在"空闲"状态才能被处置,"按揭"状态的房产不可处置。处置时的供应商与初始购买时的供应商为同一家企业,按照处置时的市场价作固定资产清理,并缴纳相关税费。

(二) 股票投资

股票投资上限为10万手,每手100股。股票在月初和月末才可购买,购买信息在财务经理界面会提示。资产负债表日需调整公允价值变动损益。

五、筹资规则

(一) 筹资方式

本平台中企业筹资方式有两种:短期贷款、按揭贷款。

(二) 短期贷款规则

(1) 信誉值在80~100分可以进行短期贷款。

(2) 贷款最高限额额度=实收资本×信誉值比例。信誉值比例=信誉值/100。

(3) 贷款利率每年变动,已贷款项不受影响,贷款期限不超过1年。

(4) 按月支付利息,到期一次还本。

(5) 可以提前还贷,利息按照使用资金天数计算。提前还款,借款合同终止。

(6) 利息需当期支付,不能延迟支付。

（三）按揭贷款规则

（1）按揭贷款只适用于购买房产，贷款最高限额为房产价值的70%。

（2）贷款利率每年变动，已贷款项不受影响，贷款期限为1~3年。

（3）按等额本息方式还款。

（4）按揭贷款应缴纳保险费，保险费 = 贷款金额 × 0.5%。

（四）贷款资金到账日期

短期贷款3天内到账，按揭贷款5天内到账，具体时间随机。

六、市场营销规则

本平台中企业是通过投放广告费来获取一定的市场份额，市场份额体现为可选的"主营业务订单"数量。

本平台中的市场分为国内初级市场、国内中级市场和国内高级市场。要达到不同等级的市场，企业需投入的广告费为70万~500万元不等。平台初始设置的"市场范围"为"一类低级"。

七、或有事项规则

根据《企业会计准则——或有事项》的规定，产品质量保证属于或有事项，企业应在期末将其确认为一项负债，金额应按可能发生产品质量保证费用的数额和发生的概率计算确定。

本平台中企业需按月收入额的一定比例预提产品质量保证金（具体比例以当前企业给出数据确定），计入预计负债。通常会在季度末发生质量保证维修支出，根据季度收入额的一定比例给出，一般是 2%~5%。

八、非货币性资产交换规则

（1）本平台中企业可以进行易货贸易，用企业生产的完工产品在交易市场交换所需的原材料，但不可用原材料交换完工产品。

（2）不允许用完工产品交换生产该产品的原材料。例如，不可用空调交换空调的压缩机。

（3）所支付的补价不能超过交换总金额（含税）的 5%（该比率为系统设置）。

（4）双方结算方式为非货币资产交换，互开发票，其中一方支付补价。

九、人力资源规则

（1）员工工资为固定工资+绩效工资（只有销售人员根据收入提成绩效工资），员工在同一个月任一天入职都要支付全月工资薪酬。员工的工资薪酬由工资、社会保险费、福利费、工会经费、职工教育经费构成。

（2）生产每种产品需要生产线管理人员 5 人，每人每月工资 4000 元，系统自行配置，无须招聘。

（3）生产人员每人每月工资 3000 元，研发人员每人每月工资 5000 元，需自行招聘。

（4）销售人员 10 人，每人每月 2000 元（底薪）+销售提成（根据销售收入确定），管理人员 5 人，每人每月 4000 元，系统自行配置，无须招聘。

（5）生产人员和生产线管理人员不占用办公面积。销售人员、管理人员和研发人员每人占用 3 平方米办公用房面积。若移入办公用房的员工总数超过房屋面积，则不能完成入职。

（6）公司招聘的生产人员和研发人员总人数的上限是600人。

（7）生产人员、研发人员在一定条件下可以解雇。生产人员在生产过程完成后，研发人员在跨越研发等级后并处于"闲置"状态下可以解雇。解雇需多支付一个月工资作为补偿。

十、信誉规则

（1）本平台中企业的初始信誉值为100分。

（2）采购原材料时，应付滞纳金的期间，每天扣减信誉值0.2分；违约期，每天扣减信誉值0.2分。

（3）销售发货期到期前可选择终止发货，合同即终止。合同终止后，应扣减信誉值（终止发货日到发货期到期日的天数×0.2分）。超过发货时间20天内，系统扣减企业的信誉值，每天0.2分，20天后还未发货的，按违约处理。企业需要交纳违约金为合同总金额的30%，违约金作为当天的待办事项，必须支付。待办事项可以申请延期，延期天数为10天，延期内扣除信誉值0.3分每天。

（4）供应商、客户信誉值会对经营产生相应的风险。

十一、工作规则

（1）决策流程：运营或财务经理申请→财务总监审批→运营或财务经理执行。

（2）付款流程：运营执行→财务经理审批→出纳付款，如待审批的金额≥100万元人民币的还需经过财务总监审批。

（3）财务总监需关注"我的审批单"栏显示的事项，运营需关注"我的审批单"和"今日事项"栏显示的事项，会计和出纳需关注"待办事项"和"今日事项"栏显示的事项,"待办事项"栏主要涉及的是付款业务,"今日事项"栏涉及的是除付款以外的其他业务。

(4)"我的审批单"中的决策需当天进行审批。"待办事项"栏不都需要当天完成,但红字部分标注的事项必须当天完成。

(5)运营、财务经理、会计、出纳点击"下班"后,财务总监才可点击"下一天"完成下班任务,进入下一天的操作。财务总监在下班前可根据工作需要点击"加班",要求其他角色当天返回工作。其他角色下班后也可点击"加班"自行加班。财务总监可一次性连续多日下班。

十二、内部会计核算有关政策

平台所创企业,以生产销售空调等为主营业务,为增值税一般纳税人。根据《会计法》《企业会计准则》《企业财务通则》《内部会计控制规范》及有关财经、税收法规制度,要加强企业会计核算和内部会计监督,提高企业信息质量,保护资产的安全完整,确保有关法律法规和规章制度的贯彻执行。

(1)完工产品出库时采用全月一次加权平均法进行成本结转,原材料出库时采用移动加权平均法进行成本计算。

(2)完工产品和在产品成本计算的方法为约当产量法。

(3)材料采用实际成本法计算。材料出库采用移动加权平均法,材料在生产开始时一次性投入,完工产品与在产品所耗材料成本是相等的,材料成本按照完工产品和在产品数量分配。

每种产品的材料成本 = 投入生产的每种材料领用数量 × 移动加权单价

(4)工资薪酬根据工时在各产品品种中归集,并在在产品及完工产品中分配。

(5)制造费用根据工时在各产品品种中归集,并在在产品及完工产品中分配。

（6）固定资产采用直线法折旧，折旧年限和残值率根据企业实际情况自行设定，超过税法规定的标准，年终应当进行纳税调整。

（7）在进行研发时，研究阶段的研发费计入当期管理费用，开发阶段的研发费全部形成无形资产。

（8）企业需按月产品销售收入额的一定比例预提产品质量保证金，计入预计负债。

（9）企业所得税的核算采用债务法。

附：平台典型业务总账科目及所属明细科目对照表（见表2-1）。

表2-1　　　　　平台典型业务总账科目及所属明细科目对照表

账户名称	应设置的明细科目或费用项目
原材料	按原材料名称设置，例如：抽油烟机、电视机、抽油烟机辅料、电视机显示屏、电视机辅料、微波炉发热材料等
银行存款	基本存款户
应收账款	按客户名称设置
应付账款	按供应商名称设置
交易性金融资产	股票
生产成本	二级科目按照产品名称设置，如电视机、微波炉、空调，三级科目设置：直接材料、直接人工、制造费用
库存商品	按照产品名称设置，例如：电视机、微波炉、空调
制造费用	职工薪酬、折旧费、水费、电费、办公费、低值易耗品、其他
应付职工薪酬	工资、职工福利、社会保险费、工会经费、职工教育经费
销售费用	广告费、职工薪酬、其他
管理费用	职工薪酬、办公费、差旅费、水费、电费、折旧、修理费、其他
财务费用	利息支出、利息收入、现金折扣、手续费
主营业务收入	按照产品名称设置，例如：电视机、微波炉、空调
主营业务成本	按照产品名称设置，例如：电视机、微波炉、空调
其他业务收入	原材料出售
应交税费——应交增值税	系统已设置（不需要自己设置），例如：进项税额、已交税金、销项税额、转出未交增值税
应交税费	应交所得税、应交城市维护建设税、应交教育费附加等

第 3 篇　企业运营决策实战篇

本篇旨在给学生提供一些有关于企业财务决策的思路。在弄清楚了财务决策平台及其功能，掌握了平台规则以后，学生就可以正式进入企业运营管理的实战操作，即对企业的供、产、销、人、财、物全过程实施全方位的管理。在实施企业运营管理的实战操作中，不仅要求将所学专业知识加以综合运用，而且还要求掌握一定的财务决策方法，才能制定最佳财务决策方案，才能作出更加科学、更加有效的财务决策。如果不假思索任意决策，很容易导致企业破产，使得实验收效大大降低。

一、企业运营决策

（一）企业运营决策平台基本要求

财务决策平台给每一个虚拟企业提供 500 万元的注册资本，经营范围为电子产品的生产与销售。公司本着诚信为本、顾客至上的销售理念，携手同仁致力于打造一个以家用电器为龙头，结合多种电子产品，并兼营其他业务为一体的现代化企业。现阶段可生产的产品是抽油烟机、电视机、微波炉。

财务决策平台由运营管理、资金管理、成本管理、财务总监 4 个角色协作配合，模拟经营。整体业务流程如图 3-1 所示。

整体业务流程

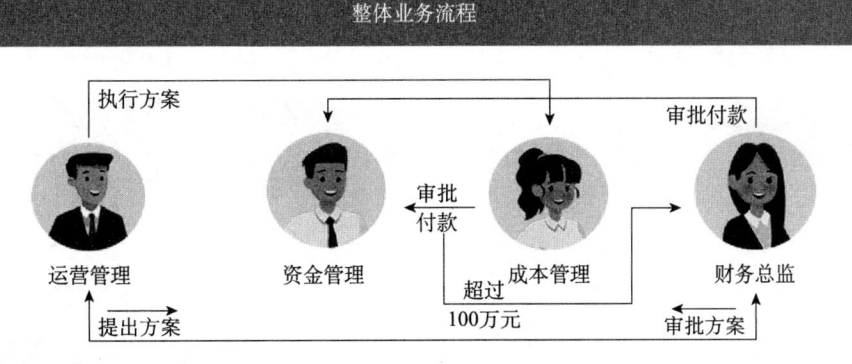

运营管理（提出方案）→财务总监（审批方案）→运营管理（执行方案）→成本管理/财务总监（审批付款，超过100万元需要财务总监审批）→资金管理（付款）→资金管理（报账审核处理）

图3-1　业务流程

1. 运营管理

运营管理主要负责企业采购、生产、承接订单、人员招聘、研发投入、广告投入等日常生产运营工作，还有业务数据收集与分析、日常业务职业判断。

2. 资金管理

资金管理主要负责现金收付、银行存款收付、银行内部转账等现金流管理和短期贷款、股票业务等筹资投资业务；负责期末核算业务处理、月末成本账务处理以及非日常业务凭证录入。

3. 成本管理

成本管理主要负责企业索取发票、开具发票、成本计算表的填制、工资薪酬确认、企业日常业务付款审批、财务共享服务中心处理及电子报税等财务事项处理。

4. 财务总监

财务总监主要负责企业全面财务管理、预算编制、运营业务决策审批、电子报税的审批等企业全盘财务运营的统筹；负责会计凭证审核、过账、结转损益、出具财务报表等电算化业务的处理。

具体运营业务操作请登录平台，点击界面右侧"+"号，点击"帮助"进行资料下载查看（如图 3-2 所示）。

图 3-2 操作帮助下载

（二）企业运营决策前期准备工作

企业财务决策注重在预测的基础上，实现分析决策。所以，企业的任何一项财务决策都十分注重决策前的预测分析等准备工作。企业运营决策也不例外。

企业运营决策的前期准备工作主要有：

（1）确定生产的产品类型。

（2）确定是否贷款。

（3）购买或租赁生产线、厂房、办公用房。

（4）购买打印机、复印机和笔记本电脑。

（5）招聘生产人员或研发人员，并办理入职。

（6）采购原材料。

（7）生产线到货后安装，并迁入厂房，开始生产。

(三) 企业运营决策基本战略

战略,是企业为寻求和维持持久竞争优势而作出的有关全局的筹划和谋略。战略规划,就是对一定时期企业所要达成的阶段发展战略的具体规划。它包括:现阶段发现企业发展方向;确定企业发展目标;寻求实现目标的各种途径;发现实现目标途径中的各种障碍;判断哪些障碍可以克服,哪些障碍无法克服;提出解决障碍的原则与基本措施;形成策略与行动途径的组合——战略方案;提出策略与行动的次序——计划;以及战略评价与反馈等。

任何企业都要面对的三个基本战略命题就是:现在是什么?应该是什么?将会是什么?此时,学生在实验中一定要有战略思维,有了战略才有具体的战术执行,所以每个企业必须先制定好企业战略,才能规划公司业务组合和策略设计,具体到业务来说,首先得确定生产何种产品,企业经营规模有多大,其他问题就都能通过制定方案确定下来了。

因为每个企业经营不同,决策不一样,所以本教材没有办法统一介绍各种决策方案,只能提供一些决策思路,供学生借鉴和参考。需要注意的是,很多同学在运营时都会遇到困扰,因为平台只提供500万元初始资金,第一天就面临作决策,选择办公用房和生产厂房,而厂房取决于你的生产线的选择,而生产线选择取决于你选择生产什么产品,所以总感觉自己无从下手。最后,干脆随意选择一个,这就犯了大忌,所以很容易导致经营不善、严重亏损,甚至破产情况的发生。

二、选择产品决策

本平台提供微波炉、抽油烟机、电视机三种电子产品的生产信息,企业可以选择其中一种或多种产品进行生产。对于产品的选择,通常应根据每种产品的毛利率、产品未来需求量、产品价格变动趋势和企业资金总量等综合决定生产 1~3 种产品。

在生产经营过程中，企业需要从战略层面作好生产规划。首先考虑需要生产的产品，然后须结合企业的生产能力以及资金状况来确定合理的生产规模以组织生产，据此进行生产计划编制。确定生产计划后需要预估产品生产成本，并且根据实际情况对生产计划进行调整。此外，企业在进行生产经营决策过程中可借助本量利分析法辅助生产决策。

在作产品决策时首先得确定企业的战略，战略定下来，具体企业经营初期选择生产哪种产品，可以通过比较产品的毛利率来进行选择，产品的毛利率可以根据市场信息进行测算。

产品毛利率 =（毛利/产品售价）×100%

产品毛利 = 产品售价 - 产品成本

产品成本预测表、产品毛利率预测表见表 3-1、表 3-2。

企业经营初期选择生产哪种产品，可以通过比较产品的毛利率来进行选择，根据市场信息，可以先测算出产品的直接成本。

表 3-1　　　　　　　　　产品成本预测表　　　　　　　　　单位：元

产品	直接材料				直接人工			合计
微波炉	发热材料	面板	辅料	小计	单位工时	每小时工资	小计	
	368	66	49	483	0.85	140	119	602
抽油烟机	电机	辅料						
	742	579		1321	1.1	140	154	1475
电视机	显示屏	辅料						
	977	758		1735	1.1	140	154	1889

表 3-2　　　　　　　　　产品毛利率预测表　　　　　　　　　单位：元

项目	微波炉	抽油烟机	电视机
售价	872	1917	2125
材料成本	483	1321	1735
直接人工	119	154	154

续表

项目	微波炉	抽油烟机	电视机
直接成本	602	1475	1889
毛利	270	442	236
毛利率	31%	23%	11%

注：毛利率 = 毛利 ÷ 售价 × 100%。

由上表可知，微波炉毛利率最高，电视机毛利率最低。

三、取得房产决策

（一）实验企业不动产

不动产是财产划分的一种形态，在企业管理中主要指的是固定资产的取得。

目前，取得固定资产的方式多种多样，主要分为购买、租赁、置换及自建。购买又可以分为一次性购买和按揭购买。一次性购买下企业直接取得不动产和使用权及所有权。相比一次性购买，按揭贷款购置的不动产其所有权状态相对复杂一些。与购买方式相比，租赁方式取得不动产相对容易，租赁又可以分为经营租赁和融资租赁两种。经营租赁下承租方在约定期间内拥有不动产使用权；融资租赁则是承租方在一定期间使用不动产，租赁期间不动产所有权归属出租人，租赁期满所有权按合同归属确定。

实验中涉及的企业不动产主要包括办公用房和生产厂房。办公用房和生产厂房相关信息见表3-3、表3-4。

表3-3　　　　　　　　　　　　办公用房信息

房产类型	面积（平方米）	价格（万元）	租金（元/月）	供应商
办公用房 A	50	100	8333	北京景深房地产有限公司
办公用房 B	100	200	16667	北京华新房地产有限公司
办公用房 C	150	300	25000	北京大德房地产有限公司
办公用房 D	200	400	33333	北京贸发房地产有限公司
办公用房 E	300	600	50000	北京贸发房地产有限公司

表 3-4　　　　　　　　　　　　生产厂房信息

房产类型	面积（平方米）	价格（万元）	租金（元/月）	供应商
厂房 A	400	400	33333	北京宏远地产有限公司
厂房 B	850	8500	70833	北京林海地产有限公司
厂房 C	1250	12500	104167	北京腾达地产有限公司

（二）不同方式取得不动产对企业现金流的影响

本实验平台，不动产的取得方式有经营租赁、按揭贷款购买、一次性付款购买三种方式。其中，租赁是指在约定的期间内，出租人将资产使用权转让给承租人以获取租金的协议；按揭贷款是指以按揭方式进行的一种贷款业务。例如，住房按揭贷款就是购房者以所购住房作抵押并由其所购买住房的房地产企业提供阶段性担保的个人住房贷款业务。实验平台中按揭贷款首付资金为资产总价的 30%，按揭贷款利率随市场浮动。

在进行不动产选择时需要考虑不同取得方式对企业现金流以及企业净利润产生的影响。以办公用房 A 为例，判断不同取得方式对企业现金流及净利润的影响。其中，按揭贷款年利率为 7.5%，手续费和保险费分别为 2100 元和 3500 元。相关影响见表 3-5。

表 3-5　　　　　不同办公用房取得方式对现金流的影响　　　　　单位：元

项目	按揭1年	按揭2年	按揭3年	租赁	一次性购买
首付金额	305600	305600	305600		1000000
前3个月支付现金	182190.57	94499.14	65323.06		
利息支出	12066.14	12615.35	12798.08		
租金支付				33332	
现金流出合计	487790.57	400099.14	370923.06	33332	1000000

注：由于租赁采用的是押一付三的方式，从表中可以得出办公用房 A 租金为 8333 元/月，所以租金支付为 8333×4=33332 元。

按揭方式下的首付金额等于房产价款的 30%，加上手续费和保险费，前 3 个月支付现金为 3 个月需要偿还的本息合计，利息支出为前 3 个月需要偿还的利息合计数。可以通过 EXCEL 财务函数 PMT 来计算按揭期数分别为 12 期、24 期、36 期下的每月还款金额，以及每期需要偿还的本金和利息，见表 3-6、表 3-7、表 3-8。

表 3-6　　　　　　　　　　按揭方式每月还款（PMT）计算

项目	财务函数	数值
住房按揭金额（元）	PV	700000
月利率（%）	RATE	0.63
还款期数	NPER	12
每月还款（元）	PMT	-60730.19

表 3-7　　　　　　　　　　按揭方式还款计划　　　　　　　　　　单元：元

期数	偿还本金	偿还利息	本息合计	贷款余额
1	-56355.19	-4375	-60730.19	643644.81
2	-56707.41	-4022.78	-60730.19	586937.4
3	-57061.83	-3668.36	-60730.19	529875.56
4	-57418.47	-3311.72	-60730.19	472457.09
5	-57777.83	-2952.86	-60730.19	414679.76
6	-58138.44	-2591.75	-60730.19	356541.32
7	-58501.81	-2228.38	-60730.19	298039.51
8	-58867.44	-1862.75	-60730.19	239172.06
9	-59235.37	-1494.83	-60730.19	179936.7
10	-59605.59	-1124.6	-60730.19	120331.11
11	-59978.12	-752.07	-60730.19	60352.99
12	-60352.99	-377.21	-60730.19	0
合计	-700000	-28762.3	-728762.3	

表 3-8　　　　　　办公用房使用对于现金流的影响分析　　　　　　单位：元

项目	按揭 1 年	按揭 2 年	按揭 3 年	租赁
3 个月租金	—	—	—	24999
3 个月折旧	8380	8380	8380	—
3 个月利息	12066.14	12615.35	12798.08	—
影响利润总额	-20446.14	-20995.35	-21178.08	-24999
所得税因素	5111.53	5248.84	5294.52	6249.75
影响净利润	-15334.61	-15746.51	-15883.56	-18749.25

注：(1) 影响利润总额的因素为利息支出和折旧，利息支出数据可以参考表 3-5。
(2) 办公用房可以进行抵税，所以实践中需要考虑所得税因素，此处不考虑房屋租金进项税抵扣问题。

（三）厂房方案的选择

企业生产厂房是用来放置生产线的，生产厂房面积由生产线决定。因此，首先要根据生产线的数量确定可供选择方案，然后进行方案的比较，选出最优方案。

平台中生产厂房全部面积必须大于或等于可容纳生产线面积总和，单条生产线的面积为 400 平方米，据此可以得到不同的选择方案，见表 3-9。

表 3-9　　　　　　不同生产线下厂房选择方案

生产线条数	生产线面积（平方米）	厂房面积（平方米）	可选择方案
1	400	≥400	1 厂房 A、1 厂房 B、1 厂房 C
2	800	≥800	2 厂房 A、1 厂房 B、1 厂房 C
3	1200	≥1200	3 厂房 A、1 厂房 A+1 厂房 B、1 厂房 C
4	1600	≥1600	4 厂房 A、1 厂房 A+1 厂房 C、2 厂房 B

假定生产线条数为 2 条时，根据表 3-9 可得出，有 2 厂房 A、1 厂房 B 和 1 厂房 C 三种方案可供选择。不同的生产线下的厂房选择方案对企业现金流的影响是不一样的。表 3-10 为 2 厂房 A、1 厂房 B 和 1 厂房 C 三种方案对企业现金流的影响。

表 3–10　　　　　　　　　不同类型厂房方案比较分析　　　　　　　　单位：元

项目	2 厂房 A	1 厂房 B	1 厂房 C
月租金	66666	70833	104167
付现支出	266664	283332	416668

注：厂房 A 租金为 33333 元/月、厂房 B 租金为 70833 元/月、厂房 C 租金为 104167 元/月。

从表 3–10 可以看出，当生产线为 2 条时，出于经济考虑，在满足生产的前提下选择租赁 2 个厂房 A 方案是最优的，厂房 B 方案次优，厂房 C 方案最差。

（四）办公用房方案的选择

办公用房决策首先考虑企业规模、招聘人数，按每位员工占用办公用房 3 平方米计算，确定需要多大面积的办公用房。再决定是通过购买还是租赁办公用房。该决策思路和前面思路一样，在此不重复说明。总之，通过数据比较，购买的话，一次性资金需求，现金流压力大，但每期折旧低一些；租赁的话，资金压力低，但租金要高于每期折旧。

四、生产线建设及其他设备决策

（一）生产线建设决策

1. 单条生产线建设

在只采购 1 条生产线的情况下，采购生产线 A 型还是生产线 B 型用于生产，需要比较两种生产线下的月生产单位产品成本来进行判断，可以按照以下步骤来进行思考。

（1）生产线 A 型和生产线 B 型一个批次下的最大生产量分别是多少，即确定满负荷产量是多少。

（2）考虑满负荷生产下，两种生产线月最大人工费用分别是多少。

（3）确定满负荷生产下两种生产线的月生产成本分别是多少，月生产成本包括月最大人工费用和月生产线租金。

（4）在满负荷生产前提下，确定两种生产线月单位生产成本分别是多少。

（5）比较月单位产品生产成本，确定选择生产线 A 型还是生产线 B 型。

2. 多条生产线建设

企业规模想做大，可以建设多条生产线，思路如前，可以是一种产品多条生产线建设，也可以是多种产品，每种产品单条生产线建设。

3. 实现产销平衡目标

生产线折旧或租金就是产品生产固定成本，以降低产品单位固定成本为目标，从规模经济视角来看，满负荷生产的产品单位固定成本最低。

以产定销还是以销定产？在经营初期和后期决策是有差异的。

企业应当根据可动用的资金总量和预计的各类支出，加以综合性、系统性考虑，决定以何种方式（购买或租赁）添置多少数量的生产线和厂房。

需要注意的是，产品生产应做好原材料采购、生产人员数量、生产周期和订单发货在时间和数量上协调一致，避免原材料短缺、人手不足或生产线闲置。生产线建设决策选择如图 3-3 所示。

图 3-3 企业生产线建设决策选择

4. 购买还是租赁

该决策思路和办公用房和生产用房思路一样，在此不重复说明。总之，通过数据比较，购买的话，一次性资金需求，现金流压力大，但每期折旧低一些；租赁的话，资金压力低，但租金要高于每期折旧。

企业应当根据可动用的资金总量和预计的各类支出，决定以何种方式（购买或租赁）添置多少数量的生产线和厂房。

（二）采购办公设备方案决策

采购办公设备操作流程主要包含：

（1）运营提出采购办公设备方案，填写审批单，提交财务总监。

（2）财务总监对待办事项进行付款审批，付款金额超过 100 万元需要财务总监进行审批。

（3）资金管理执行付款操作。

（4）运营总监待货到确认收货。

（5）本平台规定需要配置办公用复印机 1 台，办公用打印机 1 台，给管理部门人员配置笔记本电脑 15 台。

五、原材料采购决策

（一）原材料采购流程

首先，明确企业存货管理的目标。企业存货管理的目标就是以最低的成本提供维持生产经营活动所需的存货。所以，企业原材料最优采购决策目的是满足企业采购成本最低的管理要求。如何作好最优采购决策，需要解决好三个问题：一是落实采购时间问题，即何时采购的问题；二是选择供应商，即解决向谁采购的问题；三是采购多少的问题，即解决采购量的问题。科学合理地解决好这三个问题，将使得企业的采购成本最低。

（1）原材料采购时间选择。原材料采购的最晚时间，可以由生产批次开始时间减去采购货物在途时间推算得出，由于原材料价格是波动的，所以，在此时间点前后选择价格低点时购买即可。

（2）原材料供应商选择。供应商不同，原材料的质量也会不同，不同供应商的原材料价格也不相同。

（3）原材料采购量确定。原材料采购量是一个比较专业的决策，有经济订货批量，享受购买数量折扣下的最佳订货量等。

其次，了解企业采购业务流程。实验平台中，企业采购业务由运营总监发起，确定采购需求后将采购计划提交到财务部门核对，如核对无误，财务总监审批通过后由运营总监发起采购，向财务部门发起付款申请，财务总监核对单据无误后审批通过，交由资金管理进行付款执行，付款完毕后等待物资验收入库。具体采购业务流程如图3-4所示。

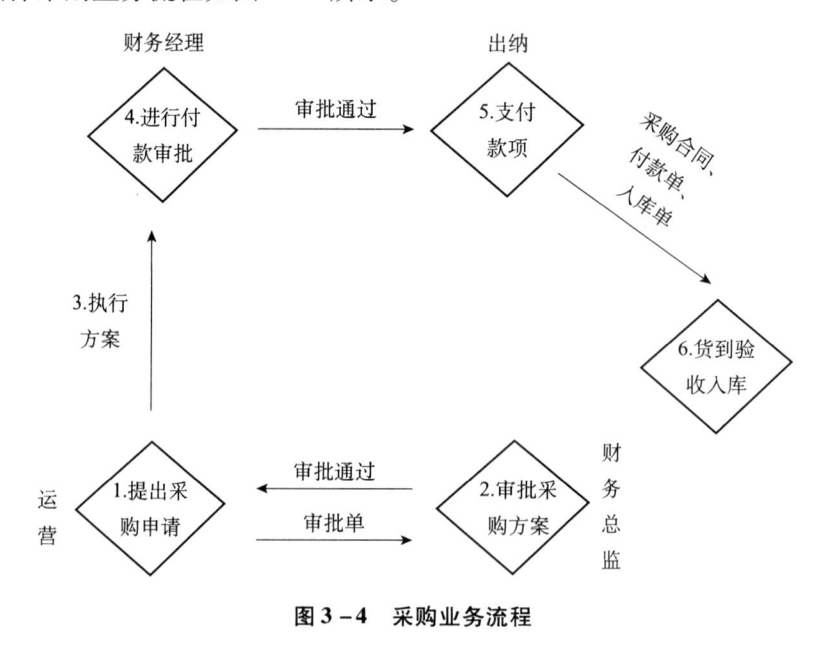

图3-4 采购业务流程

(二) 原材料采购批量

如前所述,企业存货管理的目标就是以最低的成本提供维持生产经营活动所需的存货,这就需要确定原材料等存货的经济订货批量(或经济采购批量),包括经济订货批量,享受购买数量折扣下的最佳订货量等。

1. 经济订货批量

经济订货批量(或经济采购批量),也称最佳进货批量,是指在一定时期内进货总量不变的条件下,使采购费用和储存费用总和最小的采购批量。这里的使采购费用和储存费用总和最小,就是存货管理总成本(TC)最低。需要注意的是,存货管理总成本(TC)是指变动成本,固定成本不影响最佳进货批量的决策。

(1) 采购费用,是随采购次数变动而变动的费用,包括差旅费、业务费等。该费用与采购批量成反比关系,即采购批量越大,采购次数越少,从而使采购费用下降。

(2) 储存费用,是随储存量变动而变动的费用,包括仓储费、占用资金利息费用、商品损耗费用等。该费用与采购批量成正比关系,因为采购批量越大,平均储存量就越大,储存费用越高。

存货管理总成本(TC):

$$TC = \frac{D}{Q} \times K + \frac{Q}{2} \times K_C$$

其中,D 为年订货总量;Q 为每次订货批量;K 为每次订货变动成本;K_C 为单位存货年均储存成本。

当存货管理总成本(TC)函数的一阶导数为零时,求得极小值,即此时存货管理总成本(TC)最低,此时的原材料采购量最优,即经济采购批量。经济采购批量计算公式如下:

$$Q = \sqrt{\frac{2KD}{K_C}}$$

例如，某公司全年需要甲材料27000件，材料单价为6元/件，年储存成本为存货价值的25%，每次进货费用1000元。

则，甲材料的经济订货量Q：

$$Q = \sqrt{\frac{2 \times 27000 \times 1000}{6 \times 25\%}} = 6000 \text{（件）}$$

2. 享受购买数量折扣下的最佳订货量

当企业享受购买数量折扣时，企业的存货采购成本也是变动的，因而也影响最佳进货批量的决策。

采购成本 = 年存货需要量（D）× 存货单价（P）

存货管理总成本（TC）：

$$TC = DP + \frac{D}{Q} \times K + \frac{Q}{2} \times K_C$$

此时，决策程序分为以下三步。

第一步：计算无数量折扣下的经济订货批量及其总成本。

第二步：计算以享受数量折扣的下限作为订货批量时的总成本。

第三步：比较上述各种订货量下的总成本，总成本最低的订货批量为最优。

例如，某公司全年需要乙材料1200吨，每吨乙材料年储存成本为6元，每次进货费用400元。材料单价为10元/吨。与供应商协定：如果每次购买数量达到600吨时，可给予2%的批量折扣；如果每次购买数量达到800吨时，可给予3%的批量折扣。

则，企业决策如下：

（1）订货量为"经济订货批量"（Q）时的总成本为：

$$Q = \sqrt{\frac{2 \times 400 \times 1200}{6}} = 400 \text{（吨）}$$

$TC = 1200 \times 10 + 1200/400 \times 400 + 400/2 \times 6 = 14400$（元）

（2）订货量为 600 吨时的总成本为：

$TC = 1200 \times 10 \times (1 - 2\%) + 1200/600 \times 400 + 600/2 \times 6 = 14360$（元）

（3）订货量为 800 吨时的总成本为：

$TC = 1200 \times 10 \times (1 - 3\%) + 1200/800 \times 400 + 800/2 \times 6 = 14640$（元）

比较三种情况，订货量为 600 吨时的总成本最低，每次采购 600 吨最佳。

（三）原材料精准采购量

按照 ERP 原理，实现企业存货零库存管理目标。"零库存管理"，首先，库存不为零，而是应有尽有，要什么存货有什么存货；其次，库存不积压无闲置，要多少有多少，能满足企业维持生产经营活动的需要，不短缺不脱产不脱销；最后，库存是流动的长河，存货资金最大限度地流动周转使用。

实现零库存的精准采购量 = 按照生产的 BOM 清单所需材料耗用量
－ 最低库存限额

（四）小规模纳税人和一般纳税人利润平衡点下的原材料采购量

小规模纳税人。小规模纳税人是指年销售额在规定标准以下（如规模小于等于 500 万元等），并且会计核算不健全，不能按规定报送有关税务资料的增值税纳税人。所称会计核算不健全是指不能正确地核算增值税的销项税额、进项税额和应纳税额。

一般纳税人。一般纳税人是指年应征增值税销售额（以下简称年应税销售额，包括一个会计年度内的全部应税销售额）超过财政部规定的小规模纳税人标准的企业和企业性单位。一般纳税人的特点是增值税进项税额可以抵扣销项税额。

在原材料采购过程中，一般纳税人的购货对象既可以是一般纳税人，也可以是小规模纳税人，需要在两者之间作出选择。在什么情况下选择一般纳税人供应商？在什么情况下选择小规模纳税人供应商？应该考虑企业利润平衡点，即选择一般纳税人供应商和选择小规模纳税人供应商对企业净利润的影响没有差别。针对小规模纳税人供应商和一般纳税人供应商应该如何进行选择，我们可以进行利润无差别点的测算。利润无差别点的具体测算过程如下。

例如，一般纳税人供应商，不含税售价为 S_1，税率为13%，且可以开具增值税专用发票；小规模纳税人供应商商品售价为 S_2，不能开具增值税专用发票。本企业商品不含税售价为 S_0，分别计算一下从不同供应商处采购净利润的影响，不考虑其他成本费用。

本企业的城市维护建设税税率为7%，教育费附加率为3%，所得税率为25%。

从一般纳税人供应商采购生产的净利润 L_1

$$L_1 = [(S_0 - S_1) - (S_0 - S_1) \times 13\% \times (7\% + 3\%)] \times (1 - 25\%)$$

从小规模纳税人供应商处采购产生的净利润 L_2

$$L_2 = [(S_0 - S_2) - (S_0 - S_2) \times 13\% \times (7\% + 3\%)] \times (1 - 25\%)$$

令 $L_1 = L_2$，则计算出 $S_1/S_2 = 1.0132$

也就是说，当 $S_1/S_2 = 1.0132$ 时，无论是从一般纳税人还是从开具普通发票的小规模纳税人处采购货物，其净利润是一样的；当 $S_1/S_2 > 1.0132$ 时，从小规模纳税人处采购净利润比较大，应当选择向小规模纳税人采购；当 $S_1/S_2 < 1.0132$ 时，从一般纳税人处采购净利润大，应当选择向一般纳税人采购。

（五）原材料采购付款方式选择

在原材料采购过程中，企业和供应商之间除了必须针对购销合同约定交货数量、交货时间和交货地点之外，还需要确定付款方式。

实验平台中有款到发货、货到付款两种方式。其中，货到付款方式又分为分期付款和一次性付款，并且一次性付款的时间如果在 10 天内可以享受 2% 的现金折扣，20 天内享受 1% 的现金折扣。企业需要结合自己的现金流以及采购需求选择合适的付款方式，见表 3-11。

表 3-11　　　　　　　　　　　不同付款方式比较

付款方式	有利方	对信誉要求	是否有违约责任	有无折扣
款到发货	供应商	无要求	无	无
货到付款分期付款	企业	>60	有	无
货到付款一次性付款	企业	>60	有	有

（六）原材料入库成本及供应商选择

原材料的入库成本即原材料的采购总成本。原材料的采购是指导企业物资从采购到入库前所发生的全部合理的、必要的支出，包括购买价款、相关税费、运输费、装卸费、保险费以及其他可归属于采购成本的费用。实验平台的原材料成本主要为货款及运费。

原则上应采用经济采购批量确定每次采购进货量，但是平台中无法得知采购费用和存储费的准确信息，因而原材料采购决策主要关注价格、运费、商业折扣、现金折扣和供应商信誉值。

（1）原材料价格是不断变动的，应关注原材料价格趋势图。供应商可以是一般纳税人和小规模纳税人，前者报价是不含税价，后者报价是含税价。

（2）运费分为固定部分和变动部分（随数量而变动）。

（3）是否应该增加单次采购数量，来获取商业折扣。

（4）是否应该提前付款获得现金折扣，是否应该利用商业信用（首三余七，首六余四）获得短期资金融通。

备注：各类价格根据当日市场行情估计的；成本仅考虑了直接成本，未考虑制造费用。

六、产品生产决策

（一）生产方法选择

企业经营过程中生产方法主要有以产定销和以销定产两种。以产定销就是先确定生产计划，然后根据生产计划进行销售计划；以销定产则是根据市场需求来确定企业的生产计划，两种方式的优劣分析见表 3-12。

表 3-12　　　　　　　　　　以销定产和以产定销比较

项目	以产定销	以销定产
优点	无须考虑市场情况，生产简单	以市场为中心，适应经济发展形势需要，为大多数企业所采用
缺点	1. 忽略市场，盲目生产追求产量，往往出现供过于求； 2. 容易造成企业资金短缺，加大企业运营风险	并不适用于所有行业，需要考虑的因素复杂，隐性成本高

实验平台中可以两种方法相结合。企业经营初期可以采取以产定销的政策，企业可以据此制定生产预算，然后根据市场情况对生产计划进行调整。

（二）制定生产预算计划

企业可以通过预算管理进行生产计划制定，也可以制定生产计划产能表，编制生产计划产能表是一种较为简单有效的确定生产计划的方法。生产计划产能表是销售的前提，不仅能够让生产人员知悉未来的计划，确定生产批次产量，还能根据销售订单情况实时调整生产计划，进而做到知己知彼。

下面以微波炉生产线 A 型为例，制定期 1~3 月的生产计划。

按照生产线最大生产能力来确定微波炉各月的生产产能，即连续生产下的产品生产计划，具体见表 3-13。

表 3-13　微波炉各月生产计划产能

项目	1月	2月	3月
生产天数（天）	19	28	31
最大人工投入（人）	200	200	200
单个批次最大产量（件）	1200	1200	1200
天最大产量（件）	200	200	200
月最大产能（件）	3800	5600	6200

注：(1) 此处采用的是最大的生产计划安排，即投入最大人工情况下的生产计划，微波炉生产线 A 型容纳人数上限为 200 人；(2) 生产线安装时间为 10 天，最早 1 月 12 日才能开始生产，所以 1 月份可生产天数为 19 天。

日最大产量 = 最大人工投入 × 单位耗时 200 × 1.0 = 200（件）

然后，根据表可以确定连续生产方案下 1 月份每批次的具体生产日期。具体生产信息见表 3-14。

表 3-14　微波炉生产信息

产品	生产线	废品率（%）	生产数量（件）	生产人员数量（人）	开始生产日期	结束生产日期
微波炉	生产线 A 型	0.5	1200	200	2024/01/12	2024/01/18
			1200	200	2024/01/19	2024/01/25
			1200	200	2024/01/26	2024/02/02

上述内容是按照最大生产能力为前提制定的生产计划。当然，企业也可以结合实际市场需求自行进行生产预算编制，生产预算见表 3-15。

表 3-15　生产预算　　　　　　　　　　单位：件

项目	1月	2月	3月
预计销售量	3000	6000	6400
预计期末存货量	800	400	200
预计需求量	4000	6000	6500
期初存货量	0	800	400
预计生产量	3800	5600	6200

（三）预估生产所需原材料用量和工人数量

根据生产预算表预估原材料投入及人工投入成本。

根据表3-16我们可以知道这个月生产微波炉需要的原材料投入数量及生产人员投入人数，据此可以确定原材料投入及人工投入成本。以2月份生产计划为例，具体材料投入及人工投入成本见表3-16。

表3-16　　　　　　预计2月份生产微波炉材料投入成本

单位：元

单位材料成本构成	
发热材料	368
面板	66
辅料	49
单位材料成本合计	483
材料投入成本	2704800

注：材料价格来源于系统数据，仅作教学参考用。

预计2月份微波炉生产人工投入成本见表3-17、表3-18。

表3-17　　　　　　　生产人员工资明细表　　　　　　　单位：元

工资项目	基本工资	工会经费	福利费	职工教育经费	社保单位缴纳部分	合计
生产人员	3000	60	500	60	656	4276

表3-18　　　　　　微波炉生产人工投入成本表　　　　　　单位：元

项目	金额
公司支付薪酬人均合计	4276
投入人员数量	200
人工投入成本合计	855200

（四）调整生产计划

结合市场信息进行生产计划调整。

实验平台中产品销售是按照订单来的。订单每天都有，并且订单价格随市场波动，企业在制定生产计划之后可以根据市场订单情况来灵活调整生产计划。可以选择先生产再承接订单，或者先承接订单再生产，最终目的是最大化地保证企业生产的产品能够销售出去。

假定当前企业1月份承接的全部订单见表3-19。

表3-19　　　　　　　　　　企业1月份承接订单

序号	合同名称	合同数量（件）	合同类型
1	微波炉订单800-02	800	普通合同
2	微波炉订单500-02	500	普通合同
3	微波炉订单200-01	200	普通合同
4	微波炉订单500-02	500	普通合同
5	微波炉订单400-02	400	普通合同
6	微波炉订单400-01	400	普通合同

根据承接的订单，可知当月微波炉订单数量，小于月最大产能件，企业需要考虑当前市场是否饱和，然后考虑是否在后期适当停产还是维持目前的生产计划。

（五）估算产品的生产成本

企业在生产过程中，产品的生产成本主要包括生产线租金、房屋租金、生产线管理人员工资，企业可以据此分析不同产品、不同生产线下的产品生产成本（见表3-20）。

表3-20　　　　　　　　　　产品生产成本预测　　　　　　　　　　单位：元

项目	微波炉 生产线A型	微波炉 生产线B型	抽油烟机 生产线A型	抽油烟机 生产线B型	电视机 生产线A型	电视机 生产线B型
生产管理人员工资	26480	26480	26480	26480	26480	26480
生产线租金	150000	180000	140000	140000	200000	240000

续表

项目	微波炉 生产线A型	微波炉 生产线B型	抽油烟机 生产线A型	抽油烟机 生产线B型	电视机 生产线A型	电视机 生产线B型
生产线租金成本	132743.36	159292.04	123893.81	123893.81	176991.15	212389.38
进项税额	17256.64	20707.96	16106.19	16106.19	23008.85	27610.62
房屋月租金	30580.73	30580.73	30580.73	30580.73	30580.73	30580.73
其他						
合计	220384.82	216352.77	180954.54	180954.54	234051.88	269450.11

注：(1) 生产线管理人员薪酬构成：基本工资4000元，工会经费80元，福利费500元，职工教育经费60元，社保单位缴纳部分656元，工资合计5296元。

(2) 生产线租金金额见表3-4，看选择哪种生产线，生产线不同，租金成本会不一样。同理，厂房不同，房屋月租金也不同。本例选其中一种为例。

如厂房含税租金为33333元，故不含税价为33333/1.09=30580.73元。

(六) 企业生产本量利分析

企业生产，除了考虑市场情况以外，还可以通过本量利分析来辅助生产相关决策。

1. 本量利分析

本量利分析，是指以成本性态分析和变动成本法为基础，运用数学模型和图式，对成本、利润、业务量与单价等因素之间的依存关系进行分析，发现变动的规律性，为企业进行预测、决策、计划和控制等活动提供支持的一种方法。其中，"本"是指成本，包括固定成本和变动成本；"量"是指业务量，一般指销售量；"利"一般指营业利润。

本量利分析主要用于企业生产决策、成本决策和定价决策，并广泛地用于投融资决策等。企业在营运计划的制定、调整以及营运监控分析等程序中通常也会应用到本量利分析。

本量利分析的基本公式如下：

营业利润 =（单价 – 单位变动成本）× 业务量 – 固定成本

2. 盈亏平衡分析

盈亏平衡分析（也称保本分析），是指分析、测定盈亏平衡点，以及有关因素变动对盈亏平衡点的影响等，是本量利分析的核心内容。盈亏平衡分析的原理是，通过计算企业在利润为零时处于盈亏平衡的业务量，分析项目对市场需求变化的适应能力等。盈亏平衡分析包括单一产品的盈亏平衡分析和产品组合的盈亏平衡分析。

3. 单一产品的盈亏平衡分析

（1）公式法。

盈亏平衡点的业务量 = 固定成本 ÷（单价 – 单位变动成本）

盈亏平衡点的销售额 = 单价 × 盈亏平衡点的业务量

或盈亏平衡点的销售额 = 固定成本 ÷（1 – 变动成本率）

或盈亏平衡点的销售额 = 固定成本 ÷ 边际贡献率

其中，边际贡献率 = 1 – 变动成本率。

企业的业务量等于盈亏平衡点的业务量时，企业处于保本状态；企业的业务量高于盈亏平衡点的业务量时，企业处于盈利状态；企业的业务量低于盈亏平衡点的业务量时，企业处于亏损状态。

边际贡献的计算公式：

边际贡献 = 销售收入 – 变动成本 =（单价 – 单位变动成本）× 销量 = 单位边际贡献 × 销量 = 固定成本 + 利润

利润 = 边际贡献 – 固定成本

边际贡献率 = 边际贡献 ÷ 销售收入 =［（单价 – 单位变动成本）× 销量］÷（单价 × 销量）= 1 – 变动成本率

边际贡献总额 = 销售收入总额 – 销售变动成本总额 = 销售单价 × 销售

量－单位变动成本×销售量＝(销售单价－单位变动成本)×销售量＝单位边际贡献×销售量

(2) 图示法。企业可以使用本量利关系图进行分析。本量利关系图按照数据的特征和目的分类，可以分为传统式、贡献毛益式和利量式三种图形，如图3-5、图3-6、图3-7、图3-8所示。

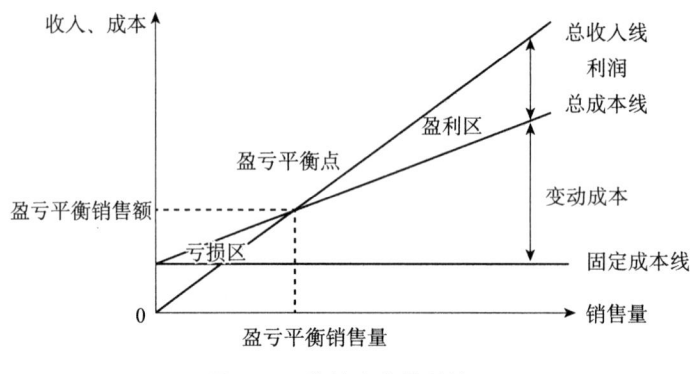

图3-5 传统式本量利关系

基本的量本利分析图表达的意义有：

①固定成本与横轴之间的区域为固定成本值；

②总收入线与总成本线的交点是盈亏平衡点；

③在盈亏平衡点以上的总收入线与总成本线相夹的区域是盈利区，盈亏平衡点以下的总收入线与总成本线相夹的区域是亏损区。

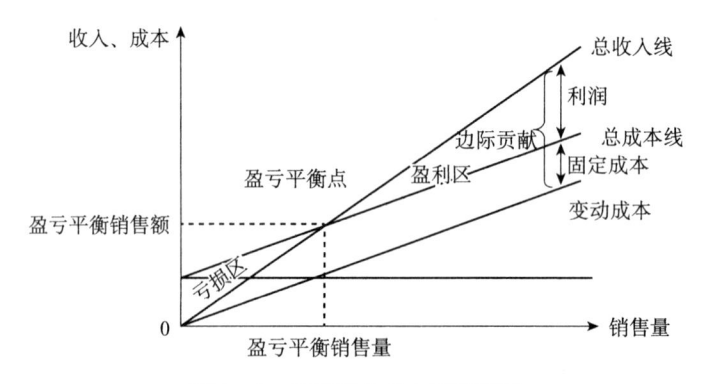

图3-6 贡献毛益式本量利关系

贡献毛益式本量利关系图的主要优点是可以表示边际贡献的数值。

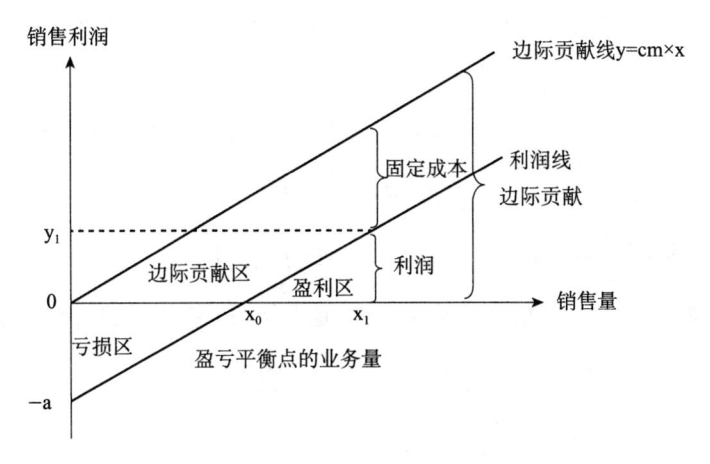

图 3-7 利量式本量利关系

利量式本量利关系图的主要优点是体现了盈亏平衡作业率与安全边际率的关系。

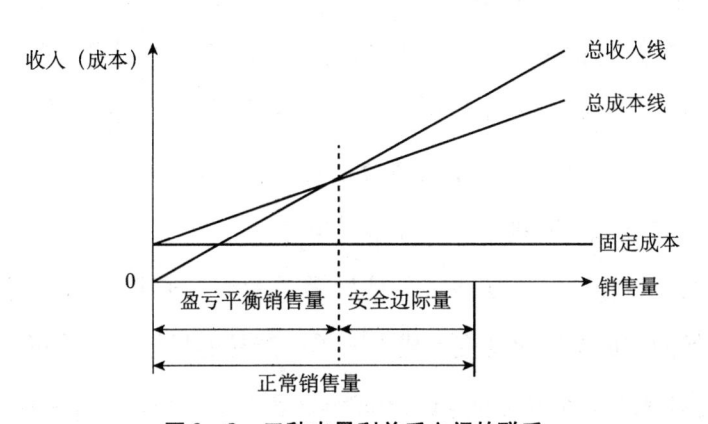

图 3-8 三种本量利关系之间的联系

从图 3-8 可以看出,提高销售利润率的途径为:一是扩大现有销售水平,提高安全边际率;二是降低变动成本水平,提高边际贡献率。

4. 产品组合的盈亏平衡分析

产品组合的盈亏平衡分析是在掌握每种单一产品的边际贡献率的基础上,按各种产品销售额的比重进行加权平均,据以计算综合边际贡献率,从而确定多产品组合的盈亏平衡点。

某种产品的销售额权重＝该产品的销售额÷各种产品的销售额合计盈亏平衡点的销售额＝固定成本÷(1－综合变动成本率)

或盈亏平衡点的销售额＝固定成本÷综合边际贡献率

综合边际贡献率＝1－综合变动成本率

企业销售额高于盈亏平衡点时，企业处于盈利状态；企业销售额低于盈亏平衡点时，企业处于亏损状态。企业通常运用产品组合的盈亏平衡点分析优化产品组合，提高获利水平。

5. 目标利润分析

目标利润分析是在本量利分析方法的基础上，计算为达到目标利润所需达到的业务量、收入和成本的一种利润规划方法，该方法应反映市场的变化趋势、企业战略规划目标以及管理层需求等。

目标利润分析包括单一产品的目标利润分析和产品组合的目标利润分析。单一产品的目标利润分析重在分析每个要素的重要性。产品组合的目标利润分析重在优化企业产品组合。企业应结合市场情况、宏观经济背景、行业发展规划以及企业的战略发展规划等确定目标利润。

企业要实现目标利润，在假定其他因素不变时，通常应提高销售数量或销售价格，降低固定成本或单位变动成本。单一产品的目标利润分析公式如下：

实现目标利润的业务量＝(目标利润＋固定成本)÷(单价－单位变动成本)

实现目标利润的销售额＝单价×实现目标利润的业务量

或实现目标利润的销售额＝(目标利润＋固定成本)÷边际贡献率

企业在应用该工具方法进行如何提高销售量的策略分析时，可以根据市场情况的变化对销售价格进行调整，降价通常可能促进销售量的增加，提价通常可能使销售量下降；在市场需求极为旺盛的情况下，可以通过增加固定成本支出（如广告费、租赁设备等）、扩大生产能力来扩大销售量。

产品组合的目标利润分析通常采用以下方法：在单一产品的目标利润分析

基础上，依据分析结果进行优化调整，寻找最优的产品组合。

基本分析公式如下：

实现目标利润的销售额 =（综合目标利润 + 固定成本）÷（1 - 综合变动成本率）

实现目标利润率的销售额 = 固定成本 ÷（1 - 综合变动成本率 - 综合目标利润率）

企业在应用该工具方法进行优化产品产量结构的策略分析时，在既定的生产能力基础上，可以提高具有较高边际贡献率的产品的产量。

本量利分析，还可以进一步用来进行敏感性分析和边际分析。

6. 本量利分析的优缺点

本量利分析的主要优点是可以广泛应用于规划企业经济活动和营运决策等方面，简便易行、通俗易懂且容易掌握。

本量利分析的主要缺点是仅考虑单因素变化的影响，是一种静态分析方法，且对成本性态较为依赖。

7. 示例

假定企业1月份生产的3800件产品全部销售出去，产品的平均销售单价为900元，单位产品材料成本为483元，单位人工费用119元，单位变动制造费用为43元。可以测算出1月份生产3800件产品下的直接材料费为1835400元、直接人工费为452200元、变动制造费用为163400元、固定成本为382500元。据此计算出相关数据见表3-21。

表3-21　　　　　　　　　　微波炉保本点

项目	微波炉
销售收入（元）	3420000
变动成本（元）	2451000
固定成本（元）	382500
边际贡献（元）	969000

续表

项目	微波炉
边际贡献率（%）	28.33%
保本销售额（元）	1350000

注：边际贡献=销售收入-变动成本。

七、利用财务杠杆决策

（一）杠杆理论

杠杆效应是一种放大效应，实质上就是因为企业对固定成本的使用而增加了的获利能力。财务管理中的杠杆效应表现为：由于固定费用的存在而导致的当某一财务变量以较小幅度变动时，而另一相关变量会以较大幅度变动的现象，包括经营杠杆、财务杠杆和总杠杆。其中，经营杠杆效应源于企业对固定经营成本的使用，用经营杠杆系数（DOL）指标来计量，用来衡量企业经营风险的大小。财务杠杆效应源于企业对固定融资成本的使用，用财务杠杆系数（DFL）指标来计量，用来衡量企业财务风险的大小。总杠杆效应源于企业对固定成本的使用，用总杠杆系数（DTL）指标来计量，用来衡量企业风险的大小。

1. 经营风险与经营杠杆

（1）经营风险。企业因经营上的原因而导致利润变动的风险。企业经营风险的影响因素主要有：产品需求、产品售价、产品成本、调整价格的能力、固定成本的比重等。

（2）经营杠杆。在某一固定成本额下，销售量较小的变动将导致营业利润较大的变动。

（3）衡量指标。经营杠杆系数（DOL），即息税前利润（EBIT）变动率是销售额（量）变动率的倍数。

经营杠杆系数计算的公式：

$$DOL = \frac{EBIT + F}{EBIT}$$

（4）经营风险分析。

①F≠0，DOL＞1（EBIT＞0），说明盈利企业有经营杠杆效应。

②DOL越大，企业经营风险越高；DOL越小，企业经营风险越低。

③F越大，DOL越大；Q越大，DOL越小。

④EBIT变动率＝销售变动率×DOL。

2. 财务风险与财务杠杆

（1）财务风险。由企业负债经营引起的，给所有者收益带来的不确定性影响，以及企业不能按期偿还债务的危险。企业财务风险的影响因素主要有：举债经营效益的不确定性、资本结构不合理、现金收支调度失控、金融市场客观环境的变化等。

（2）财务杠杆。企业运用负债及优先股筹资时，息税前利润较小的变动将导致所有者收益较大的变动。

（3）衡量指标。财务杠杆系数（DFL），即每股收益（EPS）变动率是息税前利润（EBIT）变动率的倍数。

计算公式：

$$DFL = \frac{EBIT}{EBIT - I}$$

即DFL——EPS变动率相当于EBIT变动率的倍数。

（4）财务杠杆系数的含义。

①财务杠杆是息税前盈余增长所引起的每股收益的增长幅度，DFL越大，企业财务风险越高，DFL越小，企业财务风险越低。

②I≠0或D≠0，DFL＞1（EBIT＞I，EBIT＞0），说明有负责经营的企业才有财务杠杆效应和财务风险。

③I（债务利息）、D（企业负债规模）越大，DFL越大，说明在资本总额、息前税前盈余相同的情况下，负债比率越高，财务杠杆系数越大，企业财务风险越高；反之，则越低。

④EPS变动率 = EBIT变动率 × DFL，说明财务杠杆系数越高，预期每股收益（投资者收益）也越高。

（5）财务风险分析。

①在企业负债规模稳定的情况下，财务杠杆系数说明了企业息税前利润增长（减少）的幅度所导致的每股收益的增长幅度。例如，DFL1 = 1.33，说明企业在某一销售规模前提下，息税前利润的增长（减少）会引起每股收益1.33倍的增（减）变动；若DFL = 2，说明企业在某一销售规模前提下，息税前利润的增长（减少）会引起每股收益2倍的增（减）变动。

②在企业负债规模稳定的情况下，若其销售规模（盈利规模）越大，财务杠杆系数越小，此时企业财务风险也就越小；反之，若其销售规模（盈利规模）越小，财务杠杆系数越大，此时企业财务风险也就越大。这与现实经济现象是相符的。

③在企业销售规模（盈利规模）稳定的情况下，若其负债经营规模越大，财务杠杆系数越大，此时企业财务风险也就越大；反之，若其负债经营规模越小，财务杠杆系数越小，此时企业财务风险也就越低。这与现实经济现象是相符的。

④当企业的销售规模达到息税前利润刚好足以支付其当期正常利息时（即EBIT > I时），财务杠杆系数达到最大，即为无穷大，说明企业此时处于盈亏临界状态，此时企业的息税前盈余增减变动对其每股收益的影响十分敏感。

⑤在其他因素不变（如销售收入不变）的情况下，利息（融资成本）越高，企业财务杠杆系数越大，企业的财务风险也就越大。

⑥如果企业利息（融资成本）为零时，每股收益变动率将等于息税前利润变动率，此时不会产生财务杠杆作用，企业也就没有财务风险。

（6）财务风险的控制。企业可以通过合理安排资本结构，适度负债，使财务杠杆利益抵消风险增大所带来的不利影响。

同时，企业一般可以通过增加销售额、降低产品单位变动成本、降低固定成本比重等措施使经营杠杆系数下降，通过扩大经营规模和盈利规模来增强企业抵抗财务风险的能力，但这往往要受到条件的制约。

3. 总风险与总杠杆

（1）总风险。总风险又称综合风险，是由企业对固定成本的使用而形成的销售额（量）变动率对其每股收益的影响。总风险是企业经营风险和财务风险的总和。

（2）总杠杆。总杠杆又称综合杠杆、联合杠杆，是企业销售额（量）变动率所导致的每股收益的变动幅度的变化，通常指企业销售额（量）较小的变动将导致所有者收益较大的变动。

（3）衡量指标。总杠杆作用的程度，可用总杠杆系数（DTL）表示，总杠杆系数（DTL），即每股收益（EPS）变动率与销售额（量）变动率的比值。

综合杠杆系数（DTL 或 DCL）：即每股收益（EPS）变动率与销售量（额）变动率的比值。它是经营杠杆系数和财务杠杆系数的乘积。

计算公式：

$$DTL = DOL \times DFL$$

（4）总风险分析。

①DTL 越大，总风险越大。

②EPS 变动率 = 销售变动率 × DTL。

③经营风险较大的企业不宜高负债。

（二）财务杠杆的运用

1. 负债资金成本

如前所述，由于企业负债经营引起财务杠杆效应和财务风险，所以财务杠杆的运用实际上就是企业如何科学地利用负债经营的问题。

企业负债经营是有资金成本的。企业负债筹资的资金成本一般计算式如下：

$$K = \frac{负债 \times 利率}{负债筹资总额 \times (1 - 筹资费用率)} \times (1 - 所得税税率)$$

实际工作中，企业的筹资方式主要有国家投资、个人投资、企业投资、外商投资、发行股票以及举债借入资金等多种方式。在财务决策平台规则中，为了简化实验操作，企业负债资金筹集方式主要有两种：银行短期贷款、按揭贷款。

短期贷款的额度由银行根据企业的实收资本和信誉值确定。短期贷款期限为一年。企业贷款金额与期限决定贷款利息，每月需支付贷款利息，贷款到期的最后一个月还本。当企业信誉值 >60 时，企业可以申请银行贷款。如果企业流动资金正常运转，资金能够满足生产经营需求并有多余资金，可以考虑提前还贷。

2. 负债经营决策标准

在企业负债经营中，当企业总资产报酬率高于贷款利率时，负债资金按总资产报酬率水平获利、按贷款利率支付贷款利息。也就是说，负债资金的盈利除了支付利息以后还有剩余，可以提升企业净资产报酬率，这就是通常所说的负债经营为企业所获得的超额收益，即正向的财务杠杆效应。

负债经营决策标准表述如下：企业总资产报酬率 > 负债资金成本，即可运用财务杠杆。

当企业总资产报酬率 > 负债资金成本时，可以负债经营，也就是可以运用财务杠杆为企业获取超额收益。

可见，当企业总资产报酬率超过贷款利率时，企业负债经营可以获取正向杠杆效应，提升企业净资产报酬率。如果总资产报酬率不高，企业负债经营又可能产生负向杠杆效应，降低净资产报酬率，这就是通常所说的负债经营的财务风险。

涉及举债筹资业务的会计核算主要有：取得贷款、支付贷款所需综合费用、支付贷款利息、归还贷款本息，月末涉及借款合同印花税的计算。借款合同印花税按照借款金额乘以税率0.005%计征。

八、企业销售管理决策

（一）承接订单的销售管理

合理承接订单进行销售管理。营销是企业制定并执行战略的过程，也是想办法把产品销售出去的过程。市场营销战略步骤主要包括分析市场机会、选择目标市场、确定市场营销策略、市场营销活动管理。知市场方知销售，企业必须先分析潜在的市场机会，从市场入手预测市场中存在的机遇，然后充分结合自身的优势，成功地占据市场份额。

分析市场需要企业对市场做充分的调查，对市场结构、市场营销内外部环境进行综合分析，通过调查分析确定不同细分市场的特点和需求趋势，并结合企业自身因素，确定自身最优的市场方案。

企业经营过程中，可以借助工具来进行市场预测和分析，实验平台中分析工具主要有产品价格趋势图及市场资讯分析。产品价格图的作用主要是对历史产品价格进行记录，通过历史价格走势预估产品未来一段时期的走势，以帮助企业预测在哪段时间市场为高价，帮助企业尽量在高价时承接订单。

市场资讯主要包括金融证券市场和产品市场信息，市场资讯主要是外部宏观环境对市场的影响，金融证券市场信息主要用于股票交易分析。借助市场资讯，如分析CPI指数、GDP增速等指标，可以预估国家经济大盘走势。总体经济必然影响行业经济，如果宏观环境不乐观的话，对于家电产品的影响大概率是负的，我们可以预知未来一段时期产品的价格可能不太乐观。

营销活动作为企业营销战略的最后一环，其结果直接影响到企业的经营发展，而决定营销活动结果的则是订单的执行。订单执行得好，那么企业的营销活动通常就可以说是成功的。

产品销售是企业盈利的重要环节，平台产品销售主要体现为承接订单。订单的价格和订单的数量影响销售目标的达成。

企业处在多变的市场环境中，市场价格每天都在变化。企业首先需要做的事情是考虑订单价格，争取在订单价格最高点承接订单。同时，承接订单时还需要考虑市场情况，考虑是否需要利用广告手段来提高市场需求。此外，承接订单时还需要考虑客户的选择以及信用政策对于企业的影响因素。

产品的价格是不断波动的，因此，应结合产能情况和产品价格趋势图，尽可能获取高价格的销售订单。原则上只要产品价格高于产品变动成本，接受订单在经济上都是可行的。

应关注订单上的发货截止时间，将其与生产周期统筹考虑。应综合考虑延期发货的信誉损失和增加的盈利。发货后，交易才全部完成。

（二）产品价格

决策要点一：考虑产品价格。

需要考虑产品价格对于产品边际贡献的影响，同时，需要判断产品的最佳承接时间点，尽量保证在产品高价点承接订单。

边际贡献指的是销售收入减去变动成本后的差额，常常被人们称作毛利。实验平台中，通常用售价减去材料成本的金额来指代边际贡献，可以据此分析产品价格的提升对边际贡献影响有多大。

根据市场信息，得知微波炉产品的价格区间为 844.86~935.12 元，材料成本为 450~520 元，我们取最低值、中间值、最高值来进行比较，具体结果见表 3-22。

表 3-22　　　　　　　　　　售价对边际贡献的影响

项目	最低值	中间值	最高值
预计单位售价（元）	844.86	890	935.12
预计单位材料成本（元）	450	485	520
预计单位边际贡献（元）	394.86	405	415.12
预计边际贡献率（%）	46.74	45.51	44.39

由表 3-22 可以看出，产品价格差距越大，对边际贡献影响越大，最终对企业的利润影响越大，由此可以看出高价承接订单的重要性。

（三）产品的广告投入

决策要点二：考虑是否投入广告。

广告是企业营销的重要手段之一，通过广告活动帮助企业实现产品销售以及经济上的效益是广告发挥作用的重要体现。

广告投放首先需要考虑投放金额，然后预估投入广告后市场份额增加量，进而评估广告投入带来的经济效益。市场广告要求见表 3-23。

表 3-23　　　　　　　　　　市场广告要求

产品	市场级别	市场类型	市场范围	营销费用（元）
微波炉	一级市场	国内初级市场	一类低级	350000
	二级市场	国内初级市场	一类高级	500000
	三级市场	国内中级市场	二类	850000
	四级市场	国内高级市场	三类	
抽油烟机	一级市场	国内初级市场	一类低级	70000
	二级市场	国内初级市场	一类高级	1300000
	三级市场	国内中级市场	二类	2000000
	四级市场	国内高级市场	三类	

续表

产品	市场级别	市场类型	市场范围	营销费用（元）
电视机	一级市场	国内初级市场	一类低级	600000
	二级市场	国内初级市场	一类高级	1600000
	三级市场	国内中级市场	二类	2200000
	四级市场	国内高级市场	三类	

以微波炉产品广告投入达到一类高级市场为例，分析广告带来的经济效益，根据统计数据，可以得到企业在一类高级市场上多承接的订单见表3-24。

表3-24　　　　　　　　　微波炉一类高级市场订单

序号	合同名称	合同数量	合同类型
1	微波炉订单800-01	800	普通合同
2	微波炉订单800-02	800	普通合同
3	微波炉订单200-01	200	普通合同
4	微波炉订单200-02	200	普通合同
5	微波炉订单500-01	500	普通合同
6	微波炉订单500-02	500	普通合同

如表3-25所示，投放广告后一类高级市场多承接的订单数量为3000件，根据市场信息得到承接产品订单平均价格为900元，产品成本为602元。对广告经济效益进行分析，分析结果见表3-25。

表3-25　　　　　　　　微波炉广告经济效益分析　　　　　　　　单位：元

项目	金额
广告费投入	350000
广告费用	309734.51
进项税额	40265.49
新增订单数量	3000
预计订单售价	900
预计产品成本	602
预计单位利润	288

续表

项目	金额
预计新增订单利润	864000
新增利润——广告费投入	554265.48

当预估的经济效益大于 0 时，不考虑其他因素情况下投入广告就是有效果的。通过表 3-25 可以知道当广告投入到一类高级市场之后，微波炉产品所带来的预估经济效益是 864000 元，说明广告投入带来的是正的经济效益，可以考虑投放广告。

（四）产品订单对企业的影响

决策要点三：考虑订单信息对于企业的影响。

在承接订单时需要考虑订单信息。订单信息主要包括客户、付款方式、单价等要素，不同要素对于订单影响不同。付款方式影响企业收账期，单价直接影响产品利润，具体订单信息如图 3-9 所示。

图 3-9　订单信息

订单承接完成后即完成合同签订，以订单承接日作为合同签订日期。合同内容主要包括合同甲方、产品销售数量及订单、产品结算方式，具体合同样式如图3－10、图3－11所示。

订单详情 ×

第一页 第二页

产品销售合同

甲方（供方）阿里耶耶集团　　　　乙方（需方）：北京麦琳电器商场

地址：北京市朝阳区中兴路22号　　地址：北京市朝阳区诚志路99号

电话：010-82980920　　电话：010-67677767

甲、乙双方经友好协商，以自愿、平等互利为原则，根据《中华人民共和国合同法》，双方达成如下

一、甲、乙双方的权利和义务

1、甲方是微波炉　　　　产品的供应商，乙方是经销商。

2、产品的型号由订单、收货单确定，最终以收货单为准。

3、运输及运费计算：运费由乙方承担并支付相应的费用。

二、产品销售数量及订单

序号	产品名称	单位	数量	单价	金
1	微波炉	个	500	906.79	4
合计：					4

增值税额：58941.35　（税率 13%　）

总金额：512336.35　（含税）

三、产品结算方式

1、款到发货

乙方在合同签订后____日内付款，甲方在收到货款后必须在____年___月___日之前发货，超过发货时间____天后视为违约处理。

2、货到付款

1）一次性付款

甲方必须在乙方订单要求的日期内发货，即在 2024 年 1 月 25 日之前发货，超过发货时间 20 天后视为违约处理。乙方在收到货并验收合格后， 5 日内一次性付给甲方全部货款

2）分期付款

甲方必须在乙方订单要求的日期内发货，即在____年___月___日之前发货，超过发货时间____天后视为违约处理。乙方在收到货并验收合格后，分期付款：

第一期，____日内付全部货款的____，即____元，第二期，____日内付全部货款的____，即____元。

四、违约责任：

1、甲方未按合同约定的时间内发货。

图3－10　产品销售合同

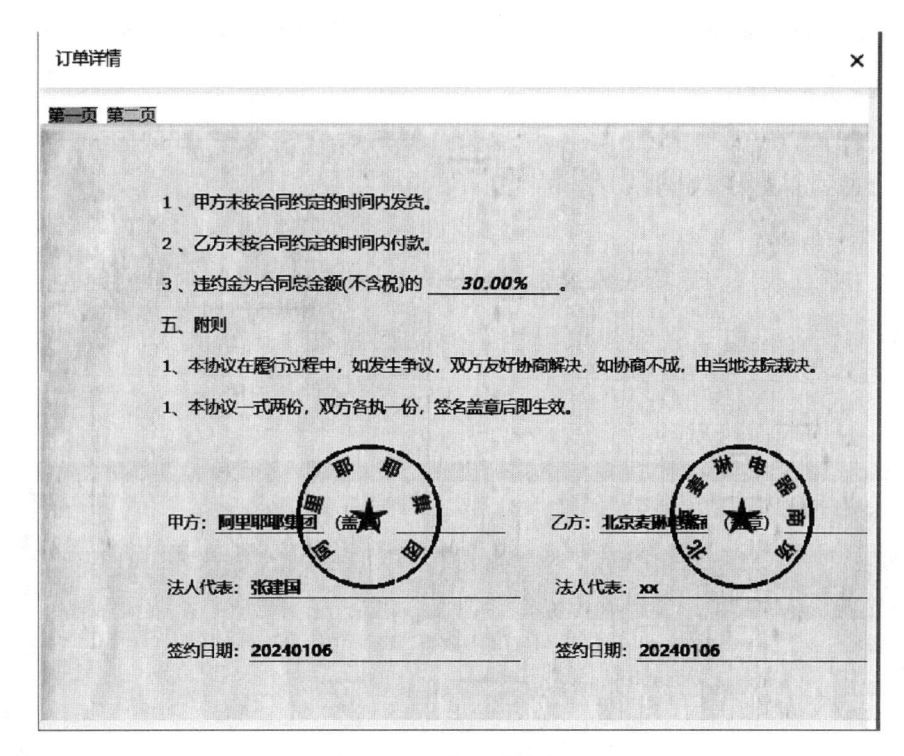

图 3-11　合同违约责任

除了客户以及市场价格，企业还需要考虑信用政策对销售的影响。企业可以通过信用政策来控制应收账款的水平和质量。信用政策主要包括信用标准、信用期间、现金折扣三部分内容，实验平台中的信用政策主要体现为应收账期。应收账期分为一次性收款、首七余三、首六余四三种。应收账期的选择会影响到企业收款。预计应收账期对企业的影响，具体见表 3-26。

表 3-26　不同收款方式对企业的影响

项目	一次性收款	首七余三	首六余四
预计销售数量（件）	2000	2000	2000
预计销售单价（元）	1450	1450	1450
预计销售金额（元）	2900000	2900000	2900000
预计回款率（%）	100	70	40
预计本期现金流入（元）	2900000	2030000	1740000
预计下月回款（元）	0	870000	1160000

收账期直接影响企业现金流,所以在进行订单选择时最好能够选择一次性收款的现金流项目。

(五) 企业收入确认

合法确认收入。最新收入准则规定,当企业与客户之间的合同同时满足下列条件时,企业应当在客户取得相关商品控制权时确认收入(如图 3-12 所示)。

图 3-12 承接订单信息

(1) 合同各方已批准该合同并承诺将履行各自义务。

(2) 该合同明确了合同各方与所转让商品或提供劳务相关权利和义务。

(3) 该合同有明确的与所转让商品相关的支付条款。

(4) 该合同具有商业实质,即履行该合同将改变企业未来现金流量的风险、时间分布或金额。

（5）企业因向客户转让商品而有权取得的对价很可能收回。

实验平台中对于收入采用的是权责发生制，商品销售一旦满足上述 5 个条件，我们将其确认为收入。

（1）是否应该投入广告费？何时投入？投入多少？

（2）是否应该进行产品研发，增加产品价格？何时投入？投入多少？

（3）应选择哪种收款方式？一次性收款、首六余四还是首三余七？

九、研发投入决策

（一）企业研发投入的影响

研发即研究开发，指通过一定手段和知识技术对产品性能、服务等方面进行开发升级。研发活动实质上是一种创新型活动，可以提升产品竞争力，为企业创造一定的利润空间。研发投入可以分为研究阶段和开发阶段。研究阶段基本是探索性的，为进一步开发活动进行资料及相关方面的准备；开发阶段是形成阶段性成果的阶段，最终的结果就是形成无形资产。

实验平台中研发活动可以帮助提升产品的质量，给企业在产品价格上带来一定优势。

研发投入操作流程主要包含：

（1）运营确定研发投入材料和人员数量，填写审批单，审批单提交财务总监进行审批。

（2）财务总监进行审批，审批不通过则须运营重新提交方案。

（3）财务总监通过方案后，运营到审批单执行研发投入业务。

考虑是否投入研发，首先要了解影响研发投入的因素，预估研发投入的成本，判断研发投入是否可行。确定研发投入后需要考虑对哪些产品进行研发投入及投入研发的阶段，同时需要了解研发投入能给企业带来的优惠，包括价格优惠和税收优惠，及相关政策。

（二）测算研发投入的成本

研发投入的成本主要包括两个方面：直接材料和直接人工。直接材料指的是投入生产材料给产品研发带来的影响；直接人工指的是研发人员的投入给产品研发带来的影响。一般研发活动中，直接材料的影响高于直接人工。研发主要分为四个阶段：研究调研、开发一级、开发二级、开发三级。不同阶段要求的投入分别是500000元、1000000元、2000000元、3000000元，研发投入在调研阶段之前应当费用化，计入管理费用，在研究调研阶段之后应当资本化。

以微波炉为例，根据市场材料价格信息，考虑只投入原材料的情况下达到不同阶段所需材料，具体见表3-27。

表3-27　　　　　　　　不同阶段微波炉产品所需材料数量

项目	研究调研	开发一级	开发二级	开发三级
微波炉所需发热材料	≥1035	≥2170	≥4040	≥6211
微波炉所需面板	≥1035	≥2170	≥4040	≥6211
微波炉所需辅料	≥1035	≥2170	≥4040	≥6211
投入数量	≥1035	≥2170	≥4040	≥6211
投入金额（元）	500000	1000000	2000000	3000000

（三）研发投入产品的选择

如果考虑投入研发，需要考虑对哪些产品进行研发投入。如果企业生产的是三种产品，那么企业需要对不同产品研发投入带来的影响进行测算，结合自己的销售政策来分析对哪种产品或多种产品投入最有利。下面以达到研究阶段为例，对比三种产品在不同销售数量下对利润的影响，具体见表3-28、

表 3-29。

表 3-28　　　　　　　研究阶段产品价格加成

项目	微波炉	抽油烟机	电视机
产品市场价格（元）	900	2150	1800
研究阶段价格加成比例（%）	1	1	1
研究阶段价格加成	9	21.5	18

表 3-29　　　　　研究阶段对于不同产品利润的影响

数量（件）	微波炉（元）	抽油烟机（元）	电视机（元）
1000	900000	2150000	1800000
2000	1800000	4300000	3600000
5000	4500000	10750000	9000000
10000	9000000	21500000	18000000

（四）研发投入阶段的选择

确定投入研发以后，企业可以选择分阶段对产品投入，也可以选择一次性投入。不同阶段对于产品价格加成影响是不同的，研究调研阶段、开发一级、开发二级、开发三级阶段对于价格加成分别是1%、2%、3%、4%。

以微波炉为例，我们分析当微波炉市场价格为900元、销售数量为10000件时，不同阶段投入对于利润的影响（见表 3-30）。

表 3-30　　　　　微波炉不同研究阶段对利润的影响

项目	研究调研	开发一级	开发二级	开发三级
价格加成影响比例（%）	1	2	3	4
价格加成对于利润影响（元）	90000	180000	270000	360000
计入费用金额（元）	50000	100000	200000	300000
累计影响利润金额（元）	40000	80000	70000	60000

（五）测算研发投入成本考虑税收影响的经济效益

1. 考虑税收加计折旧扣除带来的经济效益

企业开展研发活动中实际发生的研发费用，未形成无形资产计入损益的，在按规定据实扣除的基础上，在 2018 年 1 月 1 日至 2020 年 12 月 31 日期间，再按照实际发生额的 75% 在税前加计扣除；形成无形资产的，在上述期间按照无形资产成本的 175% 在税前摊销。

2. 考虑高新技术企业认定带来的税收优惠

高新技术企业可以享受以下税收优惠政策：

（1）减按 15% 生产率征收企业所得税。

（2）技术转让所得企业所得税减免。

（3）延长亏损结转年限。

（4）研发费加计扣除。

（5）固定资产加速折旧。

（6）个人所得税分期缴纳。

实验平台中，当企业达到开发三级阶段，也就是形成无形资产阶段时，企业可以申请专利技术。

第4篇　会计业务处理篇

财务决策平台的会计业务处理工作主要由成本管理角色和资金管理角色以及财务总监角色来完成。成本管理职责之一是负责索取和开具发票。企业按合同完成经济业务后，应索取或开具相应发票，开具或索取发票的时间由成本管理角色自行选择，在日常工作中完成。如果不索取或开具发票，则账务处理时将看不到此单据。成本管理职责之二是负责每月末成本核算工作，主要包括工资薪酬费用分配、折旧费用分配、制造费用分配、完工产品和在产品成本分配等成本核算相关工作。成本管理职责之三是负责企业纳税申报工作。

资金管理角色主要负责企业记账凭证的处理工作，一是对企业决策产生的所有的原始凭证通过关联生成记账凭证，二是通过电算化系统手工录入记账凭证，而这又包括录入稽核原始单据的记账凭证和录入无原始单据的记账凭证。

财务总监角色主要负责企业全面财务管理、运营决策审批；会计凭证审核、过账、结转损益、结账、出具财务报表；纳税申报审批和提交。

一、成本管理

（一）开具和索取发票

1. 索取发票

点击"信息管理"→"共享服务中心"，进入共享服务中心，在这里完成财务相关事项。平台共享服务中心主要包括合同管理、发票管理、会计核算、税务管理、原始单据查询。

月末或者在平时业务进行的过程中,"成本管理"需点击"发票管理→发票索取→集中认证→提交报账",这些发票主要是采购类业务产生的发票,以及企业日常支出费用报销类的发票(如图4-1、图4-2所示)。

图4-1 采购发票管理

图4-2 采购发票信息

2. 开具发票

点击"发票开具→提交报账",此时我们获取(开具)的发票才能进入

"报账审核"界面进行下一步处理。开具的发票主要是企业本月销售需要向客户开具的发票。

成本管理角色将本月产生的进项票进行整理，在系统上集中认证，并将这些单据上传至共享服务中心下一流程报账，等待审核处理；将本月销售的产品统一开具发票，并将这些单据上传至下一流程报账，等待审核处理（如图4-3、图4-4所示）。

图4-3 销售发票管理

序号	合同名称	客户名称	合同产品	产品数量	单价	库存数量	到期时间	发货时间	操作
1	电视订单500-03	天津功业家电商行	电视机	500	2304.63	93	2024-04-02	2024-03-31	查看发票
2	微波炉订单600-09	上海易德电器批发有限公司	微波炉	600	911.39	78	2024-03-31	2024-03-31	查看发票
3	电视订单600-06	天津住友电器批发有限公司	电视机	600	2319.72	93	2024-03-31	2024-03-31	查看发票
4	抽油烟机订单800-06	宁波广达电器商场	抽油烟机	800	1864.38	531	2024-03-30	2024-03-29	查看发票
5	微波炉订单600-08	天津住友电器批发有限公司	微波炉	600	911.39	78	2024-03-31	2024-03-28	查看发票
6	微波炉订单500-07	北京麦琳电器商场	微波炉	500	911.39	78	2024-03-31	2024-03-28	查看发票
7	电视订单500-04	北京麦琳电器商场	电视机	500	2304.63	93	2024-03-28	2024-03-26	查看发票
8	抽油烟机订单600-08	郑州泰和电器商场	抽油烟机	600	1864.38	531	2024-03-31	2024-03-24	查看发票
9	抽油烟机订单200-06	北京乐家电器商场	抽油烟机	200	1864.38	531	2024-03-28	2024-03-24	查看发票
10	微波炉订单500-06	宁波广达电器商场	微波炉	500	927.66	78	2024-03-26	2024-03-23	查看发票

图4-4 销售发票信息

(二) 月末成本核算

月末需按成本核算流程，进行月末成本核算，主要是进行成本核算的计算，编制相关成本核算明细表等原始单据，资金管理根据成本管理角色编制的原始单据再编制记账凭证。

企业产品成本计算的基本方法有三种：品种法、分批法、分步法。本实验平台采用的是"品种法"，月末在产品按"约当产量法"计算。

成本管理岗位月末必须严格按照成本核算流程，进行月末成本核算，成本核算流程主要包括：

（1）归集和分配各种要素费用，主要包括工资费用分配、折旧费用计提分配等。

（2）月末按机械工时进行制造费用分配。

（3）约当产量法进行完工产品和在产品成本的分配，计算每种产品完工成本。

（4）完工产品成本结转到库存商品。

（5）结转销售成本（如图 4-5 所示）。

经济活动	单据名称	日期	操作
制造费用分配	制造费用分配	2024-01-31	内容输入 | 删除
产成品入库	完工产品与月末在产品成本分配表	2024-01-31	内容输入 | 删除
产成品入库	完工产品与月末在产品成本分配表	2024-01-31	内容输入 | 删除
产成品入库	完工产品与月末在产品成本分配表	2024-01-31	内容输入 | 删除
计提分配工资	工资薪酬费用分配表	2024-01-31	内容输入 | 删除
制造费用分配	制造费用分配	2024-02-29	内容输入 | 删除
产成品入库	完工产品与月末在产品成本分配表	2024-02-29	内容输入 | 删除
产成品入库	完工产品与月末在产品成本分配表	2024-02-29	内容输入 | 删除

图 4-5 成本核算业务

具体到本实验平台成本管理岗位必须严格按照成本核算流程，编制相应成本核算表单，主要有折旧摊销明细表、工资费用分配表、制造费用分配表、完工产品和月末在产品成本分配表等。

1. 归集和分配各种要素费用

（1）材料费用的归集和分配。用于产品生产的原料及主要材料，通常是按照产品分别领用的。其原始单据为领料单，该类业务由资金管理在"报账审核"里关联生成记账凭证（如图4-35所示）。一类是属于直接费用，应根据领用材料凭证直接计入各种产品成本的"直接材料"项目。另一类是几种材料共同为生产同一种产品耗用的，需要将共同耗用的材料分配到不同产品成本的直接材料项目里，一般分配方法可选择定额消耗量或定额成本等方法分配。计算公式如下：

分配率＝材料实际总消耗总成本/各种产品材料定额

某种产品应分配的材料额＝该种产品的材料定额消耗×分配率

（2）计提固定资产折旧。企业的固定资产主要有复印机、打印机、笔记本电脑等办公设备，月末固定资产折旧采用的方法是直线法计提折旧。

点击成本核算"新增"固定资产明细表，按照企业当月购入的固定资产信息填写，填写的信息主要有：固定资产类别、固定资产名称、固定资产数量、固定资产使用年限（按月份）、残值率，填写完毕系统会自动算出每月折旧金额（如图4-6所示）。注意的是，当月购入的固定资产当月不提折旧，下月开始计提。

序号	固定资产类别	固定资产名称	数量	固定资产原值	折旧年限（月）	残值率	固定资产月折旧额	累计折旧额	固定资产净值
1	电子产品	笔记本电脑	15	64695.00	36	0.00	1797.08	1797.08	62897.92
2		打印机	1	5076.00	36	0.00	141.00	141.00	4935.00
3		复印机	1	2933.00	36	0.00	81.47	81.47	2851.53
4	小计			72704.00			2019.55	2019.55	70684.45

图4-6 固定资产明细表

（3）工资费用分配。点击成本核算"新增"工资薪酬费用明细表，按企业所招人员类别和人数信息，不同类别人员工资薪酬不一样，系统会产生工资汇总表，成本管理岗位需要做的主要是按每月应发员工工资分配到不同成本费用，管理人员工资计入管理费用，销售人员工资计入销售费用，车间管理人员工资计入制造费用，生产工人的工资应该按照人工工时分配计入不同产品生产成本。

分配生产工人工资方法三步曲：

①选择分配标准：按人工工时分配。

②计算分配率：分配率＝生产工人工资总额÷人工工时天数。

③每种产品负担的人工费用＝该种产品的标准人工工时×分配率。

按此方法填写工资薪酬费用分配表相关数据（如图4－7、图4－8、图4－9、图4－10所示）。

工时汇总表

2024年1月31日

产品品种	机械工时(天)	人工工时(天)
抽油烟机	19.00	3420.00
电视机	19.00	3040.00
微波炉	19.00	3040.00
合计	57.00	9500.00

图4－7　工时汇总

计提分配工资

日期：20240131

部门名称	人员类别	人数	工资	工会经费	福利费	职工教育经费	社保单位部分	总和
生产部	生产人员	500	1600000.00	32000.00	250000.00	30000.00	328000.00	2240000.00
综合管理部	管理人员	5	20000.00	400.00	2500.00	300.00	3280.00	26480.00
销售部	销售人员	10	132432.78	2648.66	5000.00	600.00	6560.00	147241.44
生产部	生产线管理人员	15	60000.00	1200.00	7500.00	900.00	9840.00	79440.00
合计		530	1812432.78	36248.66	265000.00	31800.00	347680.00	2493161.44

图4－8　计提分配工资

工资汇总表

日期：20240131

部门名称	人员类别	人数	基本工资	绩效工资	应发工资	社保个人部分	个税	实发工资	社保单位部分
生产部	生产人员	500	1600000.00	0.00	1600000.00	100500.00	0.00	1499500.00	328000.00
综合管理部	管理人员	5	20000.00	0.00	20000.00	1005.00	44.85	18950.15	3280.00
销售部	销售人员	10	20000.00	112432.78	132432.78	2010.00	13805.70	116617.08	6560.00
生产部	生产线管理人员	15	60000.00	0.00	60000.00	3015.00	134.55	56850.45	9840.00
合计		530	1700000.00	112432.78	1812432.78	106530.00	13985.10	1691917.68	347680.00

图4－9　工资汇总

工资薪酬费用分配表

2024年1月31日　　　　　　　　　　　　　　　　　　　　单位：元

应借科目	成本或费用项目	直接计入	分配计入 分配标准	分配计入 分配金额（分配率）	工资费用合计
生产成本	抽油烟机直接人工	0.00	3420.00	235.79	806400.00
生产成本	电视机直接人工	0.00	3040.00	235.79	716800.00
生产成本	微波炉直接人工	0.00	3040.00	235.79	716800.00
生产成本	小计	-	9500.00	0.00	2240000.00
管理费用	-	26480.00	0.00	0.00	26480.00
销售费用	工资	147241.44	0.00	0.00	147241.44
制造费用	工资	79440.00	0.00	0.00	79440.00
研发支出	工资	0.00	0.00	0.00	0.00
其他业务成本	工资	0.00	0.00	0.00	0.00
其他业务成本	工资	0.00	0.00	0.00	0.00
合计	-	253161.44	-	-	2493161.44

图 4-10　工资薪酬费用分配表

（4）制造费用分配。企业发生的各项制造费用，根据付款凭证、各项要素费用分配表、辅助生产费用分配表等，将有关费用记入"制造费用"账户及各明细账户有关项目栏。月终时采用适当的分配方法，在各种产品成本之间进行分配。

制造费用分配的方法有按产品的实际工时分配、按生产工人工资比例分配、按机器工时比例分配、按产品产量比例分配等。季节性生产的企业，为了使单位成本中制造费用不致因为生产的季节性而发生较大的波动，可采取按计划分配率的方法，即根据当月的产量和制造费用计划分配率分配本月应负担的制造费用。年终时再将实际发生的制造费用按计划分配率分配的制造费用差额进行调整。

本平台中未设置辅助生产车间，制造费用分配按机械工时分配。

点击成本核算"新增"制造费用分配表。首先确定本月发生制造费用金额，到电算化系统里选择"科目查询"，查询本月"制造费用"一级科目本月发生总金额是多少，然后选择产品机械工时分配计入不同产品的生产成本，具体分配方法三步曲如下。

①选择分配标准：按机械工时分配。

②计算分配率 = 制造费用总额 ÷ 按机械工时总天数分配。

③每种产品负担的制造费用 = 该种产品的机械工时 × 分配率。

按此方法填写制造费用分配表相关数据（如图 4-11、图 4-12 所示），注意尾差四舍五入。

工时汇总表

2024年2月29日

产品品种	机械工时(天)	人工工时(天)
抽油烟机	29.00	5220.00
电视机	29.00	4640.00
微波炉	29.00	4640.00
合计	87.00	14500.00

图 4-11　工时汇总表

制造费用分配表

车间：　　　　　　　　　　2024 年 2 月　　　　　　　　　　单位：元

分配对象	分配标准（　　）	分配率（　　）	分配金额
抽油烟机	29	2945.16	85409.50
电视机	29	2945.16	85409.50
微波炉	29	2945.16	85409.50
合计		87.00	256228.50

会计主管：　　　　审核：　　　　制表：

图 4-12　制造费用分配表

2. 完工产品和在产品成本分配

通过将各项发生费用的归集和分配，基本生产车间在生产过程中发生的各项费用，已经集中反映在生产成本账户里，并按成本项目予以反映。如果企业或车间月末没有在产品或不计算在产品成本，则这些费用就是完工产品的总成本。如果月末既有完工产品又有在产品，那么应由本月产品负担的费用（包括月初在产品成本加上本月发生的应由本月产品负担的生产费用），就要在本月完工产品和月末在产品之间进行分配，以求得本月完工产品成本。

本实验平台中，企业月末对在产品成本的计算采用约当产量法进行计算，原材料在生产投产时一次性投入，所以材料费用的投料率按100%计算。

点击成本核算［新增］"完工产品与月末在产品成本分配表"。企业生产几种产品，就新增几张完工产品与月末在产品成本分配表，每种产品均需编制一张"完工产品与月末在产品成本分配表"。

"月初在产品成本"为上月末在产品成本，也即上月末"生产成本"期末余额，按"生产成本"明细账月初金额填列。

"本月生产费用"为本月实际发生的生产成本，到电算化系统查询生产成本明细账，获取本月生产成本发生额数据填列。

"合计"栏指的是到本月末止整个生产成本实际耗用总额，等于月初在产品成本加上本月生产费用，可定义求和公式。

"完工产品数量"按入库单数量加总而成。入库单是剔除了废品的，注意不能按投入量。

"月末在产品数量"是指尚在生产线上未完工的在产品，按照生产信息查询，最后一个批次的投产量即在产品量。

"月末在产品约当量"计算填列，因为完工产品和在产品分配按约当产量法分配，注意"直接材料费用"和"人工费用"及"制造费用"的完工率不同，因为原材料是在生产投产时一次性投入，所以材料费用的投料率按100%计算，也就是完工率按100%计算，月末在产品数量乘以完工率100%即为在产品约当量。"直接人工"和"直接制造费用"的完工率也即生产产品的完工率，也就是最后一批次产品的完工率，可以在生产信息里查询最后一批次的完工率，然后用"在产品数量"乘以"完工率"即为在产品约当量。

"单位成本"也即每种产品的本月实际单位生产成本，等于本月实际发生的生产成本总额除以本月完工产品数量，也就是按照"合计"栏里的金额除以

"完工产品产量加月末在产品约当量"。

"完工产品总成本"指的是本月实际完工的产品成本,等于月末完工产品数量乘以单位成本。

"月末在产品成本"指的是月末尚未完工的在产品成本,也就是下月初的月初在产品成本,等于"生产费用合计"减"完工总成本"。

按此方法填写"完工产品与在产品成本分配表"相关数据(如图4-13、图4-14、图4-15、图4-16、图4-17、图4-18所示)。

完工产品与月末在产品成本分配表
2024年01月31日

产品:微波炉

成本项目	月初在产品成本	本月生产费用	合计	完工产品产量	月末在产品产量	月末在产品约当产量	单位成本	月末在产品成本	完工产品成本
直接材料	0.00	1994830.63	1994830.63	3189.00	1000.00	1000.00	476.21	476206.88	1518623.75
直接人工	0.00	716800.00	716800.00	3189.00	1000.00	600.00	189.18	113507.52	603292.48
制造费用	0.00	228954.05	228954.05	3189.00	1000.00	600.00	60.43	36255.59	192698.46
合计	0.00	2940584.68	2940584.68	--	--	--	725.82	625969.99	2314614.69

保存

图4-13 微波炉完工产品与月末在产品成本分配表

图4-14 微波炉产品入库单

完工产品与月末在产品成本分配表
2024年01月31日

产品:电视机

成本项目	月初在产品成本	本月生产费用	合计	完工产品产量	月末在产品产量	月末在产品约当产量	单位成本	月末在产品成本	完工产品成本
直接材料	0.00	5486934.56	5486934.56	2797.00	640.00	640.00	1596.43	1021716.07	4465218.49
直接人工	0.00	716800.00	716800.00	2797.00	640.00	0.00	256.27	0.00	716800.00
制造费用	0.00	282051.39	282051.39	2797.00	640.00	0.00	100.84	0.00	282051.39
合计	0.00	6485785.95	6485785.95	--	--	--	1953.54	1021716.07	5464069.88

保存

图4-15 电视机完工产品与月末在产品成本分配表

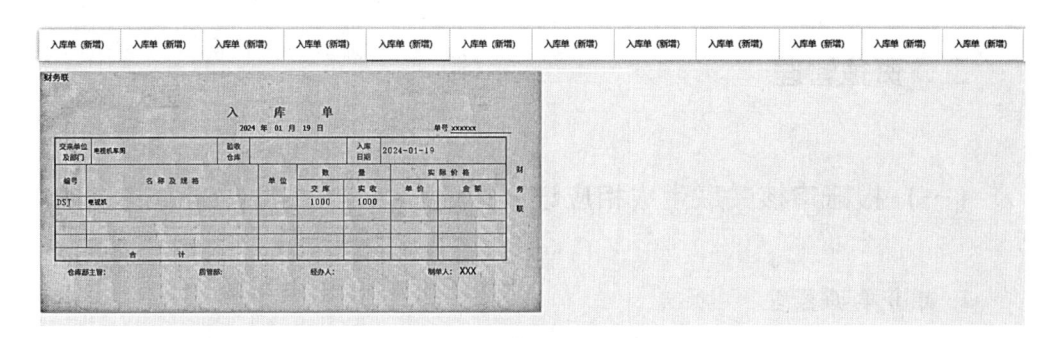

图 4-16 电视机产品入库单

完工产品与月末在产品成本分配表
2024年01月31日

产品：抽油烟机

成本项目	月初在产品成本	本月生产费用	合计	完工产品产量	月末在产品产量	月末在产品约当产量	单位成本	月末在产品成本	完工产品成本
直接材料	0.00	4421532.58	4421532.58	2697.00	900.00	900.00	1229.23	1106305.06	3315227.52
直接人工	0.00	806400.00	806400.00	2697.00	900.00	540.00	249.12	134524.56	671875.44
制造费用	0.00	246653.16	246653.16	2697.00	900.00	540.00	76.20	41146.96	205506.20
合计	0.00	5474585.74	5474585.74	--	--	--	1554.55	1281976.58	4192609.16

保存

图 4-17 抽油烟机完工产品与月末在产品成本分配表

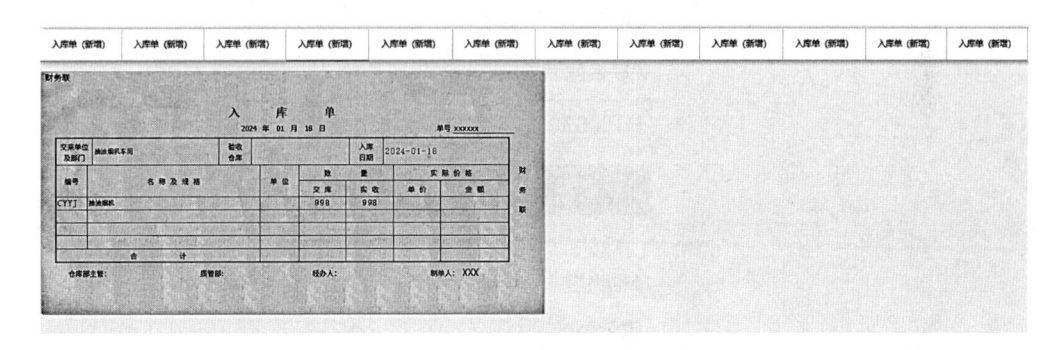

图 4-18 抽油烟机产品入库单

3. 销售成本的结转

月末在确认收入的同时需要进行相应的销售成本结转，根据系统提供的产品出库单，汇总本月销售产品数量，库存商品单价则按照加权平均单价计算，月末用本月"销售产品数量"乘以"库存商品加权平均单价"，计算本月销售成本，进行主营业务成本结转。

二、资金管理

(一) 报账审核关联生成相应记账凭证

1. 划分单据类型

"资金管理"到"报账审核"界面，对系统的经典业务进行审核判断，通过将不同的原始单据分类关联生成相应的记账凭证，依次选择"单据类型"→"业务类型"→"单据简称"，先按单据类型将所有单据分成六大类：收款类、付款类、采购类、销售类、费用类、生产类（如图4-19所示）。

图4-19 报账审核单据类型

在划分单据类型时，一定要注意以下几点。

第一，凡是和银行结算相关的原始凭证，企业是资金收款方的就关联收款类，企业是资金付款方的就关联付款类。很多学生容易在此出错，见到采购的付款凭证，也关联了采购类。关联错了，生成的凭证就出错。比如，以采购业务为例，采购有"货"和"款"两要素，也就是既有资金的支付，也有货物的购入，原始单据包括有付款凭证及取得对方开具的购货发票，以及企业填制的收料单三种，所以每笔采购业务等于要关联三次，付款凭证关联付款类，发票关联采购类，收料单关联采购类。相当于每笔采购业务，可生成三张记账凭证。

第二，发票单据有三种可能，企业向外单位索取的发票，如果是采购货物的就关联采购类，如果是费用报销的就关联费用类，如果是企业开具的发票，那么就应该关联销售类。

第三，凡是生产过程中耗用的相关的原始单据就关联生产类，如领料单等。

2. 描述业务类型

确定了前面六大类后，再继续判断业务类型，比如第一张原始单据首先选择为收款类凭证，那么所有的收款业务类型有投资收款、收到货款、现金存银行、取得银行借款四种（如图 4-20 所示）。

（1）按照判定的业务类型系统会自动生成相应的凭证，如果是投资收款，会生成：

借：银行存款

　　贷：股本/实收资本

（2）如果是收到货款，会生成：

借：银行存款

　　贷：应收账款

（3）如果是现金存银行，会生成：

借：银行存款

　　贷：库存现金

图 4-20　报账审核收款类业务类型

（4）如果是取得借款，会生成：

借：银行存款

　　贷：长期借款/短期借款

3. 填写业务相关详细信息

有些业务还需填入其他一些简单信息，如单据名称和往来单位信息以及费用部门等。比如采购原材料业务，需填写购买原材料的数量，有些购买原材料付款业务还需填写享受到的现金折扣金额，现金折扣信息需要点击"查看合同"按钮进入采购合同页面查看，根据"不含税价、供应商现金折扣政策、付款日期"等相关信息计算得出。

还有一些涉及费用类的单据，需要填入"费用部门、费用详情"等信息。待这些信息都填入完毕后，点击右下角"保存"按钮，系统就会自动生成凭证。点击"下一个"，就会切换到下一个"未处理"单据。如发现"已处理"单据有错误，且该单据产生凭证未被审核，可以直接点击"修改"，重新作出正确判断（如图 4-21 所示）。如果凭证已经审核，则需由"审核人"取消审核后，方可点击"修改",重新进行关联,自动生成相应的正确的记账凭证。

图 4-21 报账审核修改

4. 举例说明

因为每个企业运营方案不同,产生的原始单据都不一样,所以本章只介绍大致的思路,通过几个常规经济业务事项举例说明,另外规范的记账凭证必须有发生金额,且借贷平衡,因为选取的单据是一类单据选一张,且每个企业,每次运营产生的金额可能都不一样,所以在生成凭证时就没有输入金额,稍欠规范。下图只是供同学们提供参考思路,了解如何通过关联业务类型不一样,产生不同的记账凭证。若关联错误,会产生错误的记账凭证,审核起来会比较困难,所以,可参照下面的关联思路,据此对企业所有的原始凭证关联,并生成正确的记账凭证。

(1) 收到投资款(如图 4-22 所示)。

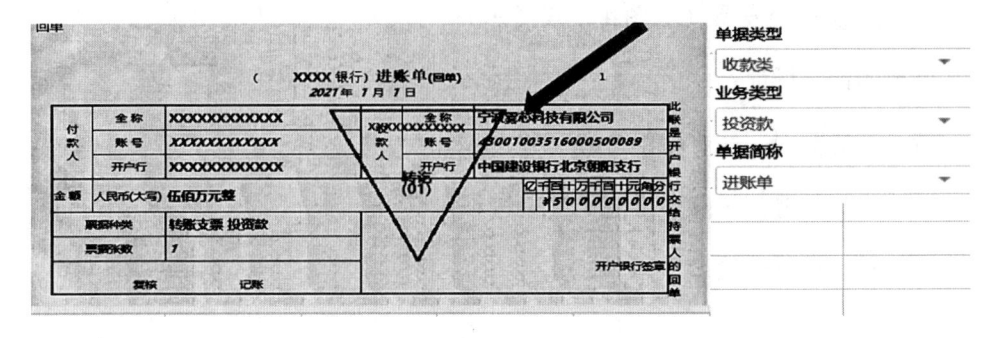

图 4-22 进账单

生成的凭证：

借：银行存款

　　贷：股本

（2）支付租金的付款单据（如图4-23所示）。

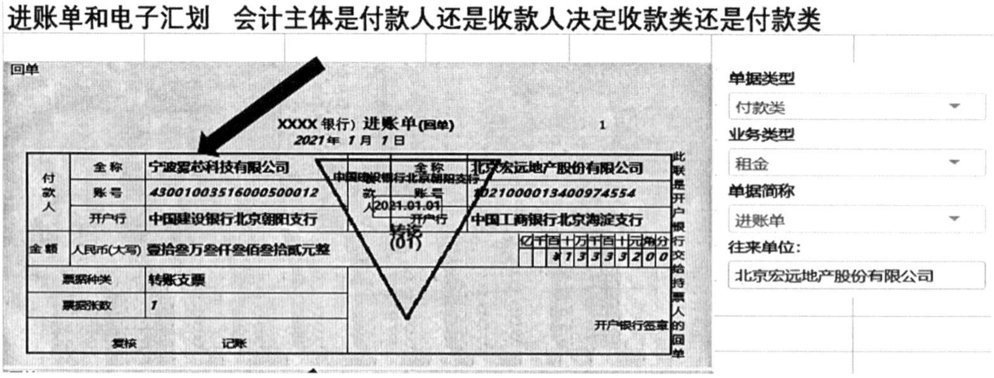

进账单和电子汇划　会计主体是付款人还是收款人决定收款类还是付款类

图4-23　进账单

生成的凭证：

借：预付账款——北京宏远地方股份有限公司

　　贷：银行存款

注意：付款单据关联付款类，如果是发票，则要关联费用类，切不可把业务混在一起，不作区分。

如果发现记账凭证金额是"1"分，这是很显然的关联错误产生的记账凭证，一定要返回修改，重新关联。

（3）厂房租金发票（如图4-24所示）。

生成的记账凭证：

借：制造费用——房屋租金

　　应交税费——应交增值税——进项税额

　　贷：预付账款

图 4-24　厂房租金发票

(4) 办公用房租金 (如图 4-25 所示)。

图 4-25　办公用房租金发票

生成的记账凭证：

借：管理费用——房屋租金

　　应交税费——应交增值税——进项税额

　贷：预付账款

(5) 生产线租金 (如图 4-26 所示)。

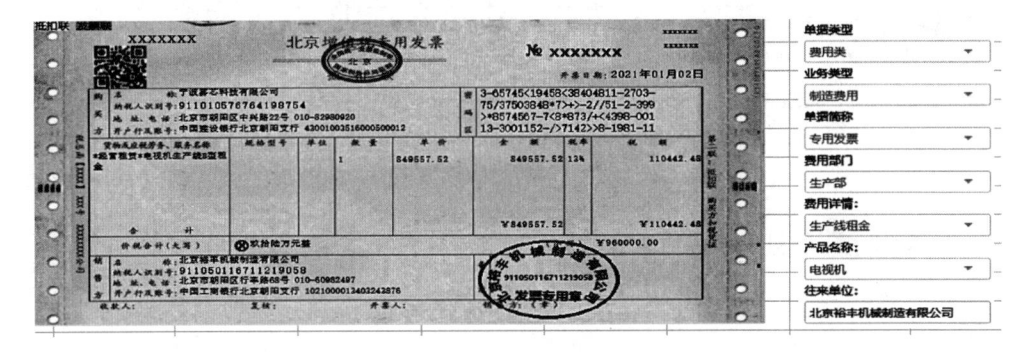

图 4-26　生产线租金发票

生成的记账凭证：

借：生产成本——制造费用——生产线租金

　　应交税费——应交增值税——进项税额

　　贷：预付账款

(6) 贷款手续费（如图 4-27 所示）。

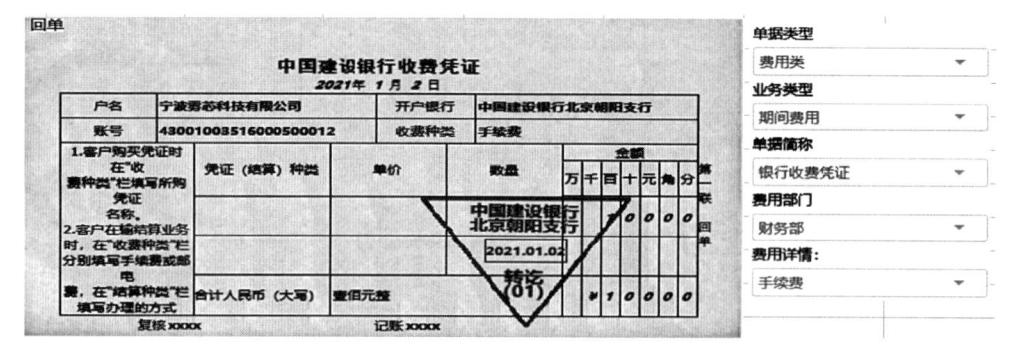

图 4-27　收费凭证

生成的记账凭证：

借：财务费用

　　贷：银行存款

(7) 取得借款（如图 4-28 所示）。

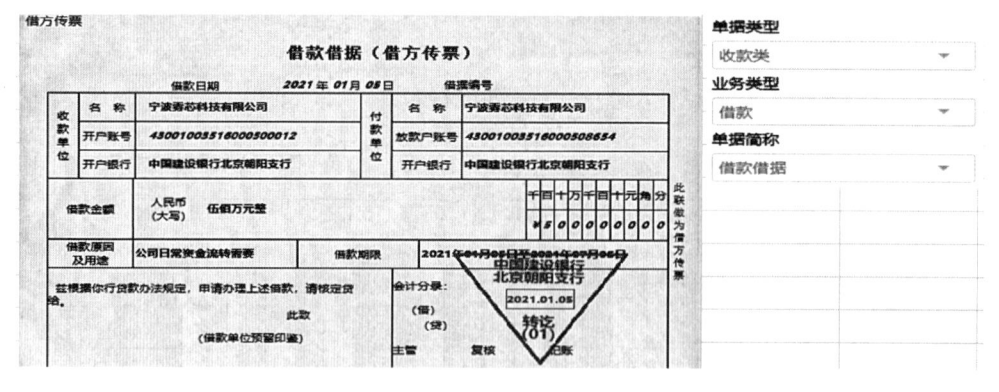

图 4-28　借款借据

生成的记账凭证：

借：银行存款

　　贷：长期借款

(8) 原材料入库（如图 4-29 所示）。

图 4-29 入库单

生成的记账凭证：

借：原材料

  贷：应付账款

(9) 支付货款（如图 4-30 所示）。

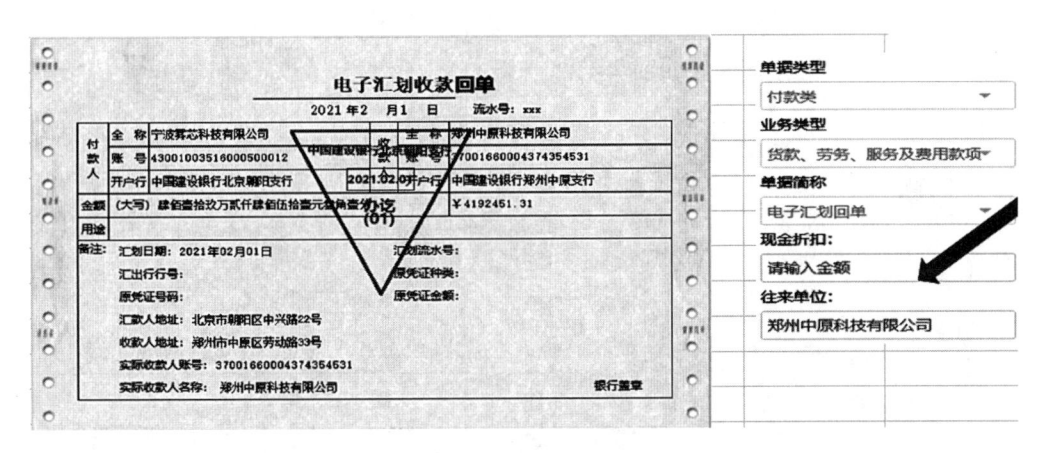

图 4-30 电子汇划收款回单

生成的记账凭证：

借：应付账款

  财务费用（折扣数额）

  贷：银行存款

(10) 支付广告费（如图 4-31 所示）。

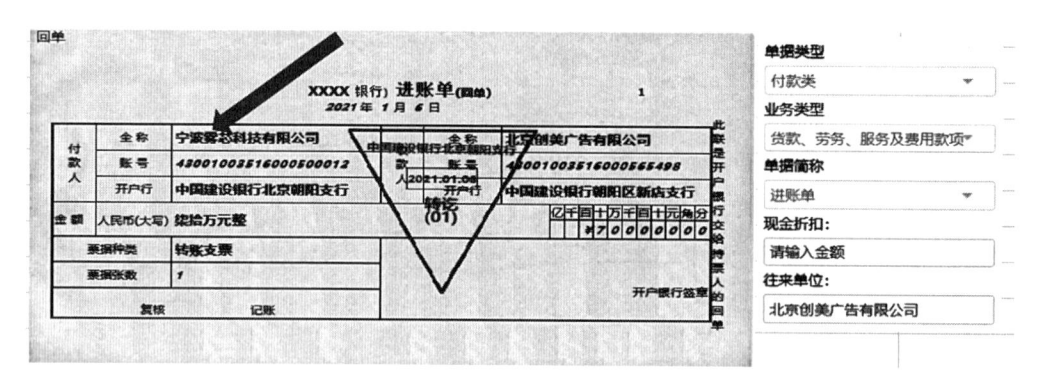

图 4-31 进账单

生成的记账凭证：

借：应付账款

　　贷：银行存款

(11) 广告费用发票（如图 4-32 所示）。

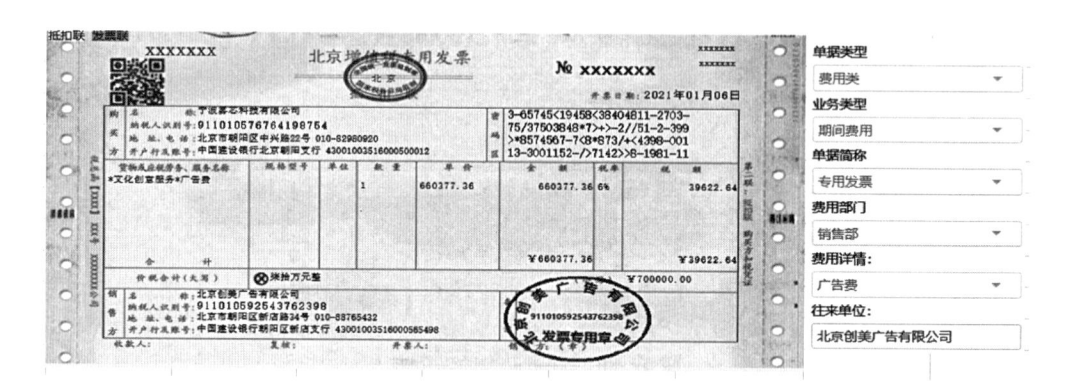

图 4-32 广告费用发票

生成的记账凭证：

借：销售费用

　　贷：应付账款

(12) 采购电子设备支付费用（如图 4-33 所示）。

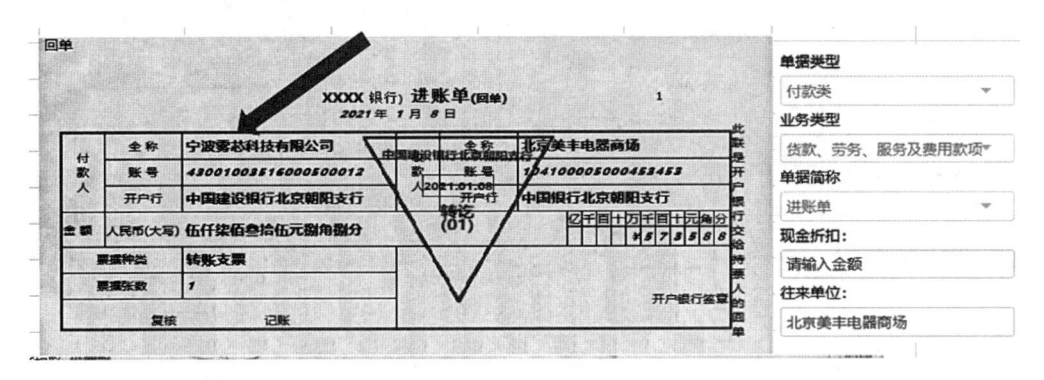

图 4-33　进账单

生成的记账凭证：

借：应付账款

　　贷：银行存款

(13) 电子设备发票（如图 4-34 所示）。

图 4-34　电子设备发票

生成的记账凭证：

借：固定资产

　　贷：应付账款

(14) 生产领用原材料（如图 4-35 所示）。

图 4-35　领料单

生成的记账凭证：

借：生产成本

　　贷：原材料

(15) 仓储费支付单据（如图 4-36 所示）。

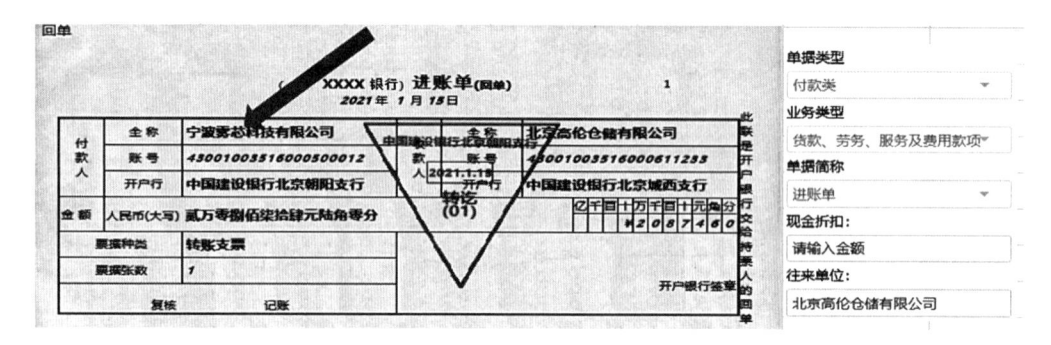

图 4-36　进账单

生成的记账凭证：

借：应付账款

　　贷：银行存款

(16) 仓储费发票（如图 4-37 所示）。

生成的记账凭证：

借：管理费用

　　贷：应付账款

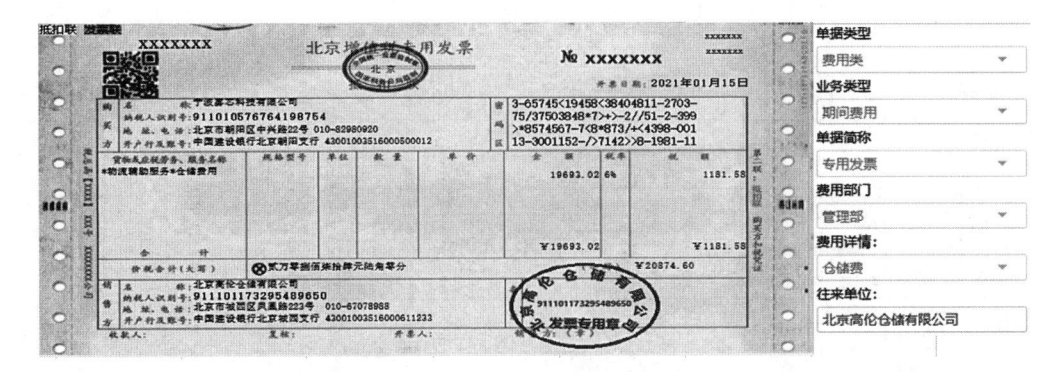

图 4 - 37　仓储费发票

(17) 销售材料（如图 4 - 38 所示）。

图 4 - 38　出库单

生成的记账凭证：

借：其他业务成本

　　贷：原材料

(18) 销售产品汇划收款（如图 4 - 39、图 4 - 40 所示）。

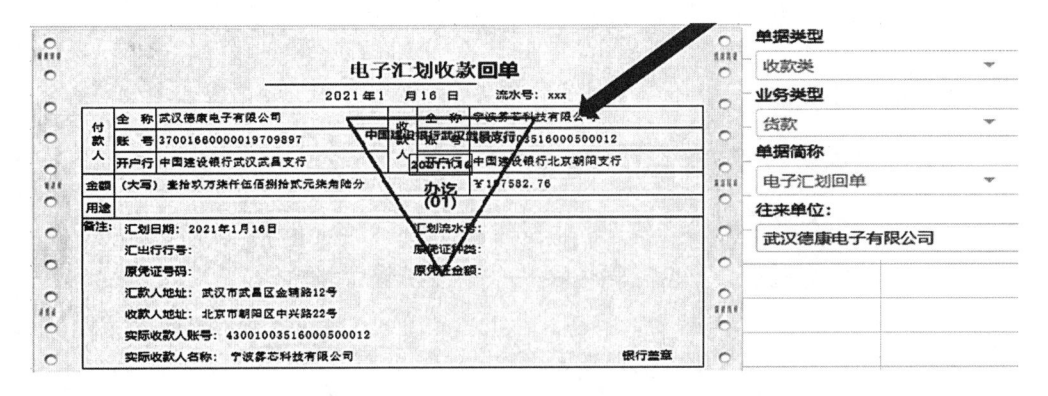

图 4 - 39　电子汇划收款回单

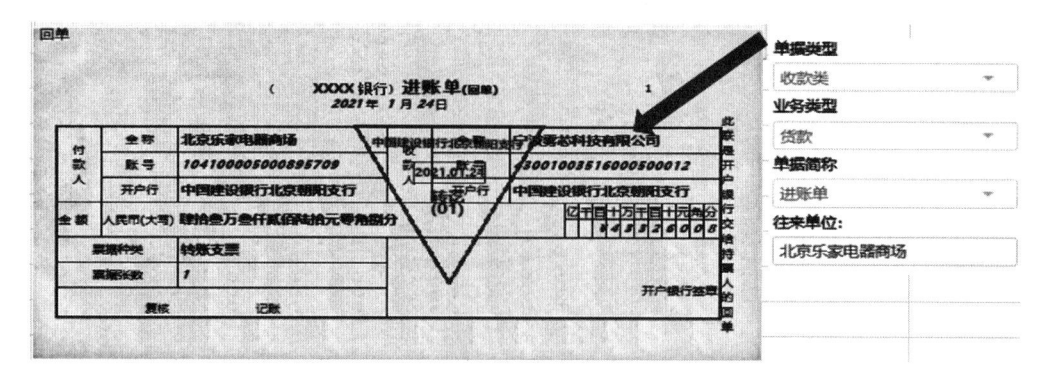

图 4-40　进账单

生成的记账凭证：

借：银行存款

　　贷：应收账款

（19）销售产品开具发票（如图 4-41 所示）。

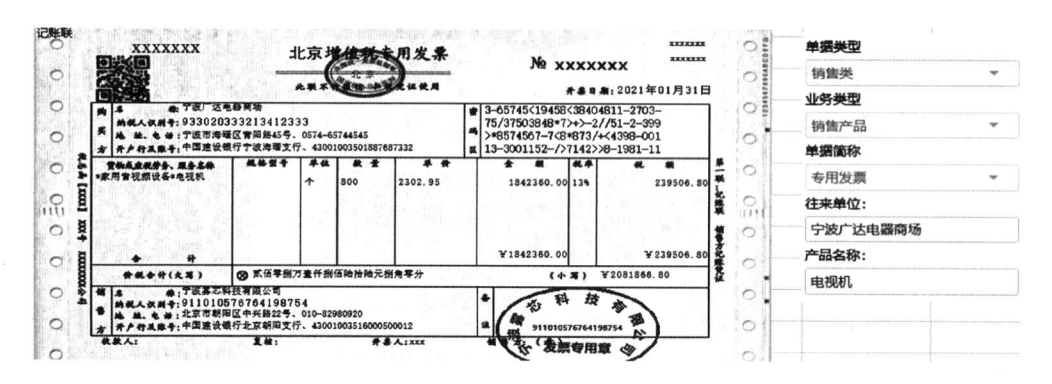

图 4-41　销售发票

生成的记账凭证：

借：应收账款

　　贷：主营业务收入

　　　　应交税费——应交增值税——销项税额

(20)从银行提现(如图 4-42 所示)。

图 4-42 现金支票存根

生成的记账凭证:

借:库存现金

　　贷:银行存款

(21)费用报销(如图 4-43 所示)。

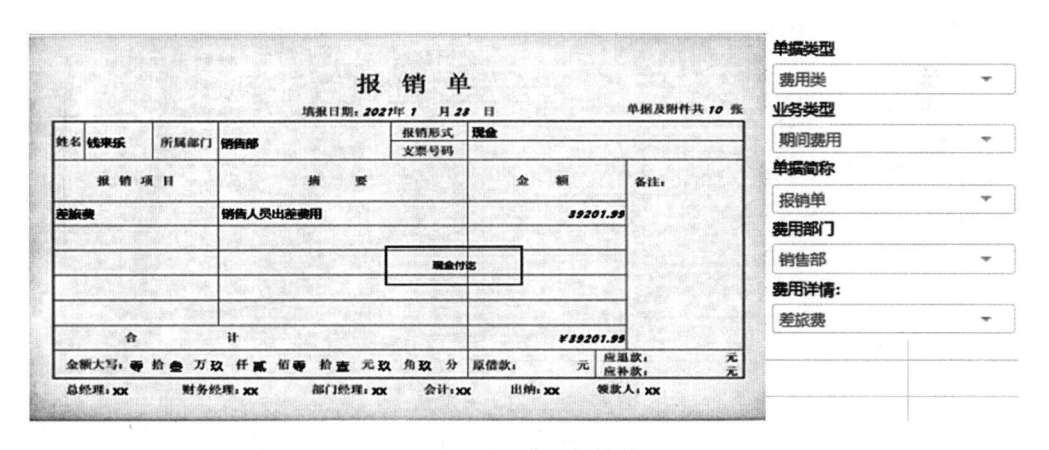

图 4-43 费用报销单

生成的记账凭证:

借:销售费用

　　贷:库存现金

(22) 支付通讯费（如图 4-44 所示）。

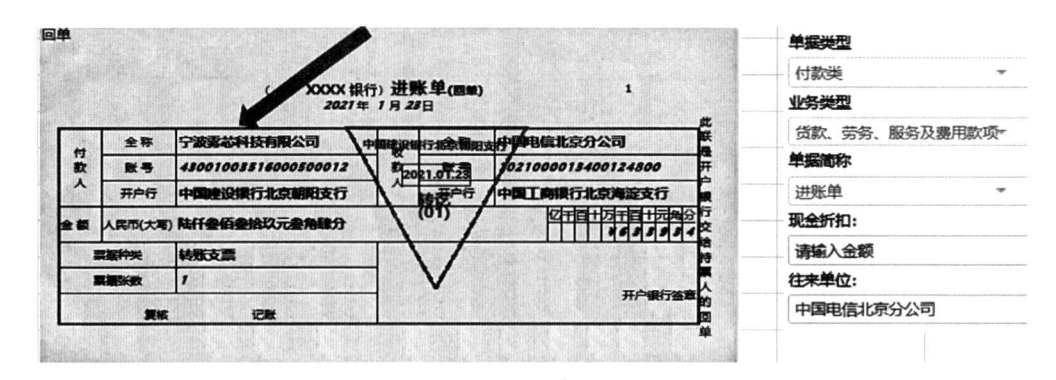

图 4-44 进账单

生成的记账凭证：

借：应付账款

　　贷：银行存款

(23) 通讯费发票（如图 4-45 所示）。

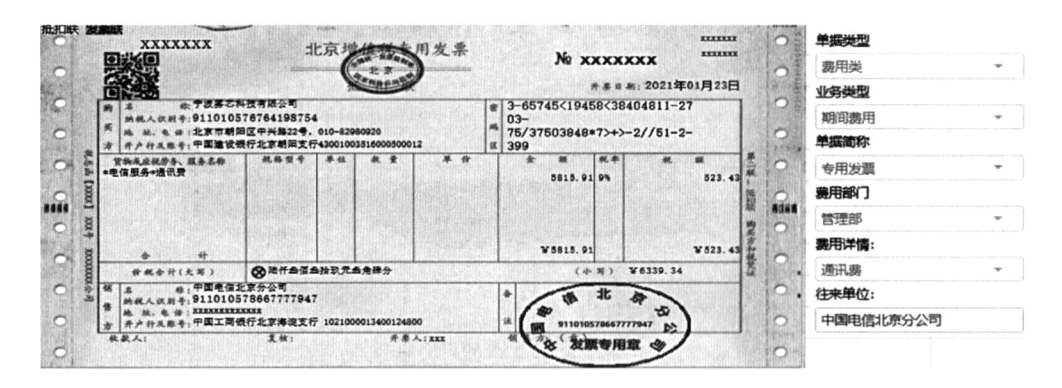

图 4-45 通讯费发票

生成的记账凭证：

借：管理费用

　　贷：应付账款

(24) 办公费报销（如图4-46所示）。

图4-46 报销单

生成的记账凭证：

借：管理费用

  贷：库存现金

(25) 工本费（如图4-47所示）。

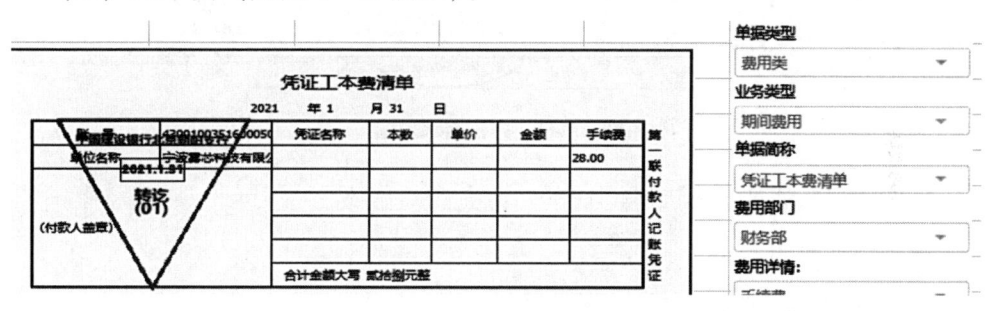

图4-47 凭证工本费清单

生成的记账凭证：

借：财务费用

  贷：库存现金

(26) 低值易耗品（如图4-48所示）。

生成的记账凭证：

借：制造费用

  贷：应付账款

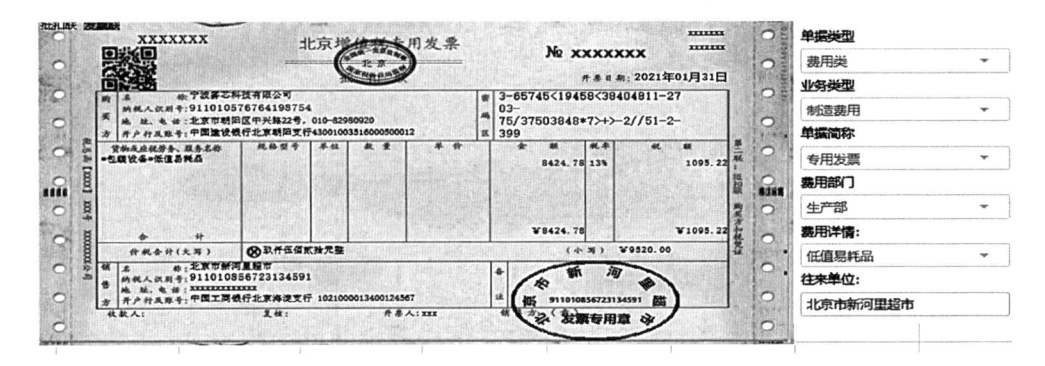

图 4-48　低值易耗品发票

（27）办公用水（如图 4-49 所示）。

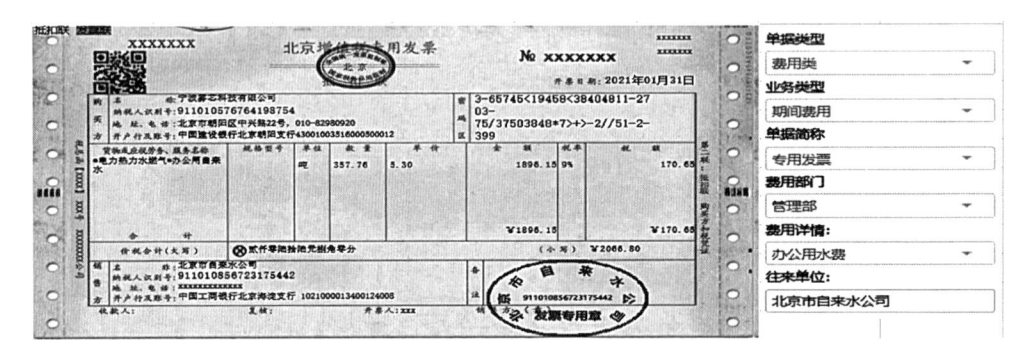

图 4-49　办公用水发票

生成的记账凭证：

借：管理费用

　　贷：应付账款

（28）办公用电（如图 4-50 所示）。

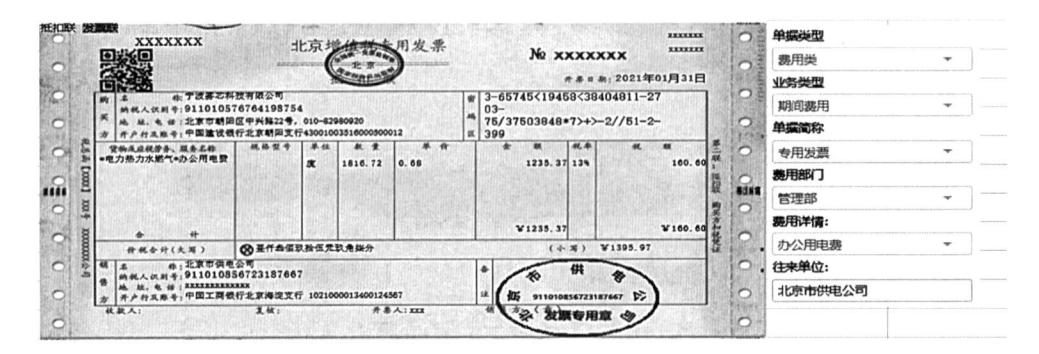

图 4-50　办公用电发票

生成的记账凭证：

借：管理费用

　　贷：应付账款

（29）报销业务招待费（如图4-51所示）。

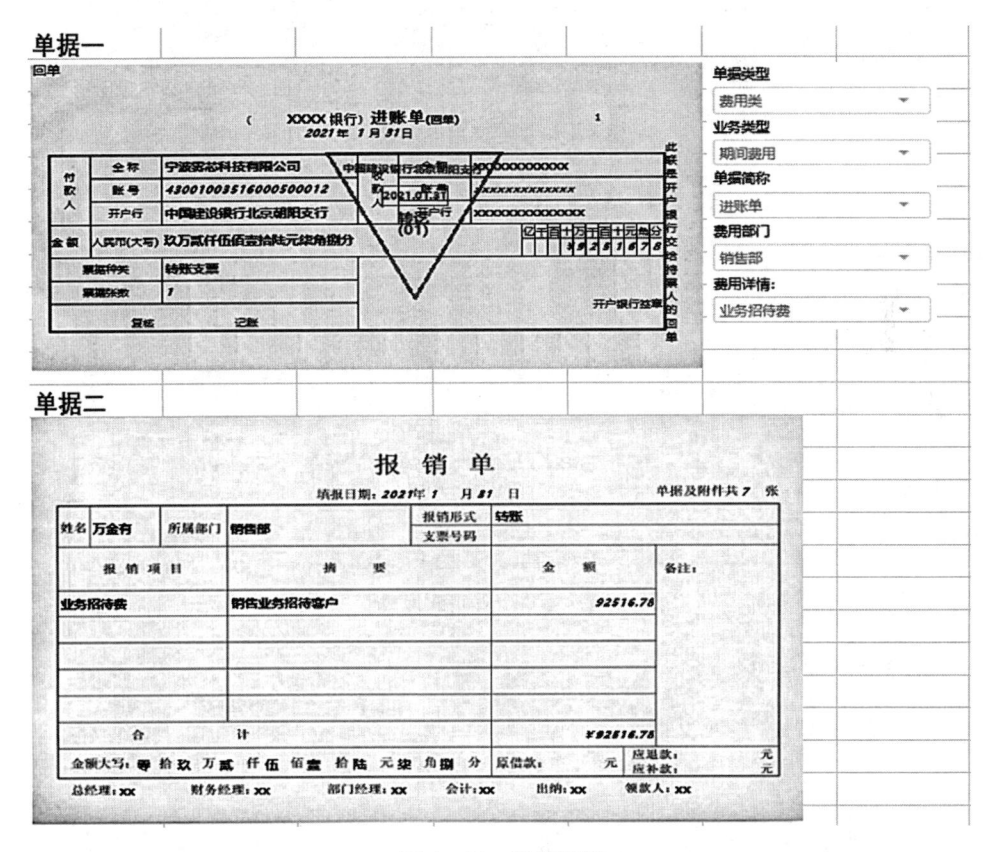

图4-51　费用报销

生成的记账凭证：

借：管理费用

　　贷：银行存款

（30）生产用电（如图4-52所示）。

生成的记账凭证：

借：生产成本

　　贷：应付账款

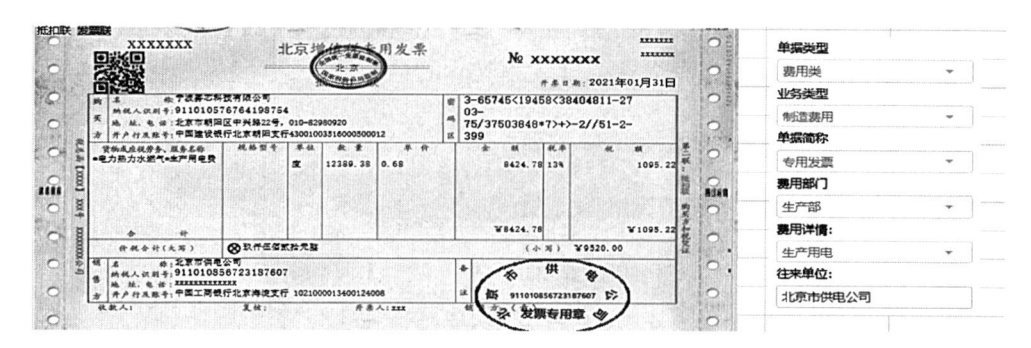

图 4-52　生产用电发票

(31) 生产用水（如图 4-53 所示）。

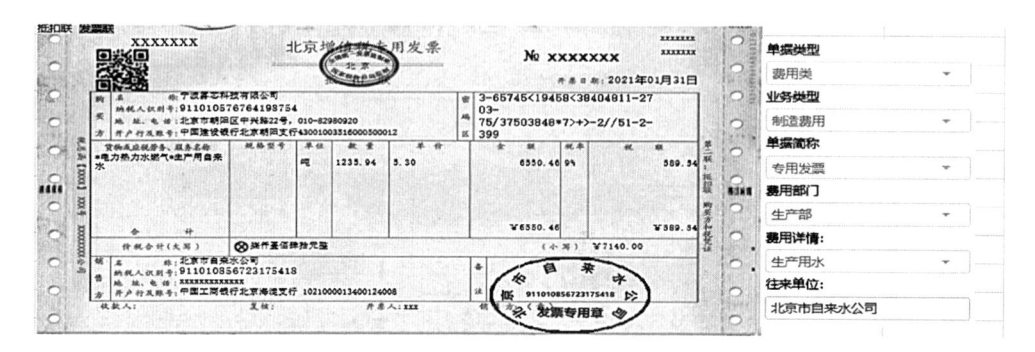

图 4-53　生产用水发票

生成的记账凭证：

借：生产成本

　　贷：应付账款

(32) 采购原材料（如图 4-54 所示）。

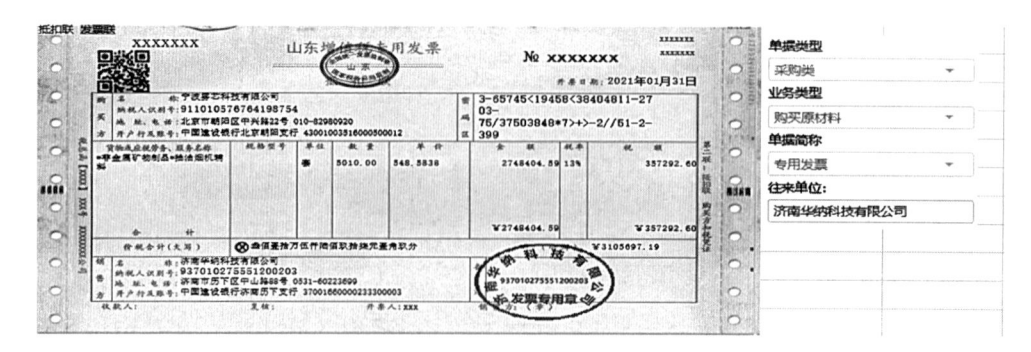

图 4-54　购买原材料发票

生成的记账凭证：

借：应交税费——应交增值税——进项税额

　　贷：应付账款

(33) 采购原材料运费（如图 4-55 所示）。

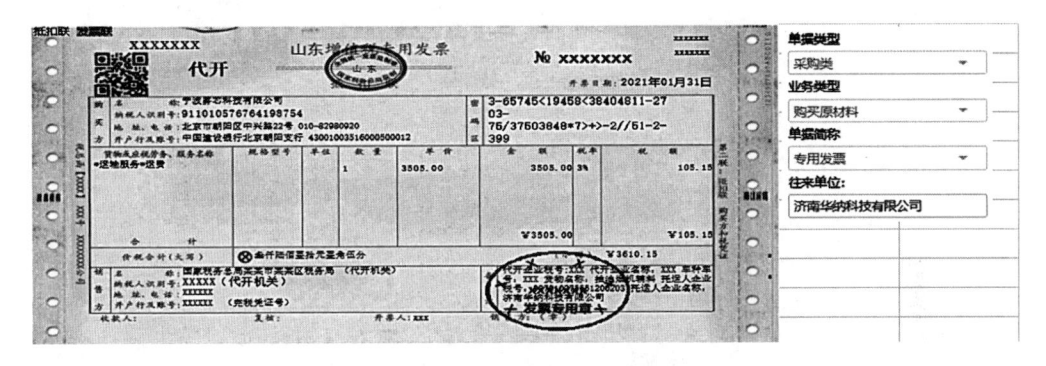

图 4-55　购买原材料运费发票

生成的记账凭证：

借：应交税费——应交增值税——进项税额

　　贷：应付账款

（二）通过嵌入的电算化信息系统录入稽核原始单据记账凭证

在经济业务选择界面内，提供两种方式进行凭证录入：一是直接录入不附带原始单据；二是录入稽核原始单据凭证。

点击"电算化"→"凭证录入"，进入经济业务选择页面（如图 4-56、图 4-57 所示）。

"直接录入稽核原始单据凭证"主要为折旧和摊销的计提、工资费用的计提、制造费用的分配、完工产品与在产品成本的分配、期末结转已销售产品成本等，录入的记账凭证主要有以下内容。

业务管理

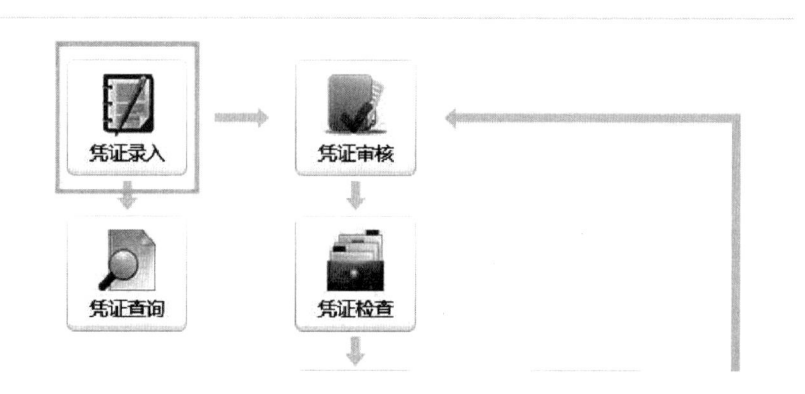

图 4-56　电算化系统界面

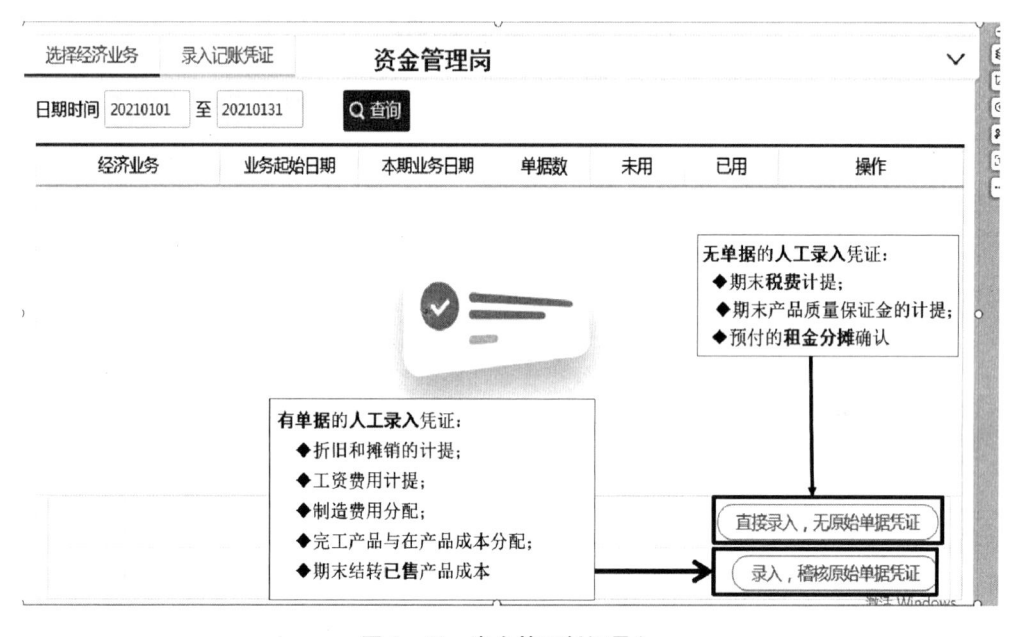

图 4-57　资金管理凭证录入

1. 计提固定资产折旧

当月购入的固定资产当月不计提折旧,所以第一个月不用计提折旧,以后月份按折旧费用分配表的金额,录入稽核原始单据凭证(如图 4-58 所示)。

按照上面的固定资产折旧明细表,可以在系统里录入稽核原始单据凭证,记账凭证内容如下:

会计科目		3 第三月 原值	一月不需要做表，不做凭证 折旧年限	残值率	固定资产月折旧额	累计折旧额	固定资产净值
16010101	复印机	5076	36	0	141.00	282.00	4794.00
16010102	打印机	2933	36	0	81.47	162.94	2770.06
16010103	笔记本电脑	64695	36	0	1797.08	3594.16	61100.84
合计		72704			2019.55	4039.10	68664.90

图4-58 计提固定资产折旧明细表单

借：管理费用　　　　　　　　　　　　　　　　　　　2019.55

　　贷：累计折旧　　　　　　　　　　　　　　　　　　2019.55

2. 工资费用分配

按每月应发员工工资分配，管理人员工资计入管理费用，销售人员工资计入销售费用、车间管理人员工资计入制造费用，生产工人的工资应该按照人工工时分配计入不同产品生产成本。

资金管理按照成本管理提供的原始单据，录入工资分配的记账凭证，比如，按照图4-59、图4-60、图4-61、图4-62所示的工资费用分配数据。

工时汇总表

2023年1月31日

产品品种	机械工时(天)	人工工时(天)
抽油烟机	19.00	3420.00
电视机	19.00	3800.00
微波炉	19.00	3420.00
合计	57.00	10640.00

图4-59 工时汇总表

计提分配工资

日期:20230131

部门名称	人员类别	人数	工资	工会经费	福利费	职工教育经费	社保单位部分	总和
销售部	销售人员	10	138923.38	2778.47	5000.00	600.00	6560.00	153861.85
综合管理部	管理人员	5	20000.00	400.00	2500.00	300.00	3280.00	26480.00
生产部	生产人员	560	1792000.00	35840.00	280000.00	33600.00	367360.00	2508800.00
生产部	生产线管理人员	15	60000.00	1200.00	7500.00	900.00	9840.00	79440.00
合计		590	2010923.38	40218.47	295000.00	35400.00	387040.00	2768581.85

图4-60 计提分配工资

工资汇总表	薪酬类费用表	工时汇总表

工资汇总表

日期: 20240131

部门名称	人员类别	人数	基本工资	绩效工资	应发工资	社保个人部分	个税	实发工资	社保单位部分
生产部	生产人员	500	1600000.00	0.00	1600000.00	100500.00	0.00	1499500.00	328000.00
综合管理部	管理人员	5	20000.00	0.00	20000.00	1005.00	44.85	18950.15	3280.00
销售部	销售人员	10	20000.00	112432.78	132432.78	2010.00	13805.70	116617.08	6560.00
生产部	生产线管理人员	15	60000.00	0.00	60000.00	3015.00	134.55	56850.45	9840.00
合计		530	1700000.00	112432.78	1812432.78	106530.00	13985.10	1691917.68	347680.00

图4-61 工资汇总表

工资薪酬费用分配表

2023年1月31日　　　　　　　　　　　　　　　　　　　　单位：元

应借科目	成本或费用项目	直接计入	分配计入 分配标准	分配计入 分配金额（分配率）	工资费用合计
生产成本	抽油烟机直接人工	0.00	3420.00	235.79	806400.00
生产成本	电视机直接人工	0.00	3800.00	235.79	896000.00
生产成本	微波炉直接人工	0.00	3420.00	235.79	806400.00
生产成本	小计	—	10640.00	0.00	2508800.00
管理费用	工资	26480.00	0.00	0.00	26480.00
销售费用	工资	153861.85	0.00	0.00	153861.85
制造费用	工资	79440.00	0.00	0.00	79440.00
研发支出	工资	0.00	0.00	0.00	0.00
其他业务成本	工资	0.00	0.00	0.00	0.00
其他业务成本	工资	0.00	0.00	0.00	0.00
合计	—	259781.85	—	—	2768581.85

图 4-62　工资薪酬费用分配表

资金管理角色可录入如下方式的记账凭证，但注意每个企业的数据会有不同，但是账户的对应关系是一样的。

借：生产成本（抽油烟机）

　　生产成本（微波炉）

　　生产成本（电视机）

　　管理费用

　　销售费用

　　制造费用

贷：应付职工薪酬（工资）

　　应付职工薪酬（工会经费）

　　应付职工薪酬（职工教育经费）

　　应付职工薪酬（福利费）

　　应付职工薪酬（社保费）

3. 制造费用分配

首先到电算化系统里查询本月发生总的制造费用金额是多少，然后选择机械工时分配计入不同产品的生产成本。

资金管理按照成本管理提供的原始单据，录入制造费用分配的记账凭证，比如，按照图 4-63、图 4-64、图 4-65 所示的制造费用分配数据会录入下面的记账凭证。

明细账查询制造费用二级科目			产品	机械工时	分配率	分配金额
510101 低值易耗品		0.00	抽油烟机	28.00	1092.17	30580.74
510102 房屋租金		91742.22	电视机	28.00	1092.17	30580.74
510103 生产用电		0	微波炉	28.00	1092.17	30580.74
510104 生产用水		0.00	合计	84.00		91742.22
510105 工资		0				
	合计	91742.22			差异	0.00

图 4-63　制造费用明细表

工时汇总表

2023年1月31日

产品品种	机械工时(天)	人工工时(天)
抽油烟机	19.00	3420.00
电视机	19.00	3800.00
微波炉	19.00	3420.00
合计	57.00	10640.00

图 4-64　工时汇总表

制造费用分配表

车间：　　　　　　　　　　2023 年 1 月　　　　　　　　单位：元

分配对象	分配标准 (　　)	分配率 (　　)	分配金额
抽油烟机	19	3710.41	70497.72
电视机	19	3710.41	70497.72
微波炉	19	3710.41	70497.72
合　计	57.00		211493.16

会计主管：　　　　审核：　　　　制表：

图 4-65　制造费用分配表

借：生产成本（抽油烟机）

　　生产成本（微波炉）

　　生产成本（电视机）

贷：制造费用（低值易耗品）

制造费用（租金）

制造费用（生产用水）

制造费用（生产用电）

制造费用（工资）

注意：贷方账户的"制造费用"明细在录入记账凭证时要查"制造费用"明细账的详细数据。

4. 完工产品和在产品分配

先按每种产品编制一张产品成本计算单，完工产品和在产品分配按约当产量法分配，在产品完工程度到生产信息里查询最后一批次的完工率，用在产品量乘以完工率即为约当量。

资金管理按照成本管理提供的原始单据，录入完工产品入库的记账凭证，比如，按照图4-66、图4-67、图4-68所示的完工产品和在产品分配数据会录入下面的记账凭证。

完工产品与月末在产品成本分配表
2023年01月31日

成本项目	月初在产品成本	本月生产费用	合计	完工产品产量	月末在产品产量	月末在产品的当产量	单位成本	月末在产品成本	完工产品成本
直接材料		1807885.06	1807885.06	3794.00			476.51		1807885.06
直接人工		806400.00	806400.00	3794.00			212.55		806400.00
制造费用		203241.08	203241.08	3794.00			53.57		203241.08
合计		2817526.14	2817526.14	--	--	--	742.63		2817526.14

入库单
2023年01月15日   单号 ××××××

交来单位及部门	微波炉车间	验收仓库		入库日期	2023-01-15
编号	名称及规格	单位	数量（交库/实收）	实际价格（单价/金额）	财务联
WBL	微波炉		599 / 599		

图4-66　微波炉完工产品与月末在产品成本分配

完工产品与月末在产品成本分配表
2023年01月31日

产品：电视机

成本项目	月初在产品成本	本月生产费用	合计	完工产品产量	月末在产品产量	月末在产品的当产量	单位成本	月末在产品成本	完工产品成本
直接材料		5142786.95	5142786.95	3164.00			1625.41		5142786.95
直接人工		896000.00	896000.00	3164.00			283.19		896000.00
制造费用		247488.87	247488.87	3164.00			78.22		247488.87
合计		6286275.82	6286275.82	--	--	--	1986.82		6286275.82

保存

入库单
2023 年 01 月 15 日　　单号 xxxxxx

交来单位及部门	电视机车间	验收仓库		入库日期	2023-01-15

编号	名称及规格	单位	数量（交库）	数量（实收）	单价	金额
DSJ	电视机		499	499		

合计

图 4-67　电视机完工产品与月末在产品成本分配

完工产品与月末在产品成本分配表
2023年01月31日

产品：抽油烟机

成本项目	月初在产品成本	本月生产费用	合计	完工产品产量	月末在产品产量	月末在产品的当产量	单位成本	月末在产品成本	完工产品成本
直接材料		4303470.23	4303470.23	3417.00			1259.43		4303470.23
直接人工		806400.00	806400.00	3417.00			236.00		806400.00
制造费用		247488.87	247488.87	3417.00			72.43		247488.87
合计		5357359.10	5357359.10	--	--	--	1567.86		5357359.10

保存

入库单
2023 年 01 月 15 日　　单号 xxxxxx

交来单位及部门	抽油烟机车间	验收仓库		入库日期	2023-01-15

编号	名称及规格	单位	数量（交库）	数量（实收）	单价	金额
CYYJ	抽油烟机		540	540		

合计

图 4-68　抽油烟机完工产品与月末在产品成本分配

借：库存商品（微波炉）

　　　　贷：生产成本（微波炉直接材料费用）

　　　　　　生产成本（微波炉直接人工费用）

　　　　　　生产成本（微波炉制造费用）

　　借：库存商品（抽油烟机）

　　　　贷：生产成本（抽油烟机直接材料费用）

　　　　　　生产成本（抽油烟机直接人工费用）

　　　　　　生产成本（抽油烟机制造费用）

　　借：库存商品（电视机）

　　　　贷：生产成本（电视机直接材料费用）

　　　　　　生产成本（电视机直接人工费用）

　　　　　　生产成本（电视机制造费用）

5. 销售成本的结转

按照产品出库单，统计本月的销售产品数量，乘以该产品的库存商品加权平均单价，得出本月销售成本，据此结转主营业务成本。

资金管理按照成本管理提供的原始单据，录入销售成本结转的记账凭证，比如，按照图4-69所示的产品出库记录会录入下面的记账凭证。

　　借：主营业务成本

　　　　贷：库存商品（微波炉）

　　　　　　库存商品（抽油烟机）

　　　　　　库存商品（电视机）

（三）通过嵌入的电算化信息系统录入不附带原始单据凭证

直接录入无原始单据凭证主要有计提质量保证金、月末未交增值税的结转，以及下两个月份的租金费用分配等记账凭证。

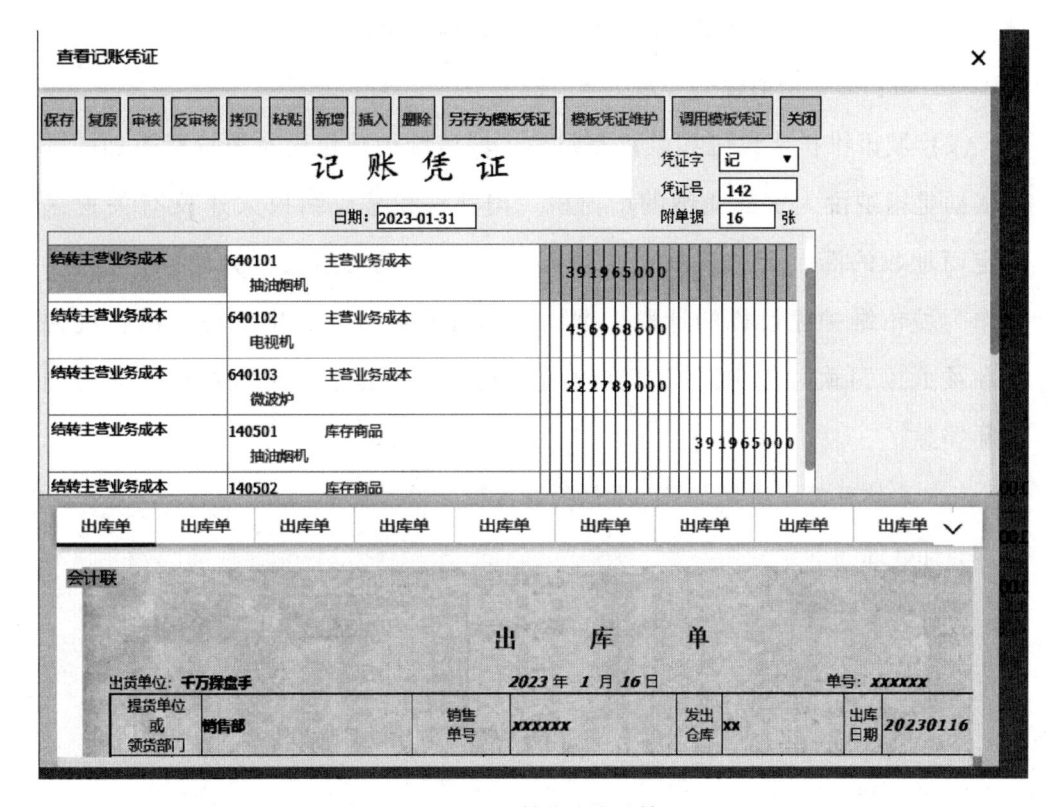

图 4-69 销售成本结转

1. 计提质量保证金

月末按照销售收入的 2%~5% 计提质量保证金。

借：销售费用

　　贷：预计负债

2. 税费计提

(1) 增值税。根据税法规定，增值税应纳税额的计算公式为：

应纳增值税 = 当期销项税额 - 当期进项税额 - 上期留抵税额

　　　　　 = 当期销售额 × 适用税率 - 当期进项税额 - 上期留抵税额

其中，销售额为纳税人销售货物或提供劳务向购买方收取的全部价款和价外费用。

账务处理如下：

借：应交税费——应交增值税——转出未交增值税

  贷：应交增值税——未交增值税

（2）城市维护建设税和教育费附加。城市维护建设税及教育费附加的计税依据是指纳税人实际缴纳的增值税、消费税税额。纳税人违反有关税法规定而加收的滞纳金和罚款，是税务机关对纳税人违法行为的经济制裁，不作为城市维护建设税的计税依据，但纳税人在被查补增值税、消费税税额和被处以罚款时，应同时对其偷漏的城市维护建设税进行补税并交滞纳金和罚款。

$$应纳税额 = 纳税人实际缴纳的增值税 \times 适用税率$$

会计处理如下：

借：税金及附加

  贷：应交税费——应交城市建设税

    应交税费——应交教育费附加

3. 月末摊销租金

注意：租金采用押一付三的方式，所以首付 4 个月租金，以后按月摊销，第一个月有原始单据，会关联生成费用摊销的记账凭证，以后月份才需录入无原始单据的记账凭证。

办公用房的租金摊销：

借：管理费用

  贷：预付账款

厂房的租金摊销：

借：制造费用

  贷：预付账款

生产线的租金摊销：

借：生产成本——制造费用

  贷：预付账款

（四）录入保存凭证相关提示

记账凭证的凭证号是自动生成的。

记账凭证的凭证日期可以选择，但不能选择当期最末张凭证的日期之前的日期（例如，如果1月份已经保存的记账凭证的日期为1月5日，接下去录入的凭证日期不能选择5日之前的日期）；并且不可选择上期已结账的日期或超出本期会计期间的日期。

录入凭证时涉及的资产类科目若出现余额为负时，将不能继续进行该项业务的处理；如支付某笔业务款项时，导致"库存现金"余额为负，则暂停该业务的处理，调查清楚原因后对之前录入的记账凭证的时间或凭证号进行调整后再行处理。

当会计科目为原材料或库存商品时，需要点选那条会计分录，在下方数量单价框输入数量，单价根据借贷方金额与数量自动换算。

凭证上方提供了一列功能按钮，如拷贝、粘贴、新增、删除等，用于凭证填制中所需的功能性操作：

"插入"功能提供凭证录入时，在光标所处行的上方插入一个空行；

"新增"功能提供凭证录入时，在光标所处行的下方插入一个空行；

"删除"功能提供凭证录入时，删除光标所在行；

"拷贝"功能可复制已填制的凭证中光标所在行的全部内容，包括"摘要、科目及金额"等；

"粘贴"功能可将已拷贝复制的凭证某行的内容放置在需要粘贴的位置。

模板凭证功能，提供自由维护模板凭证，每次录入凭证时可以选择已保存维护的模板凭证，进行会计分录摘要、会计科目的快速选择，之后只需要输入金额即可，大大提高录入凭证的效率。当然，需先将该凭证保存为模板凭证日后方可调用。

另存为模板凭证，对于已经录入完成的凭证可保存为模板凭证，日后在凭证录入时可直接调用。

三、财务总监

财务总监角色主要负责企业全面财务管理、运营决策审批；会计凭证审核、过账、结转损益、期末结账、出具财务报表；纳税申报审批和提交等（如图 4-70 所示）。

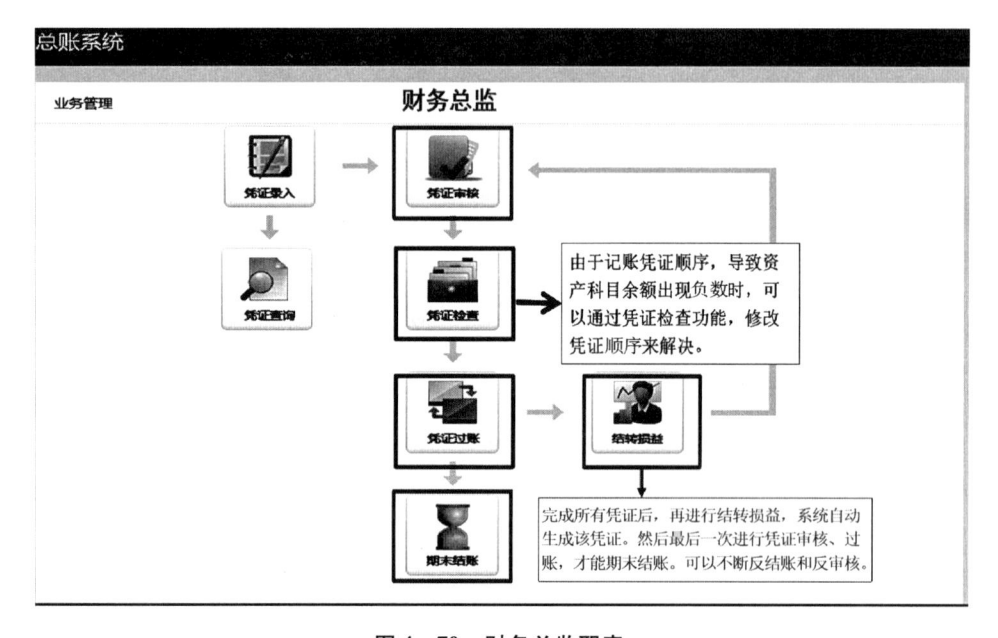

图 4-70 财务总监职责

（一）凭证查询

财务经理点击"凭证查询"，进入"会计分录序时簿"，可查看各角色已录入完成的所有会计凭证。详见操作流程。

（二）凭证审核

同凭证查询，凭证过账前，财务经理在凭证查询的基础上，查看并审核凭证。对于审核有误需进行修改的凭证，仍应由凭证的原填制人进行修改更正。财务经理点击"凭证审核"进入会计分录序时簿，点击屏幕右侧"查看"按钮，即可对某字号凭证进行查看。在屏幕右侧勾选要进行审核的凭证，然后点击屏幕右下角"审核"按钮，进入凭证审核界面。经过审核的凭证在"审核"栏会显示"√"，未审核的凭证则在"审核"栏显示"×"。已审核过的凭证如之后又发现差错需进行修改的，应进行反审核操作。点击屏幕右下角"反审核"键，取消审核，详见操作流程。

（三）凭证检查

期末财务经理点击"凭证检查"，可进入凭证检查整理页面。此功能需结合明细账一起使用，在明细账中，对因凭证顺序录入失误导致资产类会计科目出现某日余额负数，则可通过凭证整理来解决问题，将某一记账凭证调整至末号凭证，等同于对凭证进行重新排序，不过，凭证日期只能保存为当期最末的凭证日期。详见操作流程。

（四）凭证过账

财务经理点击"凭证过账"，进入凭证过账页面。详见操作流程。凭证过账，即列表中，根据目前运营到的年份月份，列出可以过账的年月，点击"过账"即可对当年月进行凭证过账，若出现当期存在未审核凭证或凭证号重复不连续等情况，将提示，并取消当前过账操作。正常过账后，当期可继续录入凭证并重复过账。请按系统提示逐步进行操作。

（五）结转损益

本财务决策平台损益的结转操作步骤如下。

（1）将企业本期发生的所有经济业务全部处理完毕，并填制会计凭证，保证没有遗漏，即确保损益结转的凭证为本期最后一张凭证。

（2）由财务经理对所有凭证进行审核，确保凭证无误。

（3）财务经理对审核无误的凭证进行过账。

（4）过账后，财务经理进行损益结转，系统自动生成结转损益的凭证。

（5）财务经理对系统自动生成的损益结转凭证再进行审核、过账的操作，生成资产负债表和利润表。

（6）财务经理审核生成的资产负债表、利润表，确保无误后，方可进行结账。当期结账后将不能再进行录入凭证等账务处理操作，系统自动跳转到下个会计月度。

财务经理点击"结转损益"，进入结转损益页面。结账损益前应保证所有业务全部处理完成，即结转损益的凭证一定是本期最后一张凭证。

（六）期末结账

财务经理点击"期末结账"，进入期末结账页面。

列表中，根据目前运营到的年份和月份，列出可以期末结账的年月，点击"期末结账"即可对当年月进行期末结账，结账之后该年月不可再进行凭证过账、结转损益等账务处理。结账完成后，可在账务报表栏点击生成对应报表。

对生成的报表进行审核时，如发现问题，财务经理可进行反结账操作。详见操作流程。

（七）生成报表

各会计角色可根据需要查询通过账务处理生成的账簿报表。只要凭证填制完成，就可以进行查询。"试算平衡表、科目余额表"也可进行即时查询，目的是对各会计角色所作的账务处理进行检查。"总账""明细账""数量金额明细账"等账簿，未过账的情况下点击对应账簿"未过账"按钮查询，已过账的情况下点击对应账簿"已过账"，目的是对账簿进行检查。期末过账、损益结转后，可生成账务报表（包括资产负债表、利润表及现金流量表），系统已经定义好公式，直接点生成相应报表即可，并可点击"资产负债表""利润表"进行查看。各会计角色根据是否过账点击对应账簿，可进入明细账查询界面。点击屏幕中间"会计科目"栏，可选择需要查询的会计科目，设置查询的时间，即可进行相应查询（如图4-71所示）。

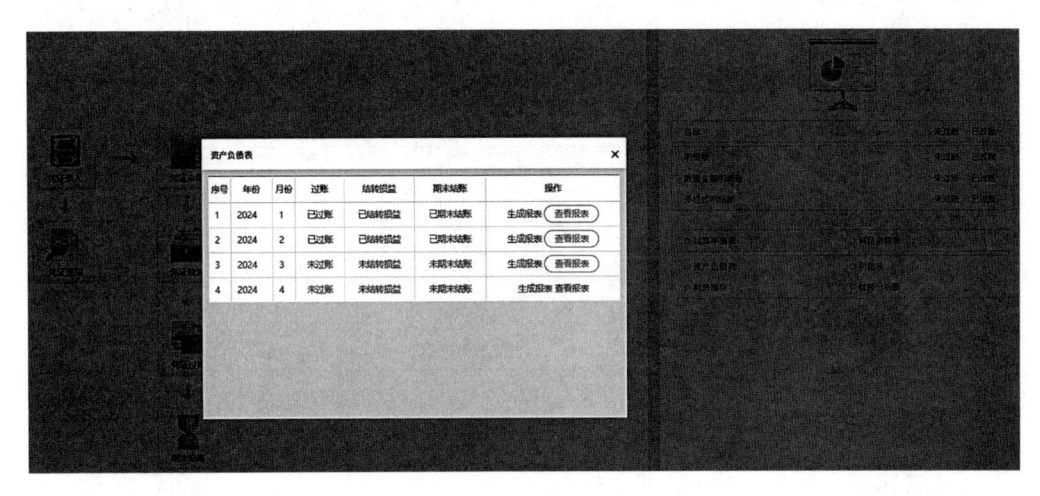

图4-71 生成财务报表

1. 资产负债表

资产负债表亦称财务状况表，表示企业在一定日期（通常为各会计期末）的财务状况（即资产、负债和股东权益的状况）的主要会计报表。资产负债表利用会计平衡原则，将合乎会计原则的"资产、负债、股东权益"交易科目分为"资产"和"负债及股东权益"两大区块，在经过分录、转账、分类账、试算、调整等会计程序后，以特定日期的静态企业情况为基准，浓缩成一张报表。其报表功用除了企业内部除错、经营方向、防止弊端外，也可让所有阅读者在最短时间内了解企业经营状况。

点击"资产负债表"进入资产负债表界面，选择查看对应年份某月份的资产负债表，已过账、结转损益的月份，点击"查看报表"即可打开该年某月份资产负债表（如图4-72所示）。已过账、结转损益的月份若还没有正式生成报表，也可点击"生成报表"系统将自动生成该月份资产负债表。期末未过账、结转损益的月份将无法生成报表。

资产负债表

编制单位：阿里耶耶集团　　　　　　　　2024 年 01 月 31 日　　　　　　　　金额单位：元（列至角分）　会企01表

资　产	行次	期末余额	上年年末余额	负债和所有者权益(或股东权益)	行次	期末余额	上年年末余额
流动资产：				流动负债：			
货币资金	1	12314460.55	0.00	短期借款	35	5000000.00	0.00
交易性金融资产	2	0.00	0.00	交易性金融负债	36	0.00	0.00
衍生金融资产	3	0.00	0.00	衍生金融负债	37	0.00	0.00
应收票据	4	0.00	0.00	应付票据	38	0.00	0.00
应收账款	5	3622542.70	0.00	应付账款	39	12619488.11	0.00
应收款项融资	6	0.00	0.00	预收款项	40	0.00	0.00
预付款项	7	1944179.15	0.00	合同负债	41	0.00	0.00
其他应收款	8	0.00	0.00	应付职工薪酬	42	2493161.44	0.00
存货	9	8766187.67	0.00	应交税费	43	874778.51	0.00
合同资产	10	0	0	其他应付款	44	0.00	0.00
持有待售资产	11	0.00	0.00	持有待售负债	45	0.00	0.00
一年内到期的非流动资产	12	0.00	0.00	一年内到期的非流动负债	46	0.00	0.00
其他流动资产	13	0.00	0.00	其他流动负债	47	0.00	0.00
流动资产合计	14	26647370.07	0.00	流动负债合计	48	20987428.06	0.00
非流动资产：				非流动负债：			
债权投资	15	0	0	长期借款	49	0.00	0.00
其他债权投资	16	0.00	0.00	应付债券	50	0.00	0.00

图 4-72　某月份资产负债表

2. 利润表

利润表主要提供有关企业经营成果方面的信息，是反映企业在一定会计期间经营成果的报表。

编制利润表的主要目的是将企业经营成果的信息，提供给各种报表用户，便于会计报表使用者判断企业未来的发展趋势，以供他们作为决策的依据或参考（如图 4-73、图 4-74 所示）。

图 4-73　生成利润表

利润表			

利润表

会企01表

编制单位：阿里耶耶集团　　　2024 年 1 月 31 日　　　金额单位：元（列至角分）

项目	行次	本期金额	上期金额
一、营业收入	1	12633442.00	0
减：营业成本	2	10556970.00	0
税金及附加	3	93726.27	0
销售费用	4	1562232.58	0
管理费用	5	66698.40	0
研发费用	6	0	0
财务费用	7	172.00	0
其中：利息费用	8	0	0
利息收入	9	0	0
加：其他收益	10	0	0
投资收益（损失以"-"号填列）	11	0	0
其中：对联营企业和合营企业的投资收益	12	0	0
以摊余成本计量的金融资产终止确认收益（损失以"-"号填列）	13	0	0
净敞口套期收益（损失以"-"号填列）	14	0	0
公允价值变动收益（损失以"-"号填列）	15	0	0
信用减值损失（损失以"-"号填列）	16	0.00	0

图 4-74　某月份利润表

本财务决策平台中利润表的生成、查看的方法同资产负债表。

第5篇 纳税业务篇

税收是国家财政收入的最主要来源，依法纳税是企业的义务，税费计算和纳税申报是企业经营管理中的重要环节，事关企业生存和发展。

税收是企业经营中的重要成本项目，企业在决策时应树立依法纳税的观念和税收筹划的意识，从投资计划的制定、运营业务的设计开始就需要将税收列入重点考虑的因素之一。实际工作中，财务部门相关人员应及时学习税收法规，正确解读税收法律条款，严格执行税收征管流程，不仅做到依法纳税，避免企业受到不必要的损失，又能提出合理的税收筹划方案，为管理层的决策提供有用的信息。

2016年5月1日，我国全面推开"营改增"改革，将建筑业、房地产业、金融业与生活服务业纳入营改增试点范围。这意味着营业税或将退出历史舞台。

纳税申报是企业履行纳税义务的重要环节，办税人员在纳税申报时，首先要关注企业运营的形式和实质，正确计算应纳税额，其次要关注纳税申报表填写的规范（如纳税申报表数据的内在逻辑关系）、纳税申报的地点、形式和期限。

具体到纳税申报流程。从纳税申报的地点来看，纳税申报分为增值税及所得税申报和其他税费申报。办税人员要根据税种和税收征管机关的规定，分别到不同的税务局进行纳税申报。对于一般的企业来说，增值税及所得税申报主要申报增值税（月报）、企业所得税（季报、年报）等，其他税费申报主要申报城市维护建设税（月报）、教育费附加（月报）、印花税（月报）、个人所得税（月报）、房产税（季报）等。

从纳税申报的形式来看，《税收征管法》第二十六条规定："纳税人、扣缴义务人可以直接到税务机关办理纳税申报或者报送代扣代缴、代收代缴税款报告表，也可以按照规定采取邮寄、数据电文或者其他方式办理上述申报、报送事项。"目前，纳税申报的形式主要有以下三种。

第一种，直接申报。直接申报是指纳税人自行到税务机关办理纳税申报。这是一种传统申报方式。

第二种，邮寄申报。邮寄申报是指经税务机关批准的纳税人使用统一规定的纳税申报特快专递专用信封，通过邮政部门办理交寄手续，并向邮政部门索取收据作为申报凭据的方式。

第三种，数据电文。数据电文是指经税务机关确定的电话语音、电子数据交换和网络传输等形式办理的纳税申报。例如，目前纳税人的网上申报，就是数据电文申报方式的一种形式。

从纳税申报的期限来看，申报时间一般是：月报在次月15日内；季报在季度终了的15日内；年报在年度终了的5个月内（系统年报在年度终了的15日内）。

纳税申报期限的确定与申报方式也有一定的联系。例如，以邮寄方式申报纳税的，以邮件寄出的邮戳日期为实际申报日期；以数据电文方式办理纳税申报的，以税务机关计算机网络系统收到该数据电文的时间为申报日期。

平台涉及纳税业务最新财税法规文件：

【财税〔2018〕32号】财政部 税务总局关于调整增值税税率的通知

【财税〔2018〕50号】财政部 税务总局关于对营业账簿减免印花税的通知

【财税〔2018〕51号】财政部 税务总局关于企业职工教育经费税前扣除政策的通知

【财税〔2018〕54号】财政部 税务总局关于设备、器具扣除有关企业所得税政策的通知

【财税〔2018〕99号】财政部 税务总局 科技部关于提高研究开发费用税前加计扣除比例的通知

【国家税务总局公告2018年第17号】国家税务总局关于调整增值税纳税申报有关事项的公告

【国家税务总局公告2018年第26号】国家税务总局关于发布《中华人民共和国企业所得税月（季）度预缴纳税申报表（A类，2018年版）》等报表的公告

【增值税暂行条例（2017年版、国务院令第691号）】国务院关于废止《中华人民共和国营业税暂行条例》和修改《中华人民共和国增值税暂行条例》的决定

【财税〔2017〕41号】财政部 税务总局关于广告费和业务宣传费支出税前扣除政策的通知

本平台纳税申报主要涉及财务总监和会计角色，其中会计要履行填写和申报各税种税单的职责，并在申报成功后进行相应的账务处理。财务总监负责审批相关申报表格并查看相应申报回单（见表5–1）。

表5–1　　　　　　　　　　业务纳税申报流程

角色	运营	财务总监	财务经理	会计	资金管理
具体执行				开始 1. 选择增值税及所得税申报或其他税费申报	支付
				2. 选择申报表	
		4. 审批增值税申报表			
		5. 缴纳增值税税款		3. 填写或修改增值税申报表，提交审批申请	
		6. 查看增值税回单			
		9. 审批其他税费申报表		7. 查看增值税回单并账务处理	
		10. 缴纳其他税费		8. 填写或修改其他税费申报表，提交审批申请	
		11. 查看其他税费回单			
				12. 查看其他税费回单并账务处理	
				结束	

一、增值税纳税业务

（一）增值税计算原理

目前，我国增值税实行购进扣税法，即纳税人发生应税行为时按照销售额计算销项税额，购进货物、劳务、服务、无形资产或不动产时，以支付或负担的税款为进项税额，同时允许从销项税额中抵扣进项税额，这样就相当于仅对发生应税行为的增值部分征税。

（二）增值税计税方法

增值税计税方法包括两种：一般计税方法和简易计税方法。

1. 一般计税方法适用于一般纳税人

应纳税额 = 当期销项税额 − 当期进项税额

当期销项税额小于进项税额时，不足抵扣的部分可以结转下期继续抵扣。因销售折让、中止或者退回而退还给购买方的增值税额，应当从当期的销项税额中扣减；因销售折让、中止或者退回而收回的增值税额，应当从当期进项税额中扣减。

2. 简易计税方法适用于小规模纳税人

应纳税额 = 销售额 × 征收率

简易征收方法不得抵扣进项税额。因销售折让、中止或者退回而退还给购买方的增值税额，应当从当期的销售额中扣减。扣减当期销售额后仍有余额造成多缴税款，可以从以后的应纳税额中扣减。

提示：一般纳税人发生财政部和国家税务总局规定的特定应税行为，可以选择适用简易计税方法计税，但一经选择，36个月内不得变更。

（三）可抵扣进项税额

下列进项税额准予从销项税额中扣除。

（1）从销售方取得的增值税专用发票（含税控机动车销售统一发票）上注明的增值税额。

（2）从海关取得的海关进口增值税专用缴款书上注明的增值税额。

（3）购进农产品，除取得增值税专用发票或者海关进口增值税专用缴款书外，按照农产品收购发票或者销售发票上注明的农产品买价和10%的扣除率计算的进项税额。计算公式为：进项税额＝买价×扣除率。

购进农产品，按照《农产品增值税进项税额核定扣除试点实施办法》抵扣进项税额的除外。

（4）从境外单位或者个人购进服务、无形资产或者不动产，自税务机关或者扣缴义务人取得的解缴税款的完税凭证上注明的增值税额。

增值税扣税凭证类型。进项税额要想从销项税额中抵扣，必须要取得合法有效的增值税扣税凭证，主要包括：增值税专用发票、税控机动车销售统一发票、海关进口增值税专用缴款书、农产品收购发票、农产品销售发票和完税凭证等。

取得的增值税扣税凭证不符合法律、行政法规或者国家税务总局有关规定的，其进项税额不得从销项税额中抵扣。增值税一般纳税人取得的增值税专用发票以及海关缴款书应在开具之日起180日内到税务机关办理认证，并在认证通过的次月申报期内，向主管税务机关申报抵扣进项税额。凭完税凭证抵扣进项税额的，应当具备书面合同、付款证明和境外单位的对账单或者发票。资料不全的，其进项税额不得从销项税额中抵扣。

关于不动产和在建工程的进项税抵扣。适用一般计税方法的试点纳税人，2016年5月1日后取得并在会计制度上按固定资产核算的不动产或者2016年5月1日后取得的不动产在建工程，其进项税额应自取得之日起分2年从销项税额中抵扣，第一年抵扣比例为60%，第二年抵扣比例为40%。取得不动产，包括以直接购买、接受捐赠、接受投资入股、自建以及抵债等各种形式取得不动产，不包括房地产开发企业自行开发的房地产项目。融资租入的不动产以及在施工现场修建的临时建筑物、构筑物，其进项税额不适用上述分2年抵扣的规定。

按照《实施办法》第二十七条第（一）项规定不得抵扣且未抵扣进项税额的固定资产、无形资产、不动产，发生用途改变，用于允许抵扣进项税额的应税项目，可在用途改变的次月按照下列公式计算可以抵扣的进项税额：

$$可以抵扣的进项税额 = （固定资产、无形资产、不动产净值）\div (1 + 适用税率) \times 适用税率$$

（四）应纳税额计算实例

北京信达电器有限公司，一般纳税人，2024年10月确认销售货物收入1000万元，均为客户开具增值税专用发票。当月外购原材料，取得增值税专用发票10份，发票中注明的增值税额为85万元；支付运输费用取得税务局代开增值税专用发票，发票中注明税额0.1万元；购买办公用房一套，支付银行存款100万元，取得增值税专用发票，发票中注明增值税额为9.09万元；当期支付期间费用，取得增值税专用发票5份，发票中注明税额2万元。计算应纳增值税额。

销售货物的一般纳税人适用于一般计税方法计税。

当期销项税额 = 1000 × 16% = 160（万元）

当期取得专用发票中的进项税额 = 85 + 0.1 + 9.09 + 2 = 96.19（万元）

当期取得的专用发票中，除了购进不动产的专用发票外，其他的专用发票中的进项税可全部当期抵扣。

根据《实施办法》附件二第二条，2016年5月1日后取得并在会计制度上按固定资产核算的不动产或者2016年5月1日后取得的不动产在建工程，其进项税额应自取得之日起分 2 年从销项税额中抵扣，第一年抵扣比例为 60%，第二年抵扣比例为 40%。企业当期购入不动产取得的专用发票进项税额 9.09 万元仅 60% 部分可以当期扣除，剩余的 40% 在"待抵扣进项税额"应于第二年扣除。

所以，当期可以扣除的进项税额 = 85 + 0.1 + 9.09 × 60% + 2 = 92.554（万元），当期应纳增值税额 = 销项税额 − 进项税额 = 160 − 92.554 = 67.446（万元）。

（五）增值税的申报

为进一步优化纳税服务，减轻纳税人负担，国家税务总局对增值税纳税申报有关事项进行了调整。国家税务总局公告〔2017〕第 53 号规定：自 2018 年 2 月 1 日起废止《固定资产（不含不动产）进项税额抵扣情况表》《本期抵扣进项税额结构明细表》。

2018 年 4 月 19 日，国家税务总局发布了《国家税务总局关于调整增值税纳税申报有关事项的公告》（国家税务总局公告〔2018〕第 17 号），为自 2018 年 5 月 1 日开始施行的增值税税率调整作出了相应的新申报要求，提供了新的申报表。

现行增值税一般纳税人适用的纳税申报表及其附列资料有以下几种。

(1)《增值税纳税申报表（一般纳税人适用）》。

(2)《增值税纳税申报表附列资料（一）》（本期销售情况明细）。

(3)《增值税纳税申报表附列资料（二）》（本期进项税额明细）。

(4)《增值税纳税申报表附列资料（三）》（服务、不动产和无形资产扣除项目明细）。

(5)《增值税纳税申报表附列资料（四）》（税额抵减情况表）。

(6)《增值税纳税申报表附列资料（五）》（不动产分期抵扣计算表）。

(7)《增值税减免税申报明细表》。

最新的申报表是1张主表6张附表的结构，本书仅就《财务决策平台》使用的相关申报表举例作简要说明。关于申报表的填报说明根据国家税务总局公告2018年第17号《国家税务总局关于调整增值税纳税申报有关事项的公告》学习填报。

【案例】

某公司为一般纳税人企业，2024年10月销售货物不含税金额100万元，均已开具增值税专用发票；购买货物取得增值税专用发票2份，显示货款10万元，税款1.6万元；货运公司开来的增值税专用发票3份，显示金额1万元，税款0.03万元；购入办公用房一幢，不含税金额100万元；卖出前期购入的股票10手，取得款项3.5万元，已知取得该股票时的买入价（不含手续费）3万元。

2024年11月3日，申报10月份税款见表5-2、表5-3、表5-4、表5-5、表5-6。

表5-2　　　　　增值税纳税申报表（一般纳税人适用）　　　　单位：元

	项目	栏次	一般项目 本月数	一般项目 本年累计
销售额	（一）按适用税率计税销售额	1	133018.87	133018.87
	其中：应税货物销售额	2	100000	100000
税款计算	销项税额	11	16283.02	16283.02
	进项税额	12	76300	76300
	上期留抵税额	13	0	0
	应抵扣税额合计	17=12+13-14-15+16	76300	—
	实际抵扣税额	18（如17<11，则为17，否则为11）	16283.02	16283.02
	应纳税额	19=11-18	0	0
	期末留抵税额	20=17-18	60016.98	60016.98
	应纳税额合计	24=19+21-23	0	0

税款所属时间：自2024年10月1日至2024年10月31日。

表5-3　　　　增值税纳税申报表附列资料（一）（本期销售情况明细）　　　　单位：元

项目及栏次			开具增值税专用发票		开具其他发票		合计			服务、不动产和无形资产扣除项目本期实际扣除金额	扣除后	
			销售额	销项（应纳）税额	销售额	销项（应纳）税额	销售额	销项（应纳）税额	价税合计		含税（免税）销售额	销项（应纳）税额
			1	2	3	4	9=1+3+5+7	10=2+4+6+8	11=9+10	12	13=11-12	14=13÷(100%+税率或征收率)×税率或征收率
一、一般计税方法计税	全部征税项目	16%税率的货物及加工修理修配劳务	1	100000	16000			100000	16000	—	—	—	—
		6%税率	5			33018.87	1981.13	33018.87	1981.13	35000	30000	5000	283.02

税款所属时间：自2024年10月1日至2024年10月31日。

表5-4　　　　增值税纳税申报表附列资料（二）（本期进项税额明细）　　　　单位：元

一、申报抵扣的进项税额				
项目	栏次	份数	金额	税额
（一）认证相符的增值税专用发票	1=2+3	6	1110000	116300
其中：本期认证相符且本期申报抵扣	2	6	1110000	116300
前期认证相符且本期申报抵扣	3			
（三）本期用于购建不动产的扣税凭证	9	1	1000000	100000
（四）本期不动产允许抵扣进项税额	10	—	—	60000
（五）外贸企业进项税额抵扣证明	11	—	—	
当期申报抵扣进项税额合计	12=1+4-9+10+11	5	110000	76300

续表

四、其他				
项目	栏次	份数	金额	税额
本期认证相符的增值税专用发票	35	6	1110000	116300
代扣代缴税额	36	—		

税款所属时间：自 2024 年 10 月 1 日至 2024 年 10 月 31 日。

表 5-5　增值税纳税申报表附列资料（三）（服务、不动产和无形资产扣除项目明细）

项目及栏次	本期服务、不动产和无形资产价税合计额（免税销售额）	服务、不动产和无形资产扣除项目				
		期初余额	本期发生额	本期应扣除金额	本期实际扣除金额	期末余额
	1	2	3	4 = 2 + 3	5（5≤1 且 5≤4）	6 = 4 - 5
6% 税率的项目（不含金融商品转让） 3		30000	0	30000	30000	0

税款所属时间：自 2024 年 10 月 1 日至 2024 年 10 月 31 日。

表 5-6　增值税纳税申报表附列资料（四）（不动产分期抵扣计算表）

期初待抵扣不动产进项税额	本期不动产进项税额增加额	本期可抵扣不动产进项税额	本期转入的待抵扣不动产进项税额	本期转出的待抵扣不动产进项税额	期末待抵扣不动产进项税额
1	2	3≤1+2+4	4	5≤1+4	6 = 1 + 2 - 3 + 4 - 5
0	100000	60000	0	0	40000

税款所属时间：自 2024 年 10 月 1 日至 2024 年 10 月 31 日。

（六）平台增值税业务申报及处理

纳税申报由成本管理填写申报，增值税主要填写"增值税及附加税费申报表"（如图 5-1 所示）主表及 5 个附表。

增值税及附加税费申报表

(一般纳税人适用)

纳税人识别号: 911010576764198736　　　　纳税人名称: 1
所属时期: 20241101　至　20241130　　　　填表日期: 20241203　　　　　　　　　　　　金额单位: 元至角分

	项目	栏次	一般项目 本月数	一般项目 本年累计	即征即退项目 本月数	即征即退项目 本年累计
销售额	(一) 按适用税率计税销售额	1	26625940.00	26625940.00		
	其中: 应税货物销售额	2	26625940.00	26625940.00		
	应税劳务销售额	3				
	纳税检查调整的销售额	4				
	(二) 按简易办法计税销售额	5				
	其中: 纳税检查调整的销售额	6				
	(三) 免、抵、退办法出口销售额	7			-----	-----
	(四) 免税销售额	8			-----	-----
	其中: 免税货物销售额	9			-----	-----
	免税劳务销售额	10			-----	-----
税款计算	销项税额	11	3461372.20	3461372.20		
	进项税额	12	552941.29	552941.29		
	上期留抵税额	13			-----	-----
	进项税额转出	14				
	免、抵、退应退税额	15			-----	-----
	按适用税率计算的纳税检查应补缴税额	16				
	应抵扣税额合计	17=12+13-14-15+16	552941.29	-----	0.00	-----
	实际抵扣税额	18 (如17<11,则为17, 否则为11)	552941.29	0.00	0.00	0.00
	应纳税额	19=11-18	2908430.91	3433740.28	0.00	
	期末留抵税额	20=17-18	0.00		0.00	
	简易计税办法计算的应纳税额	21				
	按简易计税办法计算的纳税检查应补缴税额	22				
	应纳税额减征额	23				
	应纳税额合计	24=19+21-23	2908430.91	3433740.28	0.00	0.00
税款缴纳	期初未缴税额 (多缴为负数)	25				
	实收出口开具专用缴款书退税额	26			-----	-----
	本期已缴税额	27=28+29+30+31	0.00	0.00	0.00	0.00
	①分次预缴税额	28				
	②出口开具专用缴款书预缴税额	29		-----		-----
	③本期缴纳上期应纳税额	30				
	④本期缴纳欠缴税额	31				
	期末未缴税额 (多缴为负数)	32=24+25+26-27	2908430.91	3433740.28	0.00	0.00
	其中: 欠缴税额 (≥0)	33=25+26-27	0.00	-----	0.00	-----
	本期应补 (退) 税额	34=24-28-29	2908430.91		0.00	
	即征即退实际退税额	35	-----	-----		
	期初未缴查补税额	36			-----	-----
	本期入库查补税额	37			-----	-----
	期末未缴查补税额	38=16+22+36-37	0.00	0.00	-----	-----
附加税费	城市维护建设税本期应补 (退) 税额	39	203590.16	203590.16		
	教育费附加本期应补 (退) 费额	40	87252.93	87252.93		
	地方教育附加本期应补 (退) 费额	41	58168.62	58168.62		

图 5-1　增值税及附加税费申报表主表

1. 填写要点 1

主表的主要取数是销售额,包括按适用税率计税销售额、按简易办法计税销售额、免抵退出口销售额、免税销售额四类。本平台没有出口业务,所有销售额只有前两类,第一类适用税率计税销售额包括适用不同税率的销售额,报税平台右上角会显示该企业适用所有税率(包括3%、6%、9%、13%等)的销售额只需要按类别汇总相加即可,具体填列如图 5-2 所示。然后将不同税率的销售额填写在主表对应的第 2 栏里,将销项税额填写在对应的第 11 栏里,明细填写在"增值税及附加税费申报表附表一"里,是否填写正确可与"应交税费——应交增值税——销项税额"核对,如果一致,说明填写正确。

项目			分值	数值	应填数据
主表-一般项目	上期留底税额	本月数	1.00	0.00	上月期末留抵税额
	应税货物销售额	本月数	1.50		本期销售货物销售额合计
	应纳税额	本年累计	1.00	564756.92	本年度应纳税额累计金额
	本期应补(退)税额	本月数	1.00		本期应补(退)税额--自动计算
	进项税额	本月数	3.00	1080301.43	本期取得的增值税专用发票进项税额合计
	销项税额	本月数	3.00	1645058.35	本期销售货物应缴纳销项税额合计
附表1-一般计税方法计税-全部征税项目	13%货物及	开具专票销售额	0.15	12654295.00	开具增值税发票清单-金额合计-填入附表1 (1,1)
		未开具发票销售额	0.15	无	
	6%税率	开具其他发票销售额	0.15	无	
		服务、不动产和无形资	0.15	无	
	9%税率	开具增值税专用发票销	0.15	无	
		未开具发票销售额	0.15	无	
附表2	其他	本期认证相符的专用发票税额	0.80	1080301.43	取得增值税发票清单-本期认证相符的增值税专用发票税额合计
		本期认证相符的专用发票金额	0.80	8428318.32	取得增值税发票清单-本期认证相符的增值税专用发票未税金额合计
	申报抵扣的进项税额	本期用于购建不动产	0.30	无	
		本期用于购建不动产	0.30	无	
		认证相符的增值税专	0.15	无	
附表3-6%税率的金融商品转让项目	服务、不动产和无形资产扣除项目	期初余额	0.40	无	
		本期发生额	0.40	无	
		本期实际扣除金额	0.40	无	
	本期服务、不动产和无形资产价税合计额(免税		0.25	无	
合计			15.20		

图 5-2 增值税申报填报数据关系

2. 填写要点 2

应抵扣税额报税平台右上角会显示该企业采购货物适用所有税率(包括3%、6%、9%、13%等)的采购额只需要按类别汇总相加即可,如图 5-3 所示。然后将不同税率的采购项税额填写在主表对应的第 12 栏里,明细填写在"增值税及附加税费申报表附表二"里,是否填写正确,可与"应交税费——应交增值税——进项税额"核对,如果一致,说明填写正确。

取得增值税发票清单			
税率	数量	金额	税额
税率13%		8086059.53	1051187.73
税率9%		304258.79	27383.3
税率6%		19680	1180.8
税率3%		18320	549.6
合计		8428318.32	1080301.43

图5-3 取得增值税发票清单

3. 填写要点3

将主表的第11栏和第12栏比较，销项税额大于进项税额，两者之差为本期应纳税额；反之，销项税额小于进项税额，两者之差为期末留底税额，并将差额填写在对应栏目里。

4. 填写要点4

将本期应纳税额乘以7%为本期应纳城市维护建设税，填写在39栏，本期应纳税额乘以3%为本期应纳教育费附加税，填写在40栏，本期应纳税额乘以2%为本期应纳地方教育费附加，填写在41栏（如图5-4、图5-5、图5-6、图5-7、图5-8所示）。

注意：如果决策时本企业有购买股票债券业务，那么转让金融商品按规定以盈亏相抵后的余额作为销售额。若产生转让损失，则按可结转下月抵扣税额，借记"应交税费——转让金融商品应交增值税"科目，贷记"投资收益"等科目。缴纳增值税时，应借记"应交税费——转让金融商品应交增值税"科目，贷记"银行存款"科目。年末，"应交税费——转让金融商品应交增值税"科目如借方余额，则借记"投资收益"等科目，贷记"应交税费——转让金融商品应交增值税"科目。

所以在申报增值税时应将转让金融商品所应缴纳的增值税一并申报。

增值税及附加税费申报表附列资料（一）

（本期销售情况明细）

纳税人识别号:911010576764193736　　　　纳税人名称:1

所属时期:20241101　　至20241130　　　　填表日期:20241203

全额单位:元至角分

项目及栏次				开具增值税专用发票		开具其他发票		未开具发票		纳税检查调整		合计			服务、不动产和无形资产扣除项目本期实际扣除金额	扣除后	
				销售额	销项(应纳)税额	销售额	销项(应纳)税额	销售额	销项(应纳)税额	销售额	销项(应纳)税额	销售额	销项(应纳)税额	价税合计		含税(免税)销售额	销项(应纳)税额
				1	2	3	4	5	6	7	8	9=1+3+5+7	10=2+4+6+8	11=9+10	12	13=11-12	14=13÷(100%+税率或征收率)×税率或征收率
一、一般计税方法计税	全部征税项目	13%税率的货物及加工修理修配劳务	1	26625940	3461372.20		0.00		0.00		0.00	26625940.00	3461372.20	—	—	—	—
		13%税率的服务、不动产和无形资产	2		0.00		0.00		0.00		0.00	0.00	0.00	0.00		0.00	0.00
		9%税率的货物及加工修理修配劳务	3		0.00		0.00		0.00		0.00	0.00	0.00	—	—	—	—
		9%税率的服务、不动产和无形资产	4		0.00		0.00		0.00		0.00	0.00	0.00	0.00		0.00	0.00
		6%税率	5		0.00		0.00		0.00		0.00	0.00	0.00	0.00		0.00	0.00
	其中：即征即退项目	即征即退货物及加工修理修配劳务	6	—	—	—	—	—	—	—	—	0.00	0.00	—	—	—	—
		即征即退服务、不动产和无形资产	7	—	—	—	—	—	—	—	—	0.00	0.00	0.00		0.00	
二、简易计税方法计税	全部征税项目	6%征收率	8		0.00		0.00		0.00	—	—	0.00	0.00	—	—	—	—
		5%征收率的货物及加工修理修配劳务	9a		0.00		0.00		0.00	—	—	0.00	0.00	—	—	—	—
		5%征收率的服务、不动产和无形资产	9b		0.00		0.00		0.00	—	—	0.00	0.00	0.00		0.00	0.00
		4%征收率	10		0.00		0.00		0.00	—	—	0.00	0.00	—	—	—	—
		3%征收率的货物及加工修理修配劳务	11		0.00		0.00		0.00	—	—	0.00	0.00	—	—	—	—
		3%征收率的服务、不动产和无形资产	12		0.00		0.00		0.00	—	—	0.00	0.00	0.00		0.00	0.00
		预征率____%	13a		0.00		0.00		0.00	—	—	0.00	0.00	0.00		0.00	0.00
		预征率____%	13b		0.00		0.00		0.00	—	—	0.00	0.00	0.00		0.00	0.00
		预征率____%	13c		0.00		0.00		0.00	—	—	0.00	0.00	0.00		0.00	0.00
	其中：即征即退项目	即征即退货物及加工修理修配劳务	14	—	—	—	—	—	—	—	—	0.00	0.00	—	—	—	—
		即征即退服务、不动产和无形资产	15	—	—	—	—	—	—	—	—	0.00	0.00	0.00		0.00	
三、免抵退税	货物及加工修理修配劳务		16	—	—		—		—	—	—	0.00	—	—	—	—	—
	服务、不动产和无形资产		17	—	—		—		—	—	—	0.00	—	0.00		0.00	—
四、免税	货物及加工修理修配劳务		18		0.00		—		—	—	—	0.00	—	—	—	—	—
	服务、不动产和无形资产		19	—	—		—		—	—	—	0.00	—	0.00		0.00	—

图5–4　增值税及附加税费申报表附表一

增值税及附加税费申报表附列资料（二）
（本期进项税额明细）

纳税人识别号：91101057676419873 纳税人名称：1
所属时期：20241101 至20241130 填表日期：20241203
金额单位：元至角分

一、申报抵扣的进项税额

项目	栏次	份数	金额	税额
（一）认证相符的增值税专用发票	1=2+3	22.00	4315343.11	552941.29
其中：本期认证相符且本期申报抵扣	2	22.00	4315343.11	552941.29
前期认证相符且本期申报抵扣	3			
（二）其他扣税凭证	4=5+6+7+8	0.00	0.00	0.00
其中：海关进口增值税专用缴款书	5			
农产品收购发票或者销售发票	6			
代扣代缴税收缴款凭证	7		------	
加计扣除农产品进项税额	8a	------	------	
其他	8b			
（三）本期用于购建不动产的扣税凭证	9			
（四）本期用于抵扣的旅客运输服务扣税凭证	10			
（五）外贸企业进项税额抵扣证明	11		------	------
当期申报抵扣进项税额合计	12=1+4+11	22.00	4315343.11	552941.29

二、进项税额转出额

项目	栏次	税额
本期进项税额转出额	13=14～23之和	0.00
其中：免税项目用	14	
集体福利、个人消费	15	
非正常损失	16	
简易计税方法征税项目用	17	
免抵退税办法不得抵扣的进项税额	18	
纳税检查调减进项税额	19	
红字专用发票信息表注明的进项税额	20	
上期留抵税额抵减欠税	21	
上期留抵税额退税	22	
其他应作进项税额转出的情形	23	

三、待抵扣进项税额

项目	栏次	份数	金额	税额
（一）认证相符的增值税专用发票	24	------	------	------
期初已认证相符但未申报抵扣	25			
本期认证相符且本期末申报抵扣	26			
期末已认证相符但未申报抵扣	27			
其中：按照税法规定不允许抵扣	28			
（二）其他扣税凭证	29=30～33之和	0.00	0.00	0.00
其中：海关进口增值税专用缴款书	30			
农产品收购发票或销售发票	31			
代扣代缴税收缴款凭证	32		------	
其他	33			
	34			

四、其他

项目	栏次	份数	金额	税额
本期认证相符的增值税专用发票	35	22	4315343.11	552941.29
代扣代缴税额	36	------	------	

图 5-5 增值税及附加税费申报表附表二

增值税及附加税费申报表附列资料（四）
（税额抵减情况表）

纳税人识别号:911010576764198736
所属时期:20241101 至20241130
纳税人名称:1
填表日期:20241203
金额单位:元至角分

一、税额抵减情况

序号	抵减项目	期初余额	本期发生额	本期应抵减税额	本期实际抵减额	期末余额
		1	2	3=1+2	4≤3	5=3-4
1	增值税税控系统专用设备费及技术维护费			0.00		0.00
2	分支机构预征缴纳税款			0.00		0.00
3	建筑服务预征缴纳税款			0.00		0.00
4	销售不动产预征缴纳税款			0.00		0.00
5	出租不动产预征缴纳税款			0.00		0.00

二、加计抵减情况

序号	加计抵减项目	期初余额	本期发生额	本期调减额	本期可抵减	本期实际抵减额	期末余额
		1	2	3	4=1+2-3	5	6=4-5
6	一般项目加计抵减额计算				0.00		0.00
7	即征即退项目加计抵减额计算				0.00		0.00
8	合计	0.00	0.00	0.00	0.00		

图 5-6　增值税及附加税费申报表附表四

增值税及附加税费申报表附列资料（五）
（附加税费情况表）

纳税人识别号:911010576764198736
所属时期:20241101 至20241130
纳税人名称:1
填表日期:20241203
金额单位:元至角分

税（费）种		计税（费）依据			税（费）率（征收率）(%)	本期应纳税（费）额	本期减免税（费）额		试点建设培育产教融合型企业		本期已缴税（费）额	本期应补（退）税（费）额
		增值税税额	增值税免税税额	留抵退税本期扣除额			减免性质代码	减免税（费）额	减免性质代码	本期抵免金额		
		1	2	3	4	5=(1-3+2)×4	6	7	8	9	10	11=5-7-9-10
城市维护建设税	1	2908430.91			7%	203590.16		--		--		203590.16
教育费附加	2	2908430.91			3%	87252.93						87252.93
地方教育附加	3	2908430.91			2%	58168.62						58168.62
合计	4	--	--	--	--	349011.71	--					349011.71

本期是否适用试点建设培育产教融合型企业抵免政策	□是 □否	当期新增抵免额	5	
		上期留抵可抵免金额	6	
		结转下期可抵免金额	7	
可用于扣除的增值税留抵退税额使用情况		当期新增可用于扣除的留抵退税额	8	
		上期结转可用于扣除的留抵退税额	9	
		结转下期可用于扣除的留抵退税额	10	

图 5-7　增值税及附加税费申报表附表五

增值税减免税申报明细表

纳税人识别号:91101057676419873 6　　　　纳税人名称:1
所属时期:20241101　至20241130　　　填表日期:20241203　　　金额单位:元(列至角分)

一、减税项目

减税性质代码及名称	栏次	期初余额 1	本期发生额 2	本期应抵减税额 3=1+2	本期实际抵税额 4<=3	期末余额 5=3-4
合计		0.00	0.00	0.00	0.00	0.00
				0.00		0.00
				0.00		0.00
				0.00		0.00
				0.00		0.00
				0.00		0.00
				0.00		
				0.00		
				0.00		
				0.00		
				0.00		

图 5-8　增值税减免税申报明细表

【案例】

北京××电器有限公司，一般纳税人，2018年10月初买入 A 股票10000股，每股买入价5元，另支付相关税费50元，作为交易性金融资产处理。当月末由于资金紧张，卖出5000股，每股卖出价6元，支付相关税费30元。请进行账务处理。

买入股票时会计处理：

借：交易性金融资产——成本　　　　　　　　　　　　　　　50000

　　投资收益　　　　　　　　　　　　　　　　　　　　　　50

　　贷：银行存款　　　　　　　　　　　　　　　　　　　　50050

卖出股票时的会计处理：

借：银行存款　　　　　　　　　　　　　　　　　　　　　　29970

　　贷：交易性金融资产——成本　　　　　　　　　　　　　25000

　　　　投资收益　　　　　　　　　　　　　　　　　　　　4970

当期应交增值税 = (30000 - 25000)/1.06 × 6% = 283.02 元

借：投资收益　　　　　　　　　　　　　　　　　　　　　　283.02

　　贷：应交税费——转让金融商品应交增值税　　　　　　　283.02

二、印花税纳税业务

（一）印花税的申报要点

印花税是对经济活动和经济交往中设立、领受具有法律效力的凭证的行为所征收的一种税。因采用在应税凭证上粘贴印花税票作为完税的标志而得名。印花税的纳税人包括在中国境内设立、领受规定的经济凭证的企业、行政单位、事业单位、军事单位、社会团体、其他单位、个体工商户和其他个人。

依据财会〔2016〕22号文规定，全面试行"营业税改征增值税"后，之前是在"管理费用"科目中列支的"四小税"（房产税、土地使用税、车船税、印花税），此次同步调整到"税金及附加"科目。

（二）征税对象

在中华人民共和国境内设立、领受《中华人民共和国印花税暂行条例》所列举凭证的单位和个人，都是印花税的纳税义务人，应当按照规定缴纳印花税。具体有：立合同人、立据人、立账簿人、领受人、使用人。

现行印花税只对印花税条例列举的凭证征税，具体有五类。

（1）购销、加工承揽、建设工程勘察设计、建设工程承包、财产租赁、货物运输、仓储保管、借款、财产保险、技术合同或者具有合同性质的凭证。

（2）产权转移书据。

（3）营业账簿。

（4）房屋产权证、工商营业执照、商标注册证、专利证、土地使用证、许可证照。

（5）经财政部确定征税的其他凭证。

(三) 征税范围

现行印花税只对《印花税暂行条例》列举的凭证征收，没有列举的凭证不征税。具体征税范围如下。

1. 经济合同

税目税率表中列举了十大类合同。

（1）购销合同。

（2）加工承揽合同。

（3）建设工程勘察设计合同。

（4）建筑安装工程承包合同。

（5）财产租赁合同。

（6）货物运输合同。

（7）仓储保管合同。

（8）借款合同。

（9）财产保险合同。

（10）技术合同。

2. 产权转移书据

产权转移即财产权利关系的变更行为，表现为产权主体发生变更。产权转移书据是在产权的买卖、交换、继承、赠与、分割等产权主体变更过程中，由产权出让人与受让人之间所订立的民事法律文书。

我国印花税税目中的产权转移书据包括财产所有权、版权、商标专用权、专利权、专有技术使用权共 5 项产权的转移书据。其中，财产所有权转移书据，是指经政府管理机关登记注册的不动产、动产所有权转移所书立的书据，包括股份制企业向社会公开发行的股票，因购买、继承、赠与所书立的产权转移书据。其他 4 项则属于无形资产的产权转移书据。

另外，土地使用权出让合同、土地使用权转让合同、商品房销售合同按照产权转移书据征收印花税。

3. 营业账簿

按照营业账簿反映的内容不同，在税目中分为记载资金的账簿（以下简称资金账簿）和其他营业账簿两类，以便于分别采用按金额计税和按件计税两种计税方法。

（1）资金账簿：是反映生产经营单位"实收资本"和"资本公积"金额增减变化的账簿。

（2）其他营业账簿：是反映除资金资产以外的其他生产经营活动内容的账簿，即除资金账簿以外的归属于财务会计体系的生产经营用账册。

（四）税目税率

印花税的税目，指印花税法明确规定的应当纳税的项目，它具体划定了印花税的征税范围。一般地说，列入税目的就要征税，未列入税目的就不征税。印花税共有13个税目。印花税的税率设计，遵循税负从轻、共同负担的原则，所以，税率比较低。凭证的当事人，即对凭证有直接权利与义务关系的单位和个人均应就其所持凭证依法纳税。印花税的税率有2种形式，即比例税率和定额税率。

印花税税目税率表，见表5-7。

表5-7   印花税税目税率表

序号	税目	范围	税率	纳税人	说明
1	购销合同	包括供应、预购、采购、购销、结合及协作、调剂等合同	按购销金额0.3‰贴花	立合同人	
2	加工承揽合同	包括加工、定作、修缮、修理、印刷、广告、测绘、测试等合同	按加工或承揽收入0.5‰贴花	立合同人	

续表

序号	税目	范围	税率	纳税人	说明
3	建设工程勘察设计合同	包括勘察、设计合同	按收取费用0.5‰贴花	立合同人	
4	建筑安装工程承包合同	包括建筑、安装工程承包合同	按承包金额0.3‰贴花	立合同人	
5	财产租赁合同	包括租赁房屋、船舶、飞机、机动车辆、机械、器具、设备等合同	按租赁金额1‰贴花。税额不足1元，按1元贴花	立合同人	
6	货物运输合同	包括民用航空运输、铁路运输、海上运输、联运合同	按运输费用0.5‰贴花	立合同人	单据作为合同使用的，按合同贴花
7	仓储保管合同	包括仓储、保管合同	按仓储保管费用1‰贴花	立合同人	仓单或栈单作为合同使用的，按合同贴花
8	借款合同	银行及其他金融组织和借款人	按借款金额0.05‰贴花	立合同人	单据作为合同使用的，按合同贴花
9	财产保险合同	包括财产、责任、保证、信用等保险合同	按保险费收入1‰贴花	立合同人	单据作为合同使用的，按合同贴花
10	技术合同	包括技术开发、转让、咨询、服务等合同	按所载金额0.3‰贴花	立合同人	
11	产权转移书据	包括财产所有权、版权、商标专用权、专利权、专有技术使用权、土地使用权出让合同、商品房销售合同等	按所载金额0.5‰贴花	立据人	
12	营业账簿	生产、经营用账册	自2018年5月1日起，对按0.5‰税率贴花的资金账簿减半征收印花税，对按件贴花5元的其他账簿免征印花税	立账簿人	

续表

序号	税目	范围	税率	纳税人	说明
13	权利、许可证照	包括政府部门发给的房屋产权证、工商营业执照、商标注册证、专利证、土地使用证	按件贴花5元	领受人	

（五）财务决策平台涉及的印花税

在财务决策平台中，印花税申报内容如图5-9所示。

其他税费月申报表

税种	税目	计税金额（数量）	税率（%）	单位税额	应纳税额（元）
个人所得税	正常工资薪金	53068.34	-	-	53068.34
印花税	承揽合同	0.00	0.0300	-	0.00
	购销合同	40083269.60	0.0300	-	12024.98
	产权转移书据	0.00	0.0500	-	0.00
	借款合同	0.00	0.0050	-	0.00
	财产租赁合同	0.00	0.1000	-	0.00
	运输合同	37300.00	0.0300	-	11.19
	资金账簿	0.00	0.0250	-	0.00
	仓储保管合同	44026.13	0.1000	-	44.03
合计		-	-	-	65148.54

本企业个人所得税申报方式为汇总申报，财务人员根据企业实际缴纳税款作为缴税基数填写。

图5-9 其他税费月申报表

（1）财产租赁合同，计税金额可通过原始单据查询系统中业务涉及的财产租赁合同（租赁办公用房、租赁厂房、租赁生产线等业务）。需要注意的是，计税金额需要考虑合同的期限。

（2）权利许可证照，该项根据学生实际平台业务操作，直接与上面的印花税税目税率表的第13条进行对比即可。

（3）产权转移数据，该项根据学生实际平台业务操作，直接与上面的印花税税目税率表的第11条进行对比即可。

（4）资金账簿，记载资金的营业账簿，以实收资本和资本公积的两项合计计算印花税。

（5）货物运输合同，平台中没有实际的货物运输合同单据，可根据企业实际收到的运费增值税专用发票的未税金额合计数作为计税金额。

（6）借款合同，向银行借款所签订的合同金额。

（7）购销合同，采购业务和销售业务对应签订的合同，取数原则为：价税合计取合计数，价税分离取未税金额。可以通过"财务管理——原始单据查询"进行查询相应业务的合同进行累加。

三、城市维护建设税和教育费附加纳税业务

城市维护建设税和教育费附加是增值税、消费税两类流转税的附加税，只要缴纳了增值税和消费税就要同时缴纳城市维护建设税和教育费附加，城市维护建设税根据地区不同税率分为7%（市区）、5%（县城镇）和1%，教育费附加税率是3%，这两个附加税是用实际缴纳的增值税和消费税作为基数乘以相应的税率计算应纳的附加税金额。办税人员可查询"应交税费——未交增值税""应交税费——应交消费税"明细账确定实际缴纳的增值税和消费税的金额，作为计税依据。

平台中涉及的城市维护建设税计税基础为本期应纳增值税额，税率为7%，教育费附加税计税基础为本期应纳增值税额，税率为3%，地方教育费附加计税基础为本期应纳增值税额，税率为2%（如图5-10所示）。

增值税及附加税费申报表
（一般纳税人适用）

纳税人识别号：911010576764198736　　　　纳税人名称：1
所属时期：20241101　　至 20241130　　　　填表日期：20241203　　　　金额单位：元至角分

<table>
<tr><th colspan="2">项目</th><th>栏次</th><th colspan="2">一般项目</th><th colspan="2">即征即退项目</th></tr>
<tr><th colspan="2"></th><th></th><th>本月数</th><th>本年累计</th><th>本月数</th><th>本年累计</th></tr>
<tr><td rowspan="10">销售额</td><td>（一）按适用税率计税销售额</td><td>1</td><td>26625940.00</td><td>26625940.00</td><td></td><td></td></tr>
<tr><td>其中：应税货物销售额</td><td>2</td><td>26625940.00</td><td>26625940.00</td><td></td><td></td></tr>
<tr><td>应税劳务销售额</td><td>3</td><td></td><td></td><td></td><td></td></tr>
<tr><td>纳税检查调整的销售额</td><td>4</td><td></td><td></td><td></td><td></td></tr>
<tr><td>（二）按简易办法计税销售额</td><td>5</td><td></td><td></td><td></td><td></td></tr>
<tr><td>其中：纳税检查调整的销售额</td><td>6</td><td></td><td></td><td></td><td></td></tr>
<tr><td>（三）免、抵、退办法出口销售额</td><td>7</td><td></td><td></td><td>-----</td><td>-----</td></tr>
<tr><td>（四）免税销售额</td><td>8</td><td></td><td></td><td>-----</td><td>-----</td></tr>
<tr><td>其中：免税货物销售额</td><td>9</td><td></td><td></td><td>-----</td><td>-----</td></tr>
<tr><td>免税劳务销售额</td><td>10</td><td></td><td></td><td>-----</td><td>-----</td></tr>
<tr><td rowspan="13">税款计算</td><td>销项税额</td><td>11</td><td>3461372.20</td><td>3461372.20</td><td></td><td></td></tr>
<tr><td>进项税额</td><td>12</td><td>552941.29</td><td>552941.29</td><td></td><td></td></tr>
<tr><td>上期留抵税额</td><td>13</td><td></td><td></td><td></td><td>-----</td></tr>
<tr><td>进项税额转出</td><td>14</td><td></td><td></td><td></td><td></td></tr>
<tr><td>免、抵、退应退税额</td><td>15</td><td></td><td></td><td>-----</td><td>-----</td></tr>
<tr><td>按适用税率计算的纳税检查应补缴税额</td><td>16</td><td></td><td></td><td></td><td></td></tr>
<tr><td>应抵扣税额合计</td><td>17=12+13-14-15+16</td><td>552941.29</td><td>-----</td><td>0.00</td><td>-----</td></tr>
<tr><td>实际抵扣税额</td><td>18（如17<11，则为17，否则为11）</td><td>552941.29</td><td>0.00</td><td>0.00</td><td>0.00</td></tr>
<tr><td>应纳税额</td><td>19=11-18</td><td>2908430.91</td><td>3433740.28</td><td>0.00</td><td></td></tr>
<tr><td>期末留抵税额</td><td>20=17-18</td><td>0.00</td><td></td><td>0.00</td><td></td></tr>
<tr><td>简易计税办法计算的应纳税额</td><td>21</td><td></td><td></td><td></td><td></td></tr>
<tr><td>按简易计税办法计算的纳税检查应补缴税额</td><td>22</td><td></td><td></td><td></td><td></td></tr>
<tr><td>应纳税额减征额</td><td>23</td><td></td><td></td><td></td><td></td></tr>
<tr><td colspan="2">应纳税额合计</td><td>24=19+21-23</td><td>2908430.91</td><td>3433740.28</td><td>0.00</td><td>0.00</td></tr>
<tr><td rowspan="13">税款缴纳</td><td>期初未缴税额（多缴为负数）</td><td>25</td><td></td><td></td><td></td><td></td></tr>
<tr><td>实收出口开具专用缴款书退税额</td><td>26</td><td></td><td></td><td></td><td></td></tr>
<tr><td>本期已缴税额</td><td>27=28+29+30+31</td><td>0.00</td><td>0.00</td><td>0.00</td><td>0.00</td></tr>
<tr><td>①分次预缴税额</td><td>28</td><td></td><td>-----</td><td></td><td>-----</td></tr>
<tr><td>②出口开具专用缴款书预缴税额</td><td>29</td><td></td><td>-----</td><td></td><td>-----</td></tr>
<tr><td>③本期缴纳上期应纳税额</td><td>30</td><td></td><td></td><td></td><td></td></tr>
<tr><td>④本期缴纳欠缴税额</td><td>31</td><td></td><td></td><td></td><td></td></tr>
<tr><td>期末未缴税额（多缴为负数）</td><td>32=24+25+26-27</td><td>2908430.91</td><td>3433740.28</td><td>0.00</td><td>0.00</td></tr>
<tr><td>其中：欠缴税额（≥0）</td><td>33=25+26-27</td><td>0.00</td><td>-----</td><td>0.00</td><td>-----</td></tr>
<tr><td>本期应补（退）税额</td><td>34=24-28-29</td><td>2908430.91</td><td></td><td>0.00</td><td></td></tr>
<tr><td>即征即退实际退税额</td><td>35</td><td>-----</td><td>-----</td><td></td><td></td></tr>
<tr><td>期初未缴查补税额</td><td>36</td><td></td><td></td><td>-----</td><td>-----</td></tr>
<tr><td>本期入库查补税额</td><td>37</td><td></td><td></td><td>-----</td><td>-----</td></tr>
<tr><td colspan="2">期末未缴查补税额</td><td>38=16+22+36-37</td><td>0.00</td><td>0.00</td><td>-----</td><td>-----</td></tr>
<tr><td rowspan="3">附加税费</td><td>城市维护建设税本期应补（退）税额</td><td>39</td><td>203590.16</td><td>203590.16</td><td>-----</td><td>-----</td></tr>
<tr><td>教育费附加本期应补（退）费额</td><td>40</td><td>87252.93</td><td>87252.93</td><td>-----</td><td>-----</td></tr>
<tr><td>地方教育附加本期应补（退）费额</td><td>41</td><td>58168.62</td><td>58168.62</td><td>-----</td><td>-----</td></tr>
</table>

图 5-10　增值税及附加税费申报表

四、个人所得税纳税业务

个人所得税是调整征税机关与自然人（居民、非居民人）之间在个人所得税的征纳与管理过程中所发生的社会关系的法律规范的总称。个人所得税的税目共 11 项，包括工资、薪金所得，个体工商户的生产、经营所得，对企事业单位的承包经营、承租经营所得，劳务报酬所得，稿酬所得，特许权使用费所得，利息、股息、红利所得，财产租赁所得，财产转让所得，偶然所得，其他所得。办税人员应根据个人所得税计算公式（应纳个人所得税额 = 应纳税所得额 × 适用税率）查询和统计相关的数据。为方便学生进行纳税申报，系统在月末会自动计算出应纳个人所得税额，办税人员可查询“应交税费——应交个人所得税”明细账或者“工资汇总表”中的个税栏确定应纳个人所得税额。纳税申报时直接将该金额填写到纳税申报表中的“计税金额”栏，系统自动计算出应纳税额（如图 5 – 11 所示）。

工资汇总表

单位：1　　　　日期：20241231

部门名称	人员类别	人数	基本工资	绩效工资	应发工资	社保个人部分	个税	实发工资	社保单位部分
生产部	生产人员	570	1824000.00	0.00	1824000.00	114570.00	0.00	1709430.00	373920.00
销售部	销售人员	10	20000.00	267438.80	287438.80	2010.00	52557.20	232871.60	6560.00
研发部	研发人员	1	5000.00	0.00	5000.00	201.00	38.97	4760.03	656.00
综合管理部	管理人员	5	20000.00	0.00	20000.00	1005.00	44.85	18950.15	3280.00
生产部	生产线管理人员	15	60000.00	0.00	60000.00	3015.00	134.55	56850.45	9840.00
合计		601	1929000.00	267438.80	2196438.80	120801.00	52775.57	2022852.23	394256.00

图 5 – 11　工资汇总表中的个人所得税应纳税额

五、企业所得税纳税业务

（一）年度所得税汇算清缴定义

汇算清缴是指纳税人在纳税年度终了后规定时期内，依照税收法律、法规、规章及其他有关企业所得税的规定，自行计算全年应纳税所得额和应纳所得税额，根据月度或季度预缴的所得税数额，确定该年度应补或者应退税额，并填写年度企业所得税纳税申报表，向主管税务机关办理年度企业所得税纳税申报、提供税务机关要求提供的有关资料、结清全年企业所得税税款的行为。

1. 年度所得税汇算清缴时间

《中华人民共和国企业所得税法》第五十四条规定：企业应当自年度终了之日起五个月内，向税务机关报送年度企业所得税纳税申报表，并汇算清缴，结清应缴应退税款。

2. 企业所得税征税对象

企业所得税的征收对象是指企业的生产经营所得、其他所得和清算所得。

（二）企业年度所得税汇算申报

为贯彻落实《中华人民共和国企业所得税法》及有关政策，现已改版为《中华人民共和国企业所得税年度纳税申报表（A类，2017年版)》，适用于2017年度及以后年度企业所得税汇算清缴纳税申报。《国家税务总局关于发布〈中华人民共和国企业所得税年度纳税申报表（A类，2014年版)〉的公告》（国家税务总局公告2014年第63号）、《国家税务总局关于修改企业所得税年度纳税申报表（A类，2014年版)部分申报表的公告》（国家税务总局公告2016年第3号）同时废止。

《企业所得税年度纳税申报表（A类，2017年版)》共37张申报表，本教材主要介绍与财务决策平台业务相关的13张申报表作简要介绍，列示如下。

（1）A000000 企业基础信息表。

（2）A100000 中华人民共和国企业所得税年度纳税申报表（A类）。

（3）A101010 一般企业收入明细表。

（4）A102010 一般企业成本支出明细表。

（5）A104000 期间费用明细表。

（6）A105000 纳税调整项目明细表。

（7）A105030 投资收益纳税调整明细表。

(8) A105050 职工薪酬支出及纳税调整明细表。

(9) A105060 广告费和业务宣传费跨年度纳税调整明细表。

(10) A105080 资产折旧、摊销及纳税调整明细表。

(11) A105090 资产损失税前扣除及纳税调整明细表。

(12) A107010 免税、减计收入及加计扣除优惠明细表（2017 版）及填报说明。

(13) A107012 研发费用加计扣除优惠明细表（2017 版）及填报说明。

相关填报说明详见国家税务总局公告2017 年第 54 号关于发布《中华人民共和国企业所得税年度纳税申报表（A 类，2017 年版)》的公告。

本教材以实例的形式讲述部分申报表的填报方法。

【案例】

某公司年终报表及账簿数据如下：当年实现产品销售收入3000 万元，结转产品成本2400 万元。其中，通过非货币性资产交换换出库存商品实现销售额400 万元，结转成本320 万元。通过销售原材料取得收入200 万元，原材料成本190 万元。

【填报步骤】

将收入情况，填入 A101010 表第 3 行，销售商品收入3000 万元填入表第 4 行，非货币性资产交换收入400 万元，本行仅为信息披露，与其他行次不存在勾稽关系；第 10 行，销售材料收入200 万元，本表中所填数据会在主表中体现（见表 5-8）。

表 5-8　　　　　　　　　一般企业收入明细表项目　　　　　　　　　单位：元

A101010		
行次	项目	金额
1	一、营业收入（2+9）	32000000
2	（一）主营业务收入（3+5+6+7+8）	30000000
3	1. 销售商品收入	30000000

续表

行次	项目	金额
4	其中：非货币性资产交换收入	4000000
9	（二）其他业务收入（10+12+13+14+15）	2000000
10	1.销售材料收入	2000000
11	其中：非货币性资产交换收入	

将成本情况，对应填入A102010表第3行，销售商品成本2400万元；第4行，非货币性资产交换成本320万元，本行仅为信息披露，与其他行次不存在勾稽关系；第10行，销售材料成本190万元。本表中所填数据会在主表中体现（见表5-9）。

表5-9　　　　　　　　一般企业成本支出明细表　　　　　　　单位：元

A102010		
行次	项目	金额
1	一、营业成本（2+9）	25900000
2	（一）主营业务成本（3+5+6+7+8）	24000000
3	1.销售商品成本	24000000
4	其中：非货币性资产交换成本	3200000
9	（二）其他业务成本（10+12+13+14+15）	1900000
10	1.销售材料成本	1900000
11	其中：非货币性资产交换成本	

【案例】

某公司年终报表及账簿期间费用数据见表5-10。请根据以上信息，填报企业所得税申报表。

表5-10　　　　某公司年终财务报表及期间费用明细数据　　　　单位：元

销售费用	金额	管理费用	金额
差旅费	131845.76	办公费	56160.64
工资	859053.09	房租	27501
产品质量保证金	2314526.61	业务招待费	728235.24

续表

销售费用	金额	管理费用	金额
广告费	2028301.89	仓储费	96813.4
小计	5333727.35	通讯费	16071.41
		水电费	24944.55
财务费用	金额	税金	40851.4
手续费	196	研发支出	444.44
现金折扣	-799988.51	折旧、摊销	4002
贷款和委托贷款手续费	100	工资	79440
贷款利息	73083.34	维修费	45461.47
小计	-726609.17	小计	1119925.55

【填报步骤】

根据表5-10费用明细填入期间费用明细表A104000。填列结果见表5-11。

表5-11　　　　　　　　　期间费用明细表　　　　　　　单位：元

A104000

行次	项目	销售费用	管理费用	财务费用
		1	3	5
1	一、职工薪酬	859053.09	79440	*
4	四、业务招待费		728235.24	*
5	五、广告费和业务宣传费	2028301.89		*
6	七、资产折旧摊销费		4002	
8	九、办公费		97176.6	*
10	十一、租赁费		27501	*
11	十二、诉讼费			*
12	十三、差旅费	131845.76		*
14	十五、运输、仓储费		96813.4	*
16	十六、修理费		45461.47	*
18	十九、研究费用		444.44	*
19	二十、各项税费		40851.4	*
20	二十一、利息收支	*	*	73379.34

续表

行次	项目	销售费用	管理费用	财务费用
		1	3	5
22	二十三、现金折扣	*	*	-799988.51
25	二十五、其他	2314526.61		
25	合计（1+2+3+…+25）	5333727.35	1119925.55	-726609.17

【案例】

某公司当年买入A股票10000股，每股价格3元，支付相关税费30元。当年全部卖出，每股售价4元，资产负债表日该股票市价3.5元。

【分析】

当年发生交易费用30元计入投资收益，税法计入投资成本需调整；

处置股票时税法确认收益：10000×4-（10000×3+30）=9970元；

处置股票时会计确认投资收益：10000×（4-3）=10000元；

资产负债表日会计确认公允价值变动损益10000×（3.5-3）=5000元，税法不确认。

【填报步骤】

调整处置收益，填入A105030表，见表5-12。

表5-12　　　　　　　纳税调整项目明细表　　　　　　单位：元

A105030		处置收益							纳税调整金额
行次	项目	会计确认的处置收入	税收计算的处置收入	处置投资的账面价值	处置投资的计税基础	会计确认的处置所得或损失	税收计算的处置所得	纳税调整金额	
		4	5	6	7	8 (4-6)	9 (5-7)	10 (9-8)	11 (3+10)
1	一、交易性金融资产	40000	40000	30000	30030	10000	9970	-30	-30
10	合计（1+2+3+4+5+6+7+8+9）	40000	40000	30000	30030	10000	9970	-30	-30

调整初始计量的手续费差异、公允价值变动损益和投资收益，填入 A105000 表，见表 5-13。

表 5-13　　　　　　　　　投资收益纳税调整明细表　　　　　　　单位：元

A105000					
行次	项目	账载金额	税收金额	调增金额	调减金额
		1	2	3	4
1	一、收入类调整项目（2+3+…+8+10+11）	*	*	30	5030
2	（一）视同销售收入（填写 A105010 表）	*			*
4	（三）投资收益（填写 A105030 表）	10000	9970		30
6	（五）交易性金融资产初始投资调整	*	*	30	*
7	（六）公允价值变动净损益	5000	*		5000

【案例】

某公司当年职工薪酬情况见表 5-14。

表 5-14　　　　　　　　　某公司全年职工薪酬明细　　　　　　　单位：元

某公司 20××年全年职工薪酬明细表						
部门名称	工资	工会经费	福利费	职工教育经费	社保单位部分	总和
生产部	1620000	32400	270000	32400	354240	2309040
品牌部	60000	1200	7500	900	9840	79440
销售部	177082.97	3541.66	5000	600	6560	192784.63
综合管理部	20000	400	2500	300	3280	26480
合计	1877082.97	37541.7	285000	34200	373920	2607744.63

假设，当年实发工资数为 1800000 元，福利费实际使用 280000 元，职工教育经费实际使用 30000 元，工会经费实际使用 35000 元，各类基本社会保障性缴款本年实际发生额为 373920 元。剩余未发放工资费用为当年 12 月工资，于次年 1 月 15 日正常发放，请根据以上信息，填报企业所得税申报表。

根据相关法规，填入 A105050 表，见表 5-15。

表 5-15　　　　　　　　　　职工薪酬支出及纳税调整明细表　　　　　　　　单位：元

A105050								
行次	项目	账载金额	实际发生额	税收规定扣除率	以前年度累计结转扣除额	税收金额	纳税调整金额	累计结转以后年度扣除额
		1	2	3	4	5	6 (1-5)	7 (1+4-5)
1	一、工资薪金支出	1877082.97	1800000	*	*	1877082.97		*
3	二、职工福利费支出	285000	280000	14%	*	262791.62	22208.38	*
4	三、职工教育经费支出	34200		*	0	34200		
5	其中：按税收规定比例扣除的职工教育经费	34200	30000	8%	0	34200		
7	四、工会经费支出	37541.66	35000	2%	*	37541.66		
8	五、各类基本社会保障性缴款	373920	373920	*	*	373920		*
13	合计（1+3+4+7+8+9+10+11+12）	2607744.63	0	*		2585536.25	22208.38	

【案例】

公司当年营业收入为 3200 万元，当期投放广告费 180 万元，请根据以上信息，填报企业所得税申报表。（注：假设当年没有视同销售业务）

【分析】

A105060 表属于发生即填列，不论是否需要调整广告费都需披露信息。本公司当年可以作为三项基数扣除的销售收入为 3200 万元，该行业税收规定的扣除率为 15%。

当年扣除限额 = 3200 × 15% = 480 万元，当期投放广告费 80 万元，远低于扣除限额，可以全部于税前扣除，不需要纳税调整或结转至以后期间扣除。

填入 A105060 表，见表 5-16。

表 5-16　　　　　广告费和业务宣传费跨年度纳税调整明细表　　　　　单位：元

A105060		
行次	项目	金额
1	一、本年广告费和业务宣传费支出	800000
2	减：不允许扣除的广告费和业务宣传费支出	
3	二、本年符合条件的广告费和业务宣传费支出（1-2）	800000
4	三、本年计算广告费和业务宣传费扣除限额的销售（营业）收入	32000000
5	乘：税收规定扣除率	15%
6	四、本企业计算的广告费和业务宣传费扣除限额（4×5）	4800000
7	五、本年结转以后年度扣除额（3＞6，本行＝3-6；3≤6，本行＝0）	
12	七、本年广告费和业务宣传费支出纳税调整金额（3＞6，本行＝2+3-6+10-11；3≤6，本行＝2+10-11-9）	0
13	八、累计结转以后年度扣除额（7+8-9）	

【案例】

某公司当年10月份购入电脑10台，每台不含税金额为4000元。税法规定的最低折旧年限也是3年，不存在差异。但是A105080表属于发生即填列。根据财税【2014】75号文，5000元以下的固定资产可以一次性计入当期的成本费用在税前扣除。10台电脑不含税价40000元，购入复印机1台，不含税价6000元。请根据以上信息，填报企业所得税申报表。

【分析】

本公司按36个月计提电子设备的折旧一次性扣除；

账载月折旧额 =（40000+6000）÷36 = 1277.78；

当年账载累计折旧额 = 1277.78×2 = 2555.56；

当年可以税前扣除的折旧摊销额 = 40000+6000÷36×2 = 40333.34；

当年的加速折旧额 = 40333.34-2555.56 = 37777.78。

将相关数值填入A105080表，见表5-17。

表5-17　　　　　　　　资产折旧、摊销及纳税调整明细表　　　　　　　单位：元

行次	项目		账载金额			税收金额					纳税调整金额
			资产原值	本年折旧、摊销额	累计折旧、摊销额	资产计税基础	税收折旧额	享受加速……折旧、摊销额	加速折旧统计额	累计折旧、摊销额	
			1	2	3	4	5	6	7=5-6	8	9(2-5)
1	一、固定资产（2+3+4+5+6+7）		46000	255.56	255.56	46000	40333.34	*	*	40333.34	37777.78
2	所有固定资产	（三）允许一次性扣除的固定资产（11+12+13）	46000	255.56	255.56	46000	40333.34	255.56	37777.78	40333.34	*
10	其中：享受固定资产加速……	3.5000元以下固定资产	46000	2555.56	2555.56	46000	40333.34	2555.56	37777.78	40333.34	*

【案例】

某公司当年针对A项目进行研发投入，其中材料投入10万元，研发人员工资薪金5万元和五险一金支付1万元。其中，15万元为费用化支出，资本化支出为1万元，请根据以上信息，填报企业所得税申报表。

【分析】

当期投入研发费用＝10+5+1=16元；

其中，费用化支出为15万元，那么可以加计扣除的金额＝15×50%=7.5万元；

将题目数字信息填入A107012表，见表5-18。

表5-18　　　　　　　　研发费用加计扣除优惠明细表　　　　　　　　单位：元

A107012		
3	一、自主研发、合作研发、集中研发（4+8+17+20+24+35）	160000
4	（一）人员人工费用（5+6+7）	60000

续表

A107012		
5	1. 直接从事研发活动人员工资薪金	50000
6	2. 直接从事研发活动人员五险一金	10000
8	（二）直接投入费用（9＋10＋…＋16）	100000
9	1. 研发活动直接消耗材料	100000
29	（六）其他相关费用（30＋31＋32＋33＋34）	
33	4. 职工福利费、补充养老保险费、补充医疗保险费	
39	三、年度研发费用小计（3＋36）	
40	（一）本年费用化金额	150000
41	（二）本年资本化金额	10000
42	四、本年形成无形资产摊销额	
44	六、允许扣除的研发费用合计（40＋42＋43）	150000
46	七、允许扣除的研发费用抵减特殊收入后的金额（44－45）	
49	八、加计扣除比例	50%
50	九、本年研发费用加计扣除总额（46－47－48）×49	75000

将 A107012 表加计扣除总额数填入 A107010 表，见表 5－19。

表 5－19　　　　　免税、减计收入及加计扣除优惠明细表　　　　单位：元

A107010		
行次	项目	金额
25	三、加计扣除（26＋27＋28＋29＋30）	75000
26	（一）开发新技术、新产品、新工艺发生的研究开发费用加计扣除（填写 A107012）	75000
31	合计（1＋17＋25）	75000

（三）财务决策平台所得税申报示例

1. 填报企业所得税年度纳税申报基础信息

企业所得税年度纳税申报基础信息，具体如图 5－12 所示。

A000000企业所得税年度纳税申报基础信息表

基础经营情况（必填项目）				
101纳税申报企业类型（填写代码）		102分支机构就地纳税比例（%）		
103资产总额（填写平均值，单位：万元）		104从业人数（填写平均值，单位：人）		
105所属国民经济行业（填写代码）		106从事国家限制或禁止行业		○是 ○否
107适用会计准则或会计制度（填写代码）		108采用一般企业财务报表格式（2019年版）		○是 ○否
109小型微利企业	○是 ○否	110上市公司		是（○境内 ○境外） ○否
有关涉税事项情况（存在或者发生下列事项时必填）				
201从事股权投资业务	□是	202存在境外关联交易		□是
203境外所得信息	203-1选择采用的境外所得抵免方式	○分国（地区）不分项 ○不分国（地区）不分项		
^	203-2 新增境外直接投资信息	○是（产业类别：○旅游业 ○现代服务业 ○高新技术产业）		
204有限合伙制创业投资企业的法人合伙人	□是	205创业投资企业		□是
206技术先进型服务企业类型（填写代码）		207非营利组织		□是
208软件、集成电路企业类型（填写代码）		209集成电路生产项目类型		○130纳米 ○65纳米 ○28纳米
210科技型中小企业	210-1 年（申报所属期年度）入库编号1	210-2入库时间1		
^	210-3 年（所属期下一年度）入库编号2	210-4入库时间2		
211高新技术企业申报所属期年度有效的高新技术企业证书	211-1 证书编号1	211-2证书时间1		
^	211-3 证书编号2	211-4发证时间2		
212重组事项税务处理方式	○一般性 ○特殊性	213重组交易类型（填写代码）		
214重组当事方类型（填写代码）		215政策性搬迁开始时间		年 月
216发生政策性搬迁且停止生产经营无所得年度	□是	217政策性搬迁损失分期扣除年度		□是
218发生非货币性资产对外投资递延纳税事项	□是	219非货币性资产对外投资转让所得递延纳税年度		□是
220发生技术成果投资入股递延纳税事项	□是	221技术成果投资入股递延纳税年度		□是
222发生资产（股权）划转特殊性税务处理事项	□是	223债务重组所得递延纳税年度		□是
224 研发支出辅助账样式	□2015版 □2021版 □自行设计			
主要股东及分红情况（必填项目）				
股东名称	证件种类	证件号码	投资比例	当年（决议日）分配的股息、红利等权益性投资收益金额	国籍（注册地址）
其余股东合计	—	—		—	

图 5-12 企业所得税年度纳税申报基础信息表

所得税的计税基础是企业本年利润，而利润为收入减去所有成本费用，所以关键看收入有哪些可以不纳所得税，允许税前扣除，另外看哪些成本费用不能扣除的，鉴于这个思路，相关的收入及费用的明细表在会计上和税法上有差异的都必须填写相关明细申报表。

2. 填报企业收入明细表

如图 5-13 所示，目前的企业所得税汇算清缴采用间接法，从会计口径调整至税收口径。其中有很多税法和会计处理差异部分，从税法角度看是结合了权责发生制、收付实现制、历史成本计量。如果能领悟其中的内涵，判断是否进行企业所得税差异调整相对较为容易，下面列出常见的调整项目，供参考。

一般企业收入明细表(A101010)

行次	项　目	金　额
1	一、营业收入 (2+9)	69752627.00
2	（一）主营业务收入 (3+5+6+7+8)	69752627.00
3	1.销售商品收入	69752627
4	其中：非货币性资产交换收入	0
5	2.提供劳务收入	
6	3.建造合同收入	
7	4.让渡资产使用权收入	
8	5.其他	
9	（二）其他业务收入 (10+12+13+14+15)	0.00
10	1.销售材料收入	0
11	其中：非货币性资产交换收入	
12	2.出租固定资产收入	
13	3.出租无形资产收入	
14	4.出租包装物和商品收入	
15	5.其他	
16	二、营业外收入 (17+18+19+20+21+22+23+24+25+26)	0.00
17	（一）非流动资产处置利得	
18	（二）非货币性资产交换利得	
19	（三）债务重组利得	
20	（四）政府补助利得	
21	（五）盘盈利得	
22	（六）捐赠利得	
23	（七）罚没利得	
24	（八）确实无法偿付的应付款项	
25	（九）汇兑收益	
26	（十）其他	

图 5-13　一般企业收入明细表

（1）视同销售收入/视同销售成本。会计上不确认收入，而所得税上要确认收入。会计做账依据会计准则，所以这部分视同销售不会体现在会计账面上，需要财务人员手动调整相对应的视同销售收入和视同销售成本。具体的项目可以参考"会计、增值税、企业所得税"在什么情况下"视同销售"。

（2）未按权责发生制原则确认的收入。跨期收取的租金、利息、特许权使用费等，税法只依据合同应收款项日期来确认收入。会计依据权责发生制，确认收入时间可能早于或晚于税法，此时则要调整。

分期确认收入：此类事项在会计上往往带有融资性质，一般是按照现值来确认收入，然后按照实际利率法确认利息收益。税法只依据合同确认的收款时间来确认收入，不承认利息。

政府补助递延收入：当期实际收款就要当期纳税（除非满足不征税收入），不管会计采用什么方法。如果政府补助是弥补以后期间的费用，会计上确认为递延所得税负债后续期间再确认收益，这就产生会计和税法在收入确认时点上的不一致，在税法上要求当期按照收款总额纳税。跟资产相关的政府补助，会计如果采用净额法冲减资产成本，此时依然要按照收款总额纳税，以后期间去调整累计折旧和政府补助递延收入。某些情况下不属于政府补助，就不能使用此项目调整，判断方法参考"如何判断是否属于政府补助"。

3. 填报免税、减计收入及加计扣除优惠明细表

暂不征收所得税的收入有国库券收入、证券投资基金从证券市场取得的收入、投者从证券投资基金分配中取得的收入、管理人运用基金买卖股票债券价差收入资金等，以及属于税收规定不征税的财政拨款、依法收取并纳入财政管理的行政事业性收费以及政府性基金和国务院规定的其他不征税收入。需要注意的是，使用不征税收入来源的资金形成的费用支出不能税前扣除。

涉及交易性金融资产、可供出售金融资产、持有至到期投资、衍生工具、交易性金融负债、长期股权投资、短期投资、长期债券投资、其他的调整，会计按照准则规定的办法记录收益损失，税法要求按照实际宣告派息（股息、红利、利息）日期和金额来确认收益。值得注意的是，长期股权投资持有时间超

过1年的，获取的股息红利内资企业免交企业所得税。减计收入如综合利用资源生产符合规定的产品取得的收入，减按90%计入收入等。

自2017年1月1日至2027年12月31日，金融机构取得的涉农贷款利息收入，在计算应纳税所得额时，按90%计入收入总额。

自2017年1月1日至2027年12月31日，保险公司为种植业、养殖业提供保险业务取得的保费收入，在计算应纳税所得额时，按90%计入收入总额。

自2017年1月1日至2027年12月31日，对经省级地方金融监督管理部门批准成立的小额贷款公司取得的农户小额贷款利息收入，在计算应纳税所得额时，减按90%计入收入总额。

对企业投资者持有2019~2027年发行的铁路债券利息收入减半征收企业所得税。

2019年6月1日至2025年12月31日，提供社区养老、托育、家政服务取得的收入，在计算应纳税所得额时，减按90%计入收入总额（如图5-14所示）。

4. 填报广告费和业务宣传费跨年度纳税调整明细表

如图5-15所示，根据《中华人民共和国企业所得税法实施条例》（中华人民共和国国务院令第512号）第四十四条规定：企业发生的符合条件的广告费和业务宣传费支出，除国务院财政、税务主管部门另有规定外，不超过当年销售（营业）收入15%的部分，准予扣除；超过部分，准予在以后纳税年度结转扣除。

对化妆品制造或销售、医药制造和饮料制造（不含酒类制造）企业发生的广告费和业务宣传费支出，不超过当年销售（营业）收入30%的部分，准予扣除；超过部分，准予在以后纳税年度结转扣除。

烟草企业的烟草广告费和业务宣传费支出，一律不得在计算应纳税所得额时扣除。

A107010

免税、减计收入及加计扣除优惠明细表(A107010)

行次	项目	金额
1	一、免税收入（2+3+9+10+11+12+13+14+15+16）	0.00
2	（一）国债利息收入免征企业所得税	
3	（二）符合条件的居民企业之间的股息、红利等权益性投资收益免征企业所得税（4+5+6+7+8）	0.00
4	1.一般股息红利等权益性投资收益免征企业所得税（填写A107011）	
5	2.内地居民企业通过沪港通投资且连续持有H股满12个月取得的股息红利所得免征企业所得税（填写A107011）	
6	3.内地居民企业通过深港通投资且连续持有H股满12个月取得的股息红利所得免征企业所得税（填写A107011）	
7	4.居民企业持有创新企业CDR取得的股息红利所得免征企业所得税（填写A107011）	
8	5.符合条件的永续债利息收入免征企业所得税（填写A107011）	
9	（三）符合条件的非营利组织的收入免征企业所得税	
10	（四）中国清洁发展机制基金取得的收入免征企业所得税	
11	（五）投资者从证券投资基金分配中取得的收入免征企业所得税	
12	（六）取得的地方政府债券利息收入免征企业所得税	
13	（七）中国保险保障基金有限责任公司取得的保险保障基金等收入免征企业所得税	
14	（八）中国奥委会取得北京冬奥组委支付的收入免征企业所得税	
15	（九）中国残奥委会取得北京冬奥组委分期支付的收入免征企业所得税	
16	（十）其他	
17	二、减计收入（18+19+23+24）	0.00
18	（一）综合利用资源生产产品取得的收入在计算应纳税所得额时减计收入	
19	（二）金融、保险等机构取得的涉农利息、保费减计收入（20+21+22）	0.00
20	1.金融机构取得的涉农贷款利息收入在计算应纳税所得额时减计收入	
21	2.保险机构取得的涉农保费收入在计算应纳税所得额时减计收入	
22	3.小额贷款公司取得的农户小额贷款利息收入在计算应纳税所得额时减计收入	
23	（三）取得铁路债券利息收入减半征收企业所得税	
24	（四）其他（24.1+24.2）	0.00
24.1	1.取得的社区家庭服务收入在计算应纳税所得额时减计收入	
24.2	2.其他	
25	三、加计扣除（26+27+28+29+30）	1000000.00
26	（一）开发新技术、新产品、新工艺发生的研究开发费用加计扣除（填写A107012）	1000000.00
27	（二）科技型中小企业开发新技术、新产品、新工艺发生的研究开发费用加计扣除（填写A107012）	
28	（三）企业为获得创新性、创意性、突破性的产品进行创意设计活动而发生的相关费用加计扣除（加计扣除比例　　％）	
29	（四）安置残疾人员所支付的工资加计扣除	
30	（五）其他	
31	合计（1+17+25）	1000000.00

图 5-14　免税、减计收入及加计扣除优惠明细表

5. 填报期间费用明细表

如图 5-16 所示，期间费用明细表是个纯财务口径的表，也就是说，会计核算怎么做的，这个表就如实填，按照账簿的明细项目填写，最后要与利润表里的期间费用（包括管理费用、销售费用、财务费用）的合计数一致。

广告费和业务宣传费跨年度纳税调整明细表（A105060）

行次	项目	金额
1	一、本年广告费和业务宣传费支出	1556603.78
2	减：不允许扣除的广告费和业务宣传费支出	
3	二、本年符合条件的广告费和业务宣传费支出（1-2）	1556603.78
4	三、本年计算广告费和业务宣传费扣除限额的销售（营业）收入	69752627
5	乘：税收规定扣除率	15%
6	四、本企业计算的广告费和业务宣传费扣除限额（4×5）	10462894.05
7	五、本年结转以后年度扣除额（3＞6，本行=3-6；3≤6，本行=0）	0.00
8	加：以前年度累计结转扣除额	
9	减：本年扣除的以前年度结转额[3＞6，本行=0；3≤6，本行=8或(6-3)孰小值]	0.00
10	六、按照分摊协议归集至其他关联方的广告费和业务宣传费（10≤3或6孰小值）	
11	按照分摊协议从其他关联方归集至本企业的广告费和业务宣传费	
12	七、本年广告费和业务宣传费支出纳税调整金额（3＞6，本行=2+3-6+10-11；3≤6，本行=2+10-11-9）	0.00
13	八、累计结转以后年度扣除额（7+8-9）	0.00

图 5-15　广告费和业务宣传费跨年度纳税调整明细表

期间费用明细表（A104000）

行次	项目	销售费用 1	其中：境外支付 2	管理费用 3	其中：境外支付 4	财务费用 5	其中：境外支付 6
1	一、职工薪酬	4877456.06	——	954500.1	——		——
2	二、劳务费						——
3	三、咨询顾问费						——
4	四、业务招待费		——		——		
5	五、广告费和业务宣传费						
6	六、佣金和手续费						
7	七、资产折旧摊销费		——		——		
8	八、财产损耗、盘亏及毁损损失		——		——		
9	九、办公费						
10	十、董事会费						
11	十一、租赁费						
12	十二、诉讼费						
13	十三、差旅费						
14	十四、保险费		——				
15	十五、运输、仓储费						——
16	十六、修理费						
17	十七、包装费		——		——		
18	十八、技术转让费						——
19	十九、研究费用						——
20	二十、各项税费		——				
21	二十一、利息收支	——	——	——	——		
22	二十二、汇兑差额	——		——			
23	二十三、现金折扣	——	——	——	——	-847038.51	——
24	二十四、党组织工作经费	——	——	——	——		
25	二十五、其他						
26	合计(1+2+3+...+25)	4877456.06	0.00	954500.10	0.00	-847038.51	0.00

图 5-16　期间费用明细表

6. 填报投资收益纳税调整明细表

如图 5-17 所示，按权益法核算长期股权投资对初始投资成本调整确认收益，会计中会将初始投资成本小于取得投资时应享有被投资单位可辨认净资产公允价值份额的差额计入营业外收入。税法中认为这部分是初始投资成本，不确认为营业外收入。

会计中交易性金融资产初始入账的交易费用计入投资收益，税法认为是资产取得成本计入到资产账面价值中。

公允价值变动净损益，税法不认可此项目，认为处置资产时候才发生损益，所以须调整。

A105030

投资收益纳税调整明细表

行次	项目	持有收益			处置收益				会计确认的处置所得或损失	税收计算的处置所得	纳税调整金额	纳税调整金额
		账载金额	税收金额	纳税调整金额	会计确认的处置收入	税收计算的处置收入	处置投资的账面价值	处置投资的计税基础				
		1	2	3 (2-1)	4	5	6	7	8 (4-6)	9 (5-7)	10 (9-8)	11 (3+10)
1	一、交易性金融资产	230000	230000	0.00	-6000	-6000	224000	224000	-230000.00	-230000.00	0.00	0.00
2	二、可供出售金融资产			0.00					0.00	0.00	0.00	0.00
3	三、持有至到期投资			0.00					0.00	0.00	0.00	0.00
4	四、衍生工具			0.00					0.00	0.00	0.00	0.00
5	五、交易性金融负债			0.00					0.00	0.00	0.00	0.00
6	六、长期股权投资			0.00					0.00	0.00	0.00	0.00
7	七、短期投资			0.00					0.00	0.00	0.00	0.00
8	八、长期债权投资			0.00					0.00	0.00	0.00	0.00
9	九、其他			0.00					0.00	0.00	0.00	0.00
10	合计(1+2+3+4+5+6+7+8+9)	230000.00	230000.00	0.00	-6000.00	-6000.00	224000.00	224000.00	-230000.00	-230000.00	0.00	0.00

图 5-17 投资收益纳税调整明细表

7. 填报研发费用加计扣除优惠明细表

如图 5-18 所示，企业开展研发活动中实际发生的研发费用，未形成无形资产计入当期损益的，在按规定据实扣除的基础上，自 2023 年 1 月 1 日起，再按照实际发生额的 100% 在税前加计扣除；形成无形资产的，自 2023 年 1 月 1 日起，按照无形资产成本的 200% 在税前摊销。

集成电路企业和工业母机企业开展研发活动中实际发生的研发费用，未形成无形资产计入当期损益的，在按规定据实扣除的基础上，在 2023 年 1 月 1 日至 2027 年 12 月 31 日期间，再按照实际发生额的 120% 在税前扣除；形成无形资产的，在上述期间按照无形资产成本的 220% 在税前摊销。

A107012

研发费用加计扣除优惠明细表

行次	项目	金额(数量)
1	本年可享受研发费用加计扣除项目数量	
2	一、自主研发、合作研发、集中研发 (3+7+16+19+23+34)	1969049.38
3	（一）人员人工费用 (4+5+6)	6316.00
4	1.直接从事研发活动人员工资薪金	6316
5	2.直接从事研发活动人员五险一金	
6	3.外聘研发人员的劳务费用	
7	（二）直接投入费用 (8+9+10+11+12+13+14+15)	1962733.38
8	1.研发活动直接消耗材料	1962733.38
9	2.研发活动直接消耗燃料	
10	3.研发活动直接消耗动力费用	
11	4.用于中间试验和产品试制的模具、工艺装备开发及制造费	
12	5.用于不构成固定资产的样品、样机及一般测试手段购置费	
13	6.用于试制产品的检验费	
14	7.用于研发活动的仪器、设备的运行维护、调整、检验、维修等费用	
15	8.通过经营租赁方式租入的用于研发活动的仪器、设备租赁费	
16	（三）折旧费用 (17+18)	0.00
17	1.用于研发活动的仪器的折旧费	
18	2.用于研发活动的设备的折旧费	
19	（四）无形资产摊销 (20+21+22)	0.00
20	1.用于研发活动的软件的摊销费用	
21	2.用于研发活动的专利权的摊销费用	
22	3.用于研发活动的非专利技术（包括许可证、专有技术、设计和计算方法等）的摊销费用	
23	（五）新产品设计费等 (24+25+26+27)	0.00
24	1.新产品设计费	
25	2.新工艺规程制定费	
26	3.新药研制的临床试验费	
27	4.勘探开发技术的现场试验费	
28	（六）其他相关费用 (29+30+31+32+33)	0.00
29	1.技术图书资料费、资料翻译费、专家咨询费、高新科技研发保险费	
30	2.研发成果的检索、分析、评议、论证、鉴定、评审、评估、验收费用	
31	3.知识产权的申请费、注册费、代理费	
32	4.职工福利费、补充养老保险费、补充医疗保险费	
33	5.差旅费、会议费	
34	（七）经限额调整后的其他相关费用	
35	二、委托研发 (36+37+39)	0.00
36	（一）委托境内机构或个人进行研发活动所发生的费用	
37	（二）委托境外机构进行研发活动发生的费用	
38	其中：允许加计扣除的委托境外机构进行研发活动发生的费用	
39	（三）委托境外个人进行研发活动发生的费用	
40	三、年度研发费用小计(2+36×80%+38)	1969049.38
41	（一）本年费用化金额	500000
42	（二）本年资本化金额	1469049.38
43	四、本年形成无形资产摊销额	
44	五、以前年度形成无形资产本年摊销额	
45	六、允许扣除的研发费用合计 (41+43+44)	500000.00
46	减：特殊收入部分	
47	七、允许扣除的研发费用抵减特殊收入后的金额(45-46)	500000.00
48	减：当年销售研发活动直接形成产品（包括组成部分）对应的材料部分	
49	减：以前年度销售研发活动直接形成产品（包括组成部分）对应材料部分结转金额	
50	八、加计扣除比例（%）	200%
51	九、本年研发费用加计扣除总额 (47-48-49)×50	1000000.00
52	十、销售研发活动直接形成产品（包括组成部分）对应材料部分结转以后年度扣减金额（当47-48-49≥0，本行=0；当47-48-49<0，本行=47-48-49的绝对值）	0.00

图 5-18　研发费用加计扣除优惠明细表

自 2018 年 1 月 1 日起，企业委托外部机构或个人开展研发活动发生的费用，可按规定税前扣除；加计扣除时按照研发活动发生费用的 80% 作为加计扣除基数。委托个人研发的，应凭个人出具的发票等合法有效凭证在税前加计扣除。企业委托境外进行研发活动所发生的费用，不超过境内符合条件的研发费用 2/3 的部分，可按规定税前扣除，按照费用实际发生额的 80% 计入委托方的委托境外研发费用。上述费用实际发生额应按照独立交易原则确定。委托方与受托方存在关联关系的，受托方应向委托方提供研发项目费用支出明细情况。

8. 填报企业成本支出明细表

如图 5-19 所示，本表适用于除金融企业、事业单位和民间非营利组织外的企业填报。纳税人应根据国家统一会计制度的规定，填报"主营业务成本""其他业务成本"和"营业外支出"。该表填写较简单，主要按会计账簿获取相关数据。

一般企业成本支出明细表(A102010)

行次	项目	金额
1	一、营业成本 (2+9)	55581346.00
2	（一）主营业务成本 (3+5+6+7+8)	55581346.00
3	1.销售商品成本	55581346
4	其中：非货币性资产交换成本	0
5	2.提供劳务成本	
6	3.建造合同成本	
7	4.让渡资产使用权成本	
8	5.其他	
9	（二）其他业务成本 (10+12+13+14+15)	0.00
10	1.销售材料成本	0
11	其中：非货币性资产交换成本	
12	2.出租固定资产成本	
13	3.出租无形资产成本	
14	4.包装物出租成本	
15	5.其他	
16	二、营业外支出 (17+18+19+20+21+22+23+24+25+26)	0.00
17	（一）非流动资产处置损失	
18	（二）非货币性资产交换损失	
19	（三）债务重组损失	
20	（四）非常损失	
21	（五）捐赠支出	
22	（六）赞助支出	
23	（七）罚没支出	
24	（八）坏账损失	
25	（九）无法收回的债券股权投资损失	
26	（十）其他	

图 5-19　一般企业成本支出明细表

9. 填报职工薪酬支出及纳税调整明细表

如图 5-20 所示，自 2008 年 1 月 1 日起，企业安置残疾人员的，在按照支付给残疾职工工资据实扣除的基础上，可以在计算应纳税所得额时按照支付给残疾职工工资的 100% 加计扣除。

（1）第 1 行"一、工资薪金支出"：填报纳税人本年度支付给在本企业任职或者受雇的员工的所有现金形式或非现金形式的劳动报酬及其会计核算、纳税调整等金额，具体如下。

第 1 列"账载金额"：填报纳税人会计核算计入成本费用的职工工资、奖金、津贴和补贴金额。

第 2 列"实际发生额"：分析填报纳税人"应付职工薪酬"会计科目借方发生额（实际发放的工资薪金）。

第 5 列"税收金额"：填报纳税人按照税收规定允许税前扣除的金额，按照第 1 列和第 2 列分析填报。

第 6 列"纳税调整金额"：填报第 1~5 列的余额。

（2）第 2 行"其中：股权激励"：本行由执行《上市公司股权激励管理办法》（中国证券监督管理委员会令第 126 号）的纳税人填报，具体如下。

第 1 列"账载金额"：填报纳税人按照国家有关规定建立职工股权激励计划，会计核算计入成本费用的金额。

第 2 列"实际发生额"：填报纳税人根据本年实际行权时股权的公允价格与激励对象实际行权支付价格的差额和数量计算确定的金额。

第 5 列"税收金额"：填报行权时按照税收规定允许税前扣除的金额。按照第 1 列和第 2 列孰小值填报。

第 6 列"纳税调整金额"：填报第 1~5 列的余额。

（3）第 3 行"二、职工福利费支出"：填报纳税人本年度发生的职工福利费及其会计核算、纳税调整等金额，具体如下。

第 1 列"账载金额"：填报纳税人会计核算计入成本费用的职工福利费的

金额。

第 2 列"实际发生额":分析填报纳税人"应付职工薪酬"会计科目下的职工福利费用实际发生额。

第 3 列"税收规定扣除率":填报税收规定的扣除比例(14%)。

第 5 列"税收金额":填报按照税收规定允许税前扣除的金额,按第 1 行第 5 列"工资薪金支出/税收金额"×14%、本表第 3 行第 1 列、本表第 3 行第 2 列三者孰小值填报。

第 6 列"纳税调整金额":填报第 1~5 列的余额。

(4) 第 4 行"三、职工教育经费支出":填报第 5 行或者第 5+6 行金额。

(5) 第 5 行"其中:按税收规定比例扣除的职工教育经费":适用于按照税收规定职工教育经费按比例税前扣除的纳税人填报,具体如下。

第 1 列"账载金额":填报纳税人会计核算计入成本费用的金额,不包括第 6 行可全额扣除的职工培训费用金额。

第 2 列"实际发生额":分析填报纳税人"应付职工薪酬"会计科目下的职工教育经费实际发生额,不包括第 6 行可全额扣除的职工培训费用金额。

第 3 列"税收规定扣除率":填报税收规定的扣除比例。

第 4 列"以前年度累计结转扣除额":填报纳税人以前年度累计结转准予扣除的职工教育经费支出余额。

第 5 列"税收金额":填报纳税人按照税收规定允许税前扣除的金额(不包括第 6 行可全额扣除的职工培训费用金额),按第 1 行第 5 列"工资薪金支出—税收金额"×扣除比例与本行第 1+4 列之和的孰小值填报。

第 6 列"纳税调整金额":填报第 1~5 列的余额。

第 7 列"累计结转以后年度扣除额":填报第 1+4-5 列的金额。

(6) 第 6 行"其中:按税收规定全额扣除的职工培训费用":适用于按照税收规定职工培训费用允许全额税前扣除的纳税人填报,具体如下。

第 1 列"账载金额":填报纳税人会计核算计入成本费用。

第 2 列 "实际发生额"：分析填报纳税人"应付职工薪酬"会计科目下的职工教育经费本年实际发生额（可全额扣除的职工培训费用金额）。

第 3 列 "税收规定扣除率"：填报税收规定的扣除比例（100%）。

第 5 列 "税收金额"：填报按照税收规定允许税前扣除的金额。

第 6 列 "纳税调整金额"：填报第 1~5 列的余额。

（7）第 7 行"四、工会经费支出"：填报纳税人本年度拨缴工会经费及其会计核算、纳税调整等金额，具体如下。

第 1 列 "账载金额"：填报纳税人会计核算计入成本费用的工会经费支出金额。

第 2 列 "实际发生额"：分析填报纳税人"应付职工薪酬"会计科目下的工会经费本年实际发生额。

第 3 列 "税收规定扣除率"：填报税收规定的扣除比例（2%）。

第 5 列 "税收金额"：填报按照税收规定允许税前扣除的金额，按第 1 行第 5 列"工资薪金支出/税收金额"×2% 与本行第 1 列、本行第 2 列三者孰小值填报。

第 6 列 "纳税调整金额"：填报第 1~5 列的余额。

（8）第 8 行"五、各类基本社会保障性缴款"：填报纳税人依照国务院有关主管部门或者省级人民政府规定的范围和标准为职工缴纳的基本社会保险费及其会计核算、纳税调整金额，具体如下。

第 1 列 "账载金额"：填报纳税人会计核算的各类基本社会保障性缴款的金额。

第 2 列 "实际发生额"：分析填报纳税人"应付职工薪酬"会计科目下的各类基本社会保障性缴款本年实际发生额。

第 5 列 "税收金额"：填报按照税收规定允许税前扣除的各类基本社会保障性缴款的金额，按本行第 1 列、第 2 列以及税收规定允许税前扣除的各类基本社会保障性缴款的金额孰小值填报。

第 6 列"纳税调整金额"：填报第 1~5 列的余额。

（9）第 9 行"六、住房公积金"：填报纳税人依照国务院有关主管部门或者省级人民政府规定的范围和标准为职工缴纳的住房公积金及其会计核算、纳税调整金额，具体如下。

第 1 列"账载金额"：填报纳税人会计核算的住房公积金金额。

第 2 列"实际发生额"：分析填报纳税人"应付职工薪酬"会计科目下的住房公积金本年实际发生额。

第 5 列"税收金额"：填报按照税收规定允许税前扣除的住房公积金金额，按本行第 1 列、第 2 列以及税收规定允许税前扣除的住房公积金的金额孰小值填报。

第 6 列"纳税调整金额"：填报第 1~5 列的余额。

（10）第 10 行"七、补充养老保险"：填报纳税人为投资者或者职工支付的补充养老保险费的会计核算、纳税调整金额，具体如下。

第 1 列"账载金额"：填报纳税人会计核算的补充养老保险金额。

第 2 列"实际发生额"：分析填报纳税人"应付职工薪酬"会计科目下的补充养老保险本年实际发生额。

第 3 列"税收规定扣除率"：填报税收规定的扣除比例（5%）。

第 5 列"税收金额"：填报按照税收规定允许税前扣除的补充养老保险的金额，按第 1 行第 5 列"工资薪金支出/税收金额"×5%、本行第 1 列、本行第 2 列的孰小值填报。

第 6 列"纳税调整金额"：填报第 1~5 列的余额。

（11）第 11 行"八、补充医疗保险"：填报纳税人为投资者或者职工支付的补充医疗保险费的会计核算、纳税调整金额，具体如下。

第 1 列"账载金额"：填报纳税人会计核算的补充医疗保险金额。

第 2 列"实际发生额"：分析填报纳税人"应付职工薪酬"会计科目下的补充医疗保险本年实际发生额。

第3列"税收规定扣除率":填报税收规定的扣除比例(5%)。

第5列"税收金额":填报按照税收规定允许税前扣除的补充医疗保险的金额,按第1行第5列"工资薪金支出/税收金额"×5%、本行第1列、本行第2列的孰小值填报。

第6列"纳税调整金额":填报第1~5列的余额。

(12) 第12行"九、其他":填报其他职工薪酬的金额。

(13) 第13行"合计":填报第1+3+4+7+8+9+10+11+12行的合计金额。

职工薪酬支出及纳税调整明细表(A105050)

行次	项目	账载金额	实际发生额	税收规定扣除率	以前年度累计结转扣除额	税收金额	纳税调整金额	累计结转以后年度扣除额
		1	2	3	4	5	6 (1-5)	7 (2+4-5)
1	一、工资薪金支出	6451502.27	4255063.47	—	—	6451502.27	0.00	
2	其中:股权激励			—	—		0.00	
3	二、职工福利费支出	900500	900500	14%	—	600000	300500.00	
4	三、职工教育经费支出	108060.00	108060.00	—	0.00	72000.00	36060.00	36060.00
5	其中:按税收规定比例扣除的职工教育经费	108060	108060	8%		72000	36060.00	36060.00
6	按税收规定全额扣除的职工培训费用			%	—			
7	四、工会经费支出	129030.04	129030.04	2%	—	85101.26	43928.78	
8	五、各类基本社会保险性缴款	1181456	1181456	—	—	1181456	0.00	
9	六、住房公积金			—	—		0.00	
10	七、补充养老保险			%	—		0.00	
11	八、补充医疗保险			%	—		0.00	
12	九、其他							
13	合计 (1+3+4+7+8+9+10+11+12)	8770548.31	6574109.51	—	0.00	8390059.53	380488.78	36060.00

图5-20 职工薪酬支出及纳税调整明细表

10. 填报资产折旧、摊销及纳税调整明细表

如图5-21所示,新购器具、设备金额≤500万元的,所有企业均可一次性扣除。

企业在2018年1月1日至2027年12月31日期间新购进的设备、器具,单位价值不超过500万元的,允许一次性计入当期成本费用在计算应纳税所得额时扣除,不再分年度计算折旧;单位价值超过500万元的,仍按企业所得税法实施条例、《财政部 国家税务总局关于完善固定资产加速折旧企业所得税政策的通知》(财税〔2014〕75号)、《财政部 国家税务总局关于进一步完善固定资产加速折旧企业所得税政策的通知》(财税〔2015〕106号)等相关规定执行。

A105080

资产折旧、摊销及纳税调整明细表（A105080）

行次	项目	账载金额			税收金额					纳税调整金额
		资产原值	本年折旧、摊销额	累计折旧、摊销额	资产计税基础	税收折旧、摊销额	享受加速折旧政策的资产按税收一般规定计算的折旧、摊销额	加速折旧、摊销统计额	累计折旧、摊销额	
		1	2	3	4	5	6	7=5-6	8	9(2-5)
1	一、固定资产(2+3+4+5+6+7)	70286.00	3904.78	3904.78	70286.00	70286.00	--	--	3904.78	-66381.22
2	所有固定资产 (一)房屋、建筑物						--	--		0.00
3	(二)飞机、火车、轮船、机器、机械和生产设备						--	--		0.00
4	(三)与生产经营活动有关的器具、工具、家具等						--	--		0.00
5	(四)飞机、火车、轮船以外的运输工具						--	--		0.00
6	(五)电子设备	70286	3904.78	3904.78	70286	70286	--	--	3904.78	-66381.22
7	(六)其他						--	--		0.00
8	其中:享受固定资产加速折旧及一次性扣除政策的资产加速折旧额大于一般折旧额的部分	(一)重要行业固定资产加速折旧(不含一次性扣除)					0.00	--		--
9		(二)其他行业专用研发设备加速折旧					0.00	--		--
10		(三)特定地区企业固定资产加速折旧(10.1+10.2)					0.00	--		--
10.1		1.海南自由贸易港企业固定资产加速折旧						--		--
10.2		2.其他特定地区企业固定资产加速折旧						--		--
11		(四)500万元以下设备器具一次性扣除					0.00	--		--
12		(五)疫情防控重点保障物资生产企业单价500万元以上设备一次性扣除						--		--
13		(六)特定地区企业固定资产一次扣除(13.1+13.2)					0.00	--		--
13.1		1.海南自由贸易港企业固定资产一次性扣除						--		--
13.2		2.其他特定地区企业固定资产一次性扣除						--		--
14		(七)技术进步、更新换代引起的固定资产加速折旧						--		--
15		(八)常年强震动、高腐蚀固定资产加速折旧						--		--
16		(九)外购软件加速折旧						--		--
17		(十)集成电路企业生产设备加速折旧						--		--
18	二、生产性生物资产(19+20)	0.00	0.00	0.00	0.00	0.00	--	--	0.00	0.00
19	(一)林木类						--	--		0.00
20	(二)畜类						--	--		0.00
21	三、无形资产(22+23+24+25+26+27+28+29)	0.00	0.00	0.00	0.00	0.00	--	--	0.00	0.00
22	所有无形资产 (一)专利权						--	--		0.00
23	(二)商标权						--	--		0.00
24	(三)著作权						--	--		0.00
25	(四)土地使用权						--	--		0.00
26	(五)非专利技术						--	--		0.00
27	(六)特许权使用费						--	--		0.00
28	(七)软件						--	--		0.00
29	(八)其他						--	--		0.00
30	其中:享受无形资产加速摊销及一次性摊销的资产加速摊销额大于一般摊销额的部分	(一)企业外购软件加速摊销					0.00	--		--
31		(二)特定地区企业无形资产加速摊销(31.1+31.2)					0.00	--		--
31.1		1.海南自由贸易港企业无形资产加速摊销						--		--
31.2		2.其他特定地区企业无形资产加速摊销						--		--
32		(三)特定地区企业无形资产一次性摊销(32.1+32.2)					0.00	--		--
32.1		1.海南自由贸易港企业无形资产一次性摊销						--		--
32.2		2.其他特定地区企业无形资产一次性摊销						--		--
33	四、长期待摊费用(34+35+37+38)	0.00	0.00	0.00	0.00	0.00	--	--	0.00	0.00
34	(一)已足额提取折旧的固定资产的改建支出						--	--		0.00
35	(二)租入固定资产的改建支出						--	--		0.00
36	(三)固定资产的大修理支出						--	--		0.00
37	(四)开办费						--	--		0.00
38	(五)其他						--	--		0.00
39	五、油气勘探投资						--	--		0.00
40	六、油气开发投资						--	--		0.00
41	合计(1+18+21+33+39+40)	70286.00	3904.78	3904.78	70286.00	70286.00	0.00	0.00	3904.78	-66381.22
	附列资料:全民所有制企业公司制改制资产评估增值政策调整									0.00

图 5-21 资产折旧、摊销及纳税调整明细表

全部制造业以及信息传输、软件和信息技术服务业新购进的固定资产，可缩短折旧年限或采取加速折旧的方法。

注意下列固定资产不得计算折旧扣除：

（1）房屋、建筑物以外未投入使用的固定资产。

（2）以经营租赁方式租入的固定资产。

（3）以融资租赁方式租出的固定资产。

(4) 已足额提取折旧仍继续使用的固定资产。

(5) 与经营活动无关的固定资产。

(6) 单独估价作为固定资产入账的土地。

(7) 其他不得计算折旧扣除的固定资产。

11. 填报资产损失税前扣除及纳税调整明细表

如图 5-22 所示本表适用于发生资产损失税前扣除项目及纳税调整项目的纳税人填报。纳税人根据税法、《财政部 国家税务总局关于企业资产损失税前扣除政策的通知》（财税〔2009〕57 号）、《国家税务总局关于发布〈企业资产损失所得税税前扣除管理办法〉的公告》（2011 年第 25 号发布、2018 年第 31 号修改）、《国家税务总局关于商业零售企业存货损失税前扣除问题的公告》（2014 年第 3 号）、《国家税务总局关于企业因国务院决定事项形成的资产损失税前扣除问题的公告》（2014 年第 18 号）、《财政部 国家税务总局关于金融企业涉农贷款和中小企业贷款损失准备金税前扣除有关问题的通知》（财税〔2015〕3 号）、《国家税务总局关于金融企业涉农贷款和中小企业贷款损失税前扣除问题的公告》（2015 年第 25 号）、《国家税务总局关于企业所得税资产损失资料留存备查有关事项的公告》（2018 年第 15 号）等相关规定，及国家统一企业会计制度，填报资产损失的会计处理、税收规定，以及纳税调整情况。

行次填报：

(1) 第 1 行"一、清单申报资产损失"：填报以清单申报的方式向税务机关申报扣除的资产损失的账载金额、资产处置收入、赔偿收入、资产计税基础、资产损失的税收金额以及纳税调整金额。本行金额等于第 2 行至第 8 行的合计金额。

(2) 第 2 行至第 8 行，分别填报相应清单申报资产损失类型的会计处理、税收规定及纳税调整情况。

(3) 第 9 行"二、专项申报资产损失"：填报以专项申报的方式向税务机关申报扣除的资产损失的账载金额、资产处置收入、赔偿收入、资产计税基础、资产损失的税收金额以及纳税调整金额。本行金额等于第 10 行至第 13 行的合计金额。

(4) 第 10 行"(一) 货币资产损失": 填报企业当年发生的货币资产损失 (包括现金损失、银行存款损失和应收及预付款项损失等) 的账载金额、资产处置收入、赔偿收入、资产计税基础、货币资产损失的税收金额以及纳税调整金额。

(5) 第 11 行"(二) 非货币资产损失": 填报应进行专项申报扣除的非货币资产损失的账载金额、资产处置收入、赔偿收入、资产计税基础、非货币资产损失的税收金额以及纳税调整金额。

(6) 第 12 行"(三) 投资损失": 填报应进行专项申报扣除的投资损失的账载金额、资产处置收入、赔偿收入、资产计税基础、投资损失的税收金额以及纳税调整金额。

(7) 第 13 行"(四) 其他": 填报应进行专项申报扣除的其他资产损失的账载金额、资产处置收入、赔偿收入、资产计税基础、其他资产损失的税收金额以及纳税调整金额。

(8) 第 14 行"合计"行次: 填报第 1+9 行的合计金额。

列次填报:

(1) 第 1 列"资产损失的账载金额": 填报纳税人会计核算计入当期损益的资产损失金额。

(2) 第 2 列"资产处置收入": 填报纳税人处置发生损失的资产可收回的残值或处置收益。

(3) 第 3 列"赔偿收入": 填报纳税人发生的资产损失, 取得的相关责任人、保险公司赔偿的金额。

(4) 第 4 列"资产计税基础": 填报按税收规定计算的发生损失时资产的计税基础, 含损失资产涉及的不得抵扣增值税进项税额。

(5) 第 5 列"资产损失的税收金额": 填报按税收规定允许当期税前扣除的

资产损失金额，为第 4 - 2 - 3 列的余额。

（6）第 6 列"纳税调整金额"：填报第 1~5 列的余额。

A105090

资产损失税前扣除及纳税调整明细表

行次	项目	资产损失的账载金额 1	资产处置收入 2	赔偿收入 3	资产计税基础 4	资产损失的税收金额 5 (4-2-3)	纳税调整金额 6 (1-5)
1	一、现金及银行存款损失					0.00	0.00
2	二、应收及预付款项坏账损失					0.00	0.00
3	其中：逾期三年以上的应收款项损失					0.00	0.00
4	逾期一年以上的小额应收款项损失					0.00	
5	三、存货损失					0.00	0.00
6	其中：存货盘亏、报废、损毁、变质或被盗损失					0.00	0.00
7	四、固定资产损失					0.00	
8	其中：固定资产盘亏、丢失、报废、损毁或被盗损失					0.00	0.00
9	五、无形资产损失					0.00	0.00
10	其中：无形资产转让损失					0.00	0.00
11	无形资产被替代或超过法律保护期限形成的损失					0.00	0.00
12	六、在建工程损失					0.00	0.00
13	其中：在建工程停建、报废损失					0.00	0.00
14	七、生产性生物资产损失					0.00	
15	其中：生产性生物资产盘亏、非正常死亡、被盗、丢失等产生的损失					0.00	0.00
16	八、债权性投资损失(17+22)	0.00	0.00	0.00	0.00	0.00	0.00
17	（一）金融企业债权性投资损失 (18+21)	0.00	0.00	0.00	0.00	0.00	0.00
18	1.符合条件的涉农和中小企业贷款损失					0.00	
19	其中：单户贷款余额300万（含）以下的贷款损失					0.00	
20	单户贷款余额300万元至1000万元（含）的贷款损失					0.00	
21	2.其他债权性投资损失					0.00	
22	（二）非金融企业债权性投资损失					0.00	0.00
23	九、股权（权益）性投资损失					0.00	0.00
24	其中：股权转让损失					0.00	
25	十、通过各种交易场所、市场买卖债券、股票、期货、基金以及金融衍生产品等发生的损失					0.00	0.00
26	十一、打包出售资产损失					0.00	0.00
27	十二、其他资产损失					0.00	0.00
28	合计 (1+2+5+7+9+12+14+16+23+25+26+27)	0.00	0.00	0.00	0.00	0.00	0.00
29	其中：分支机构留存备查的资产损失					0.00	0.00

图 5 - 22　资产损失税前扣除及纳税调整明细表

第6篇　财务分析篇

财务分析是以企业财务报表为主要信息，并结合其他信息来源，对企业当前的状况作出综合评价，对未来发展趋势作出预测，从而帮助报表使用者改善管理并优化决策的一种专门技术。财务分析是评价企业财务状况、衡量经营业绩的重要依据，是挖掘潜力、改进工作、实现理财目标的重要手段，是合理实施投资决策的重要步骤。

财务指标分析是指总结和评价企业财务状况与经营成果的分析指标，包括偿债能力指标、运营能力指标、获利能力指标和发展能力指标，四者是相辅相成的关系。财务分析信息的需求者主要包括企业投资者、债权人、经营管理者和政府等。不同主体的利益视角不同，对财务分析的目的和侧重点也不一样。

同时平台的实验成绩很多指标都是按财务指标计算而来的，所以了解财务分析不管是对企业运营还是我们投资者、债权人、经营管理者和政府都十分重要。我们通过运营产生的财务报表进行分析后，可实时修正预算和计划，提高企业管理运营能力。

一、企业财务能力分析

本财务决策平台系统设计了企业偿债能力、运营能力、获利能力和发展能力四个方面的12个重要财务指标（见表6-1）。

表 6-1　　　　　　　　　　企业重要财务指标一览表

企业财务能力	基本财务指标	修正指标
偿债能力指标（20）	资产负债率（12）	现金流动负债比率（10）
	已获利息倍数（8）	速动比率（10）
运营能力指标（18）	流动资产周转率（9）	存货周转率（5）
	—	应收账款周转率（5）
	总资产周转率（9）	不良资产比率（8）
获利能力指标（38）	所有者权益收益率（25）	资本保值增值率（12）
		主营业务利润率（8）
	总资产报酬率（13）	盈余现金保障倍数（10）
		成本费用利润率（8）
发展能力指标（24）	销售增长率（12）	三年资本平均增长率（9）
	—	三年销售平均增长率（8）
	资本积累率（12）	技术投入比率（7）

注：各指标后面的数字，表示该指标的权重，即该指标在考核中所占比重。如"20"表示偿债能力类指标在考核中所占比重为20%，参见"国有资本金效绩评价指标及其权重设置"的相关规定。

（一）偿债能力分析

偿债能力是指企业偿还到期债务（包括本息）的能力。偿债能力分析包括短期偿债能力分析和长期偿债能力分析。

1. 短期偿债能力分析

短期偿债能力是指企业流动资产对流动负债及时足额偿还的保证程度，是衡量企业当前财务能力，特别是流动资产变现能力的重要标志。

企业短期偿债能力分析主要采用比率分析法，衡量指标主要有流动比率、速动比率和现金流动负债率。

（1）流动比率。流动比率是流动资产与流动负债的比率，表示企业每元流动负债有多少流动资产作为偿还的保证，反映了企业的流动资产偿还流动负债的能力。其计算公式为：

流动比率 = 流动资产 ÷ 流动负债

一般情况下，流动比率越高，反映企业短期偿债能力越强，因为该比率越高，不仅反映企业拥有较多的营运资金抵偿短期债务，而且表明企业可以变现的资产数额较大，债权人的风险越小。但是，过高的流动比率并不均是好现象。

理论上讲，流动比率维持在2∶1是比较合理的。但是，由于行业性质不同，流动比率的实际标准也不同。所以，在分析流动比率时，应将其与同行业平均流动比率、本企业历史的流动比率进行比较，才能得出合理的结论。

（2）速动比率。速动比率，又称酸性测试比率，是企业速动资产与流动负债的比率。其计算公式为：

速动比率 = 速动资产 ÷ 流动负债

其中，速动资产 = 流动资产 − 存货

或：速动资产 = 流动资产 − 存货 − 预付账款 − 待摊费用

计算速动比率时，流动资产中扣除存货，是因为存货在流动资产中变现速度较慢，有些存货可能滞销，无法变现。至于预付账款和待摊费用根本不具有变现能力，只是减少企业未来的现金流出量，所以理论上也应加以剔除，但实务中，由于它们在流动资产中所占的比重较小，计算速动资产时也可以不扣除。

传统经验认为，速动比率维持在1∶1较为正常，它表明企业的每1元流动负债就有1元易于变现的流动资产来抵偿，短期偿债能力有可靠的保证。速动比率过低，企业的短期偿债风险较大；速动比率过高，企业在速动资产上占用资金过多，会增加企业投资的机会成本。但以上评判标准并不是绝对的。

（3）现金流动负债比率。现金流动负债比率是企业一定时期的经营现金净流量与流动负债的比率，它可以从现金流量角度来反映企业当期偿付短期负债的能力。其计算公式为：

现金流动负债比率 = 年经营现金净流量 ÷ 年末流动负债

式中，年经营现金净流量指一定时期内，由企业经营活动所产生的现金及现金等价物的流入量与流出量的差额。

该指标是从现金流入和流出的动态角度对企业实际偿债能力进行考察。用该指标评价企业偿债能力更为谨慎。该指标较大，表明企业经营活动产生的现金净流量较多，能够保障企业按时偿还到期债务。但也不是越大越好，太大则表示企业流动资金利用不充分，收益能力不强。

2. 长期偿债能力分析

长期偿债能力是指企业偿还长期负债的能力。它的大小是反映企业财务状况稳定与否及安全程度高低的重要标志。其分析指标主要有四项：资产负债率、产权比率、负债与有形净资产比率、利息保障倍数。

（1）资产负债率。资产负债率又称负债比率，是企业的负债总额与资产总额的比率。它表示企业资产总额中，债权人提供资金所占的比重，以及企业资产对债权人权益的保障程度。其计算公式为：

$$资产负债率 = (负债总额 \div 资产总额) \times 100\%$$

资产负债率高低对企业的债权人和所有者具有不同的意义。

债权人希望负债比率越低越好，此时，其债权的保障程度就越高。对所有者而言，最关心的是投入资本的收益率。只要企业的总资产收益率高于借款的利息率，企业举债越多即负债比率越大，所有者的投资收益越大。

一般情况下，企业负债经营规模应控制在一个合理的水平，负债比重应掌握在一定的标准内。

（2）权益乘数。权益乘数又称股本乘数，是指资产总额相当于股东权益的倍数。权益乘数越大表明所有者投入企业的资本占全部资产的比重越小，企业负债的程度越高；反之，该比率越小，表明所有者投入企业的资本占全部资产的比重越大，企业的负债程度越低，债权人权益受保护的程度越高。

$$权益乘数 = 资产总额 \div 股东权益总额 = 1 \div (1 - 资产负债率)$$

权益乘数较大，表明企业负债较多，一般会导致企业财务杠杆率较高，财务风险较大，在企业管理中就必须寻求一个最优资本结构，以获取适当的 EPS/CEPS，从而实现企业价值最大化。在借入资本成本率小于企业的资产报酬单时，借入资金首先会产生避税效应（债务利息税前扣除），提高 EPS/CEPS，同时杠杆扩大，使企业价值随债务增加而增加。但杠杆扩大也使企业的破产可能性上升，而破产风险又会使企业价值下降等等。

权益乘数，代表企业所有可供运用的总资产是业主权益的几倍。权益乘数越大，代表公司向外融资的财务杠杆倍数也越大，公司将承担较大的风险。但是，若公司营运状况刚好处于向上趋势中，较高的权益乘数反而可以创造更高的公司获利，透过提高公司的股东权益报酬率，对公司的股票价值产生正面激励效果。

（3）负债与有形净资产比率。负债与有形净资产比率是负债总额与有形净资产的比例关系，表示企业有形净资产对债权人权益的保障程度，其计算公式为：

负债与有形净资产比率 =（负债总额÷有形净资产）×100%

有形净资产 = 所有者权益 – 无形资产 – 递延资产

企业的无形资产、递延资产等一般难以作为偿债的保证，从净资产中将其剔除，可以更合理地衡量企业清算时对债权人权益的保障程度。该比率越低，表明企业长期偿债能力越强。

（4）利息保障倍数。利息保障倍数又称为已获利息倍数，是企业息税前利润与利息费用的比率，是衡量企业偿付负债利息能力的指标。其计算公式为：

利息保障倍数 = 税息前利润÷利息费用

式中，利息费用是指本期发生的全部应付利息，包括流动负债的利息费用，长期负债中进入损益的利息费用以及进入固定资产原价中的资本化利息。

利息保障倍数越高，说明企业支付利息费用的能力越强；该比率越低，说明企业难以保证用经营所得来及时足额地支付负债利息。因此，它是衡量企业偿债能力强弱的主要指标。

若要合理地确定企业的利息保障倍数，需将该指标与其他企业，特别是同行业平均水平进行比较。根据稳健原则，应以指标最低年份的数据作为参照物。

但是，一般情况下，利息保障倍数不能低于1。

(二) 营运能力分析

营运能力分析是指通过计算企业资金周转的有关指标分析其资产利用的效率，是对企业管理层管理水平和资产运用能力的分析。

1. 应收款项周转率

应收款项周转率也称应收款项周转次数，是一定时期内商品或产品主营业务收入净额与平均应收款项余额的比值，是反映应收款项周转速度的一项指标。其计算公式为：

$$应收款项周转率（次数）= 主营业务收入净额 \div 平均应收账款余额$$

其中，

$$主营业务收入净额 = 主营业务收入 - 销售折让与折扣$$

$$平均应收账款余额 = (应收款项年初数 + 应收款项年末数) \div 2$$

$$应收款项周转天数 = 360 \div 应收账款周转率 = (平均应收账款 \times 360) \div 主营业务收入净额$$

应收账款包括"应收账款净额"和"应收票据"等全部赊销账款。应收账款净额是指扣除坏账准备后的余额，应收票据如果已向银行办理了贴现手续，则不应包括在应收账款余额内。

应收账款周转率反映了企业应收账款变现速度的快慢及管理效率的高低，周转率越高，表明：(1) 收账迅速，账龄较短；(2) 资产流动性强，短期偿债能力强；(3) 可以减少收账费用和坏账损失，从而相对增加企业流动资产的投资收益。同时，借助应收账款周转期与企业信用期限的比较，还可以评价购买单位的信用程度，以及企业原定的信用条件是否适当。

但是，在评价一个企业应收款项周转率是否合理时，应与同行业的平均水平相比较而定。

2. 存货周转率

存货周转率也称存货周转次数，是企业一定时期内的主营业务成本与存货平均余额的比率，它是反映企业的存货周转速度和销货能力的一项指标，也是衡量企业生产经营中存货营运效率的一项综合性指标。其计算公式为：

$$存货周转率（次数）= 主营业务成本 \div 存货平均余额$$

$$存货平均余额 =（存货年初数 + 存货年末数）\div 2$$

$$存货周转天数 = 360 \div 存货周转率$$

$$=（平均存货 \times 360）\div 主营业务成本$$

存货周转速度快慢，不仅反映出企业采购、生产、销售各环节管理工作状况的好坏，而且对企业的偿债能力及获利能力产生决定性的影响。一般来说，存货周转率越高越好，存货周转率越高，表明其变现的速度越快，周转额越大，资金占用水平越低。存货占用水平低，存货积压的风险就越小，企业的变现能力以及资金使用效率就越好。但是存货周转率分析中，应注意剔除存货计价方法不同所产生的影响。

3. 总资产周转率

总资产周转率是企业主营业务收入净额与资产总额的比率。它可以用来反映企业全部资产的利用效率。其计算公式为：

$$总资产周转率 = 主营业务收入净额 \div 平均资产总额$$

$$平均资产总额 =（期初资产总额 + 期末资产总额）\div 2$$

资产平均占用额应按分析期的不同分别加以确定，并应当与分子的主营业务收入净额在时间上保持一致。

总资产周转率反映了企业全部资产的使用效率。该周转率高，说明全部资产的经营效率高，取得的收入多；该周转率低，说明全部资产的经营效率低，取得的收入少，最终会影响企业的盈利能力。企业应采取各项措施来提高资产利用程度，如提高销售收入或处理多余的资产。

4. 固定资产周转率

固定资产周转率是指企业年销售收入净额与固定资产平均净值的比率。它是反映企业固定资产周转情况，从而衡量固定资产利用效率的一项指标。其计算公式为：

固定资产周转率 = 主营业务收入净额 ÷ 固定资产平均净值

固定资产平均净值 =（期初固定资产净值 + 期末固定资产净值）÷ 2

固定资产周转率高，不仅表明了企业充分利用了固定资产，同时也表明企业固定资产投资得当，固定资产结构合理，能够充分发挥其效率。反之，固定资产周转率低，表明固定资产使用效率不高，提供的生产成果不多，企业的营运能力欠佳。

在实际分析该指标时，应剔除某些因素的影响。一方面，固定资产的净值随着折旧计提而逐渐减少，因固定资产更新，净值会突然增加。另一方面，由于折旧方法不同，固定资产净值缺乏可比性。

（三）获利能力分析

获利能力又称盈利能力，是指企业赚取利润的能力，是企业重要的财务能力之一。无论投资者、债权人、经营者，都要非常重视和关心企业的获利能力。利润的源头是收入，利润取得的基础是资产，资产取得首先要融资。因此，可从收入、资产、融资三个方面对企业的获利能力进行评价。

1. 与收入相关的获利能力指标

与收入相关的获利能力指标，主要以营业收入为基础计算，通过利润表中各项目与营业收入的比较，求得单位营业收入的获利水平。

（1）营业利润率。营业利润是企业一定时期营业利润与营业收入的比例，体现每1元的营业收入能够给企业带来多少营业利润，其计算公式为：

营业利润率 = 营业利润 ÷ 营业收入 × 100%

营业利润是企业利润的主要来源，决定了企业的获利水平、获利的稳定性和持久性。营业利润率越高，表明企业市场竞争力越强，获利能力越强。

（2）销售净利率。销售净利率是净利润与营业收入的比例，该指标可衡量企业营业收入的盈利能力，即每1元的营业收入中所获取的净利润。其计算公式为：

销售净利率＝净利润÷营业收入×100%

2. 与资产相关的获利能力指标

与资产相关的获利能力指标中常用的是资产净利率。

资产净利率是企业净利润与平均资产总额的比率，反映的是企业运用全部资产所获得利润的水平，即公司每占用1元的资产平均能获得多少元的利润。该指标越高，表明公司投入产出水平越高，资产运营越有效，成本费用的控制水平越高，体现企业管理水平的高低。其计算公式为：

资产净利率＝净利润÷平均资产总额

平均资产总额为期初资产总额与期末资产总额的平均数。资产净利率越高，表明企业资产的利用效率越高，整个企业盈利能力越强，经营管理水平越高。考察资产净利润率时，应关注企业的债务利息率。当企业的资产利润率大于债务利息率时，说明公司所借债务为盈利作了贡献，相反时则表明由每1元的债务所产生的收益还不足以弥补这1元所给企业所带来的利息支出。

3. 与融资相关的获利能力指标

与融资相关的获利能力指标反映投资者投资的获利能力，主要有权益净利率、每股收益、市盈率等。

权益净利率亦称净值报酬率或净资产收益率，它是指企业一定时期内的净利润与平均净资产的比率。它可以反映投资者投入企业的自有资本获取净收益的能力，即反映投资与报酬的关系，因而是评价企业资本经营效率的核心指标。其计算公式为：

权益净利率 = 净利润 ÷ 平均净资产 × 100%

（1）净利润是指企业的税后利润，是未作分配的数额。

（2）平均净资产是企业年初所有者权益与年末所有者权益的平均数，平均净资产 =（所有者权益年初数 + 所有者权益年末数）÷ 2。

财务决策平台中，根据企业资产负债表、利润表及企业运营的相关数据，系统自动取数计算，生成如下财务指标数据，供企业报表使用者、企业经营管理人员分析、决策时参考。

（四）发展能力分析

企业发展能力又称增长能力，通常是指企业未来生产经营活动的发展趋势和发展潜能，如规模的扩大、盈利的持续增长、市场竞争力的增强等。企业的增长能力主要源于企业自身不断增长的销售收入、持续盈利和不断增加的资金投入等。

企业的偿债能力、运营能力、获利能力三者是从静态视角分析企业的财务状况、经营成果、现金流量等信息，三者的良性循环就揭示了企业的财务状况、经营成果、现金流量等变动情况的信息，即揭示了企业的发展能力。

1. 增长能力指标分析

企业增长能力指标主要有销售（收入）增长率、利润增长率、资产增长率、股东权益增长率等。

（1）销售（收入）增长率。销售（收入）增长率就是本期营业收入增长额与上期营业收入之比。其计算公式为：

销售(收入)增长率 =（本期营业收入 − 上期营业收入）÷ 上期营业收入 × 100%

销售（收入）增长率用来反映企业销售的增长能力，说明企业生存和发展的市场空间、市场份额的大小。

(2) 利润增长率。利润增长率就是本期利润增长额与上期利润之比。在实际工作中，通常采用净利润增长率、营业利润增长率两种比率。其计算公式为：

净利润增长率 =（本期净利润 – 上期净利润）÷ 上期净利润 × 100%

营业利润增长率 =（本期营业利润 – 上期营业利润）÷ 上期营业利润 × 100%

利润增长率用来反映企业盈利的增长能力，说明企业经营业绩的综合结果，可以体现企业价值的大小。

(3) 资产增长率。资产增长率就是本期资产增长额与资产期初余额之比。其计算公式为：

资产增长率 = 本期资产增加额 ÷ 资产期初余额 × 100%

资产增长率是用来考核企业资产投入增长幅度的财务指标。资产增长率为正数，说明企业本期资产规模增加，此时资产增长率越大，说明企业本期资产规模增加幅度越大；资产增长率为负数，说明企业本期资产规模缩减，资产出现负增长。

(4) 股东权益增长率。股东权益增长率就是本期股东权益增长额与股东权益期初余额之比。其计算公式为：

股东权益增长率 = 本期股东权益增加额 ÷ 股东权益期初余额 × 100%

股东权益增加表示企业可能不断有新的资本增加，说明股东对企业前景看好，在现有资本结构中增加了企业负债筹资能力，是驱动股东财富增长的核心因素。

2. 持续增长能力指标分析

企业持续增长能力分析的主要指标是可持续增长率。其计算公式为：

可持续增长率 = ROE × b

其中，ROE 为企业净资产收益率，b 为企业留存收益率

企业留存收益率 = 1 – 股利支付率

在企业现有经营战略和财务战略的条件下，企业的利润在下一个会计年度

最多只能按照可持续增长率的速度增长，即企业未来一年的利润增长率不可能大于本年度净资产收益率。说明如果企业不发放股利，企业的可持续增长率最多等于其净资产收益率。

企业的可持续增长率越高，意味着企业未来利润的增长速度越快，反之则越慢。

根据杜邦分析体系，可持续增长率还可以表示为：

可持续增长率 = 销售净利率 × 资产周转率 × 权益乘数 × 留存收益率

= 销售净利率 × 资产周转率 × 权益乘数 × (1 - 股利支付率)

可见，影响企业可持续发展的因素有销售净利率、资产周转率、权益乘数、股利支付率（留存收益率），涵盖了企业盈利能力、运营能力、偿债能力、发展能力全方位的财务能力，全面涉及企业的经营战略和财务战略。

二、企业综合绩效分析——杜邦分析体系

企业综合绩效分析方法有很多，传统方法主要有杜邦分析法和沃尔评分法等。杜邦分析法又称杜邦财务分析体系（以下简称杜邦体系），是利用各主要财务比率指标间的内在联系，对企业财务状况及经济效益进行综合系统分析评价的方法。该体系是以净资产收益率为起点，以资产净利率和权益乘数为核心，重点揭示企业获利能力及权益乘数对净资产收益率的影响，以及各相关指标间的相互影响作用关系。

杜邦分析法的核心财务指标是净资产收益率（权益净利率），杜邦分析法财务指标的分解如图 6-1 所示。

杜邦分析法将净资产收益率（权益净利率）分解，其分析关系式为：

净资产收益率 = 销售净利率 × 总资产周转率 × 权益乘数

运用杜邦分析法需要抓住以下几点：

（1）净资产收益率是一个综合性最强的财务分析指标，是杜邦分析的起点。

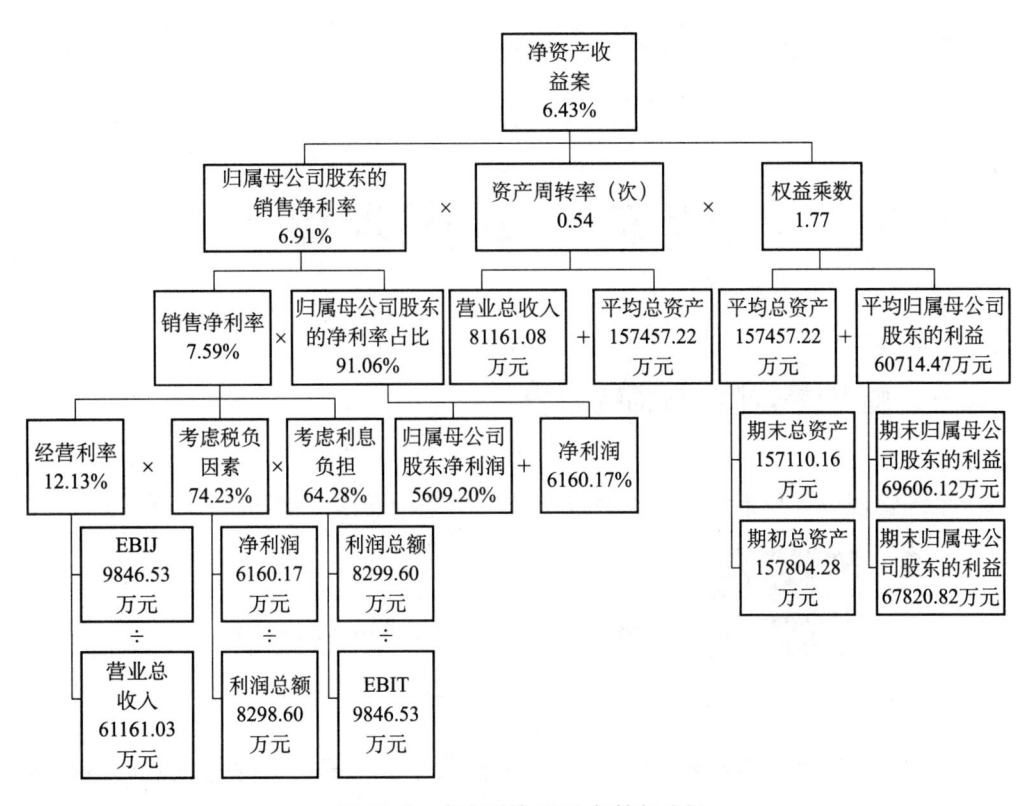

```
                            ┌─────────────┐
                            │ 净资产收益案 │
                            │   6.43%     │
                            └──────┬──────┘
         ┌─────────────────────────┼─────────────────────────┐
┌────────┴────────┐       ┌────────┴────────┐       ┌────────┴────────┐
│ 归属母公司股东的 │   ×   │ 资产周转率（次）│   ×   │   权益乘数      │
│   销售净利率     │       │      0.54       │       │     1.77        │
│     6.91%        │       └────────┬────────┘       └────────┬────────┘
└────────┬────────┘                │                         │
```

图 6-1　电光科技 2017 年杜邦分析

（2）销售净利率反映了企业净利润与销售收入的关系，它的高低取决于销售收入与成本总额的高低。

（3）影响总资产周转率的一个重要因素是资产总额。

（4）权益乘数主要受资产负债率指标的影响。

第7篇 教师管理篇

一、财务决策平台教师端功能

系统管理员登录系统后，可对以下菜单项进行操作（如图7-1所示）。

菜单项	功能介绍
教师管理	设置学校实际教师的基本信息，使教师可以登录系统操作

图7-1 登录界面

管理员可以添加教师账号，点击教师管理，录入相关教师信息，点击录入提交即可新增教师。修改教师信息可以直接在数据表格中进行修改，修改完成之后点击修改提交即可批量修改教师数据。删除教师账号也可以在数据表格中直接勾选进行操作（如图7-2所示）。

图7-2 新增教师账号

教师登录系统后，可对以下菜单项进行操作（如图7-3所示）。

菜单项	功能介绍
班级管理	管理行政班级以及学生
实习批次管理	进行学生分批次分组动作，学生只有在分完组后才能登录系统
成绩管理	学生组成绩查看
稽查管理	将学生运营的企业分配给稽查人员，之后稽查人员才可以对这些企业进行稽查动作

图7-3 教师功能菜单

（一）班级管理

录入学校实际班级信息，包括班级里的学生。

1. 添加新的行政班级

点击班级管理，录入相关班级信息，点击录入提交即可新增班级。在数据表格上部，提供了一些相关的查询条件，可以通过班级名称、学生学号、学生姓名、创建人等条件直接查找班级（如图7-4所示）。

图7-4 添加班级

2. 修改/删除行政班级

查询显示出所有的班级信息，对班级信息进行修改/删除。修改信息，在相应记录的最后一栏中打钩☑，点击"修改提交"。删除信息，请在相应记录的最后一栏中打钩☑，并点击"删除提交"，将删除所选的记录（如图7-5所示）。

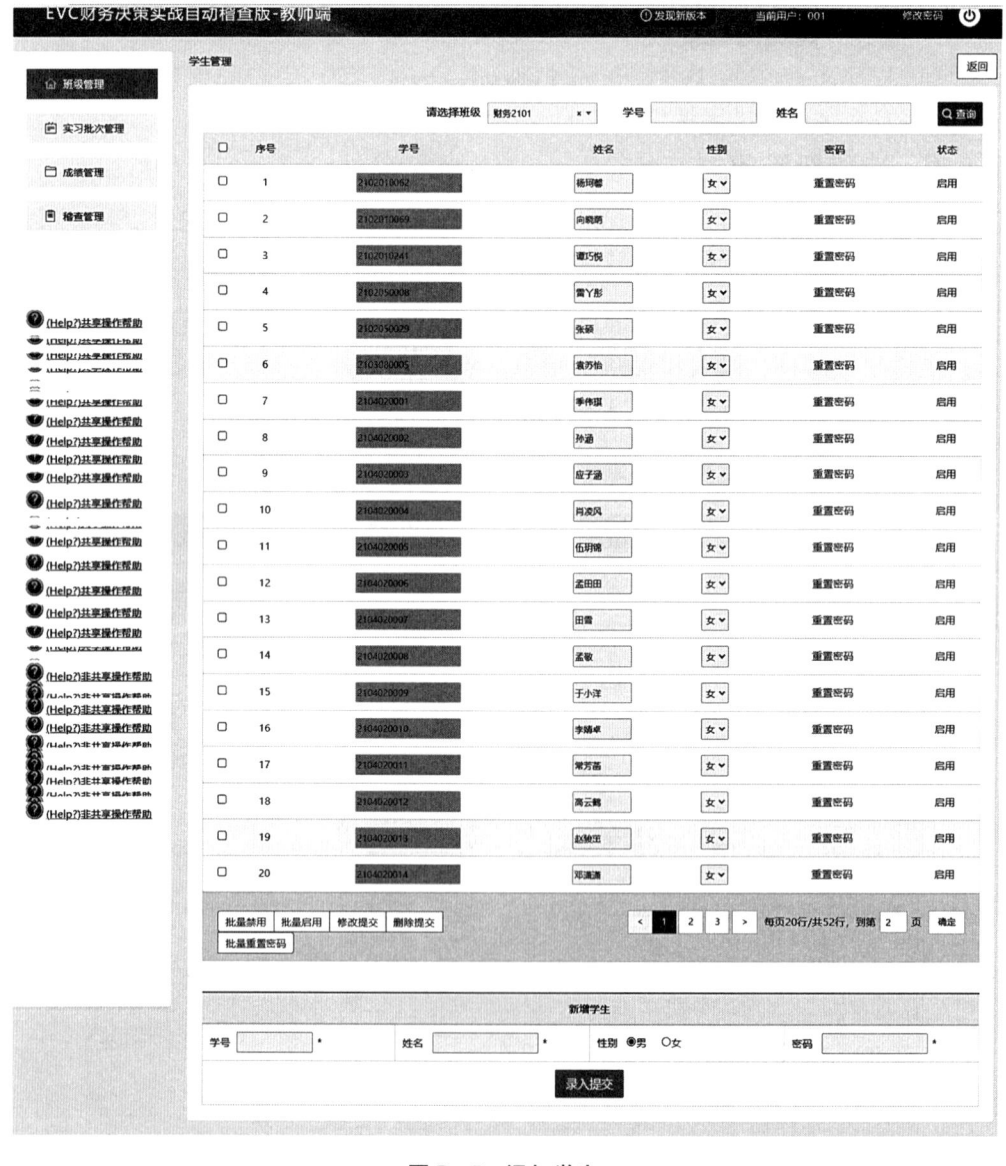

图 7-5 添加学生

注意：只有当本行政班级没有学生时才能删除，否则要先删除学生。

说明：

（1）若要删除或修改记录，必须先对当前记录进行操作确认，即在最后一栏的复选框内打钩☑，再点击"修改提交"或"删除提交"。

（2）批量生成学号可以自动帮教师生成一系列有规律的学号（如图7-6所示）。

图7-6 批量生成学号

（3）"excel导入学生"可方便地将excel中的学生信息导入系统（如图7-7所示）。

"导出数据"是导出所在行政班级中的学生。

（二）学生管理

1. 新增学生信息和行政班级信息

输入各班级的学生信息，使学生可以登录系统，如学生学号、学生姓名、学生登录密码等，并进行学生信息增删改。

选择行政班级，在该班级增加新的学生信息，输入学号、姓名、性别、密码等信息，点击"录入提交"完成（如图7-8所示）。

也可以直接通过excel导入班级花名册，采新增学生信息。

208 | 财务决策模拟实验教程

【excel导入学生】

选择并上传Excel文件到班级:test

Excel文件：[选择文件] 未选择任何文件

(上传导入)　(下载模板)

注：Excel文件中要求：有标题行，第一列为 学号，第二列为 姓名。第三列为 性别。如下图所示

	A	B	C
1	学号	姓名	性别
2	kj01	学生1	男
3	kj02	学生2	女
4	kj03	学生3	男
5	kj04	学生4	女
6	kj05	学生5	男
7	kj06	学生6	女
8	kj07	学生7	男
9	kj08	学生8	女
10	kj09	学生9	男

（必须有标题行）

图 7-7　excel 导入学生

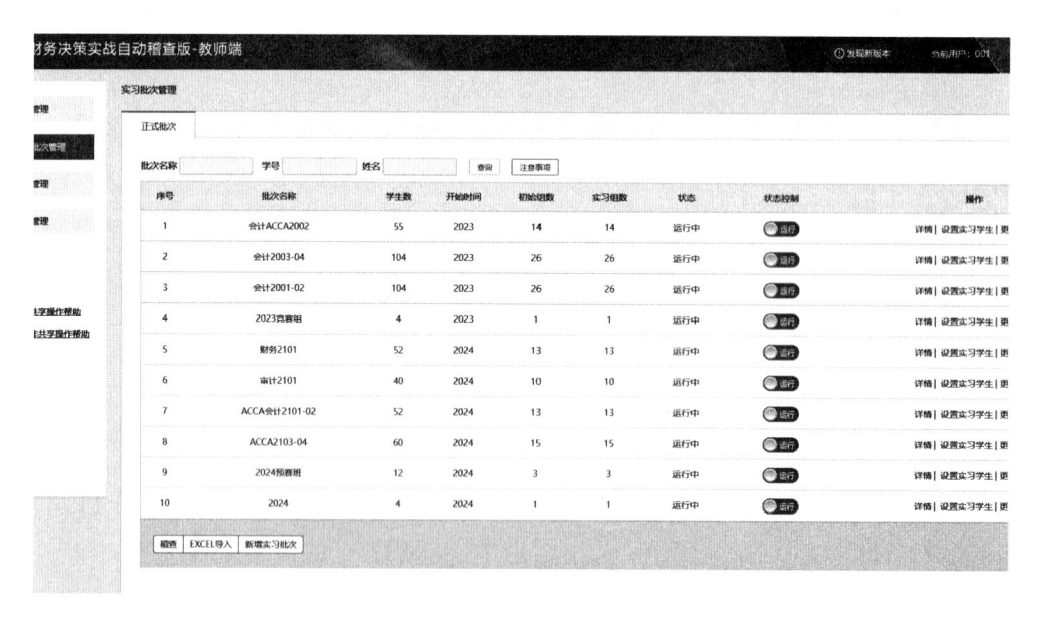

图 7-8　新增学生

说明：

（1）学号：输入学生的实际学号。

注意：学号不能重复，即不同的学生不能用相同的学号。

（2）性别：点击性别前的☑进行选择。

（3）密码：初始密码为 123456，系统管理员和教师可直接修改学生密码，也可由学生在使用时自行修改密码。

2. 修改/删除行政班级学生

查询显示出已存在的所有学生信息，并可进行修改或删除（如图 7-9 所示）。

图 7-9　修改删除学生

说明：

（1）若要删除或修改记录，必须勾选相应每一行后面的复选框。点击首行最后一栏的复选框☑表示全选。

（2）学号不能修改，因为是主关键字。若学号有误，只能删除本记录重新输入。

（3）账号禁用，选择批量禁用，则学生账号被锁定无法登录；选择批量启用，则学生账号就可以恢复登录。

(三) 实验批次管理

点击如图 7-10、图 7-11 所示左侧菜单的"实验批次管理",则进入实验批次管理。

图 7-10 实验批次管理

图 7-11 实验批次管理

设置实验学生（如图 7-12 所示）。

点击如图 7-13 所示的，设置实验学生标签进入选择实验学生。

图 7 – 12　设置学生

图 7 – 13　实验学生加入某一批次

按照图片显示的序号步骤，先选择班级，然后勾选你要加入该批次的学生，最后点击"批量加入本批次实验"按钮，则添加学生成功，左边栏显示已经进入该批次实验的学生。

(四) 实验运行组管理

系统的运行方式是以分组的形式进行，故实验批次内的一个组相当于一家学生企业。点击"实验运行组管理"标签，进入如图 7 – 14 所示的界面。

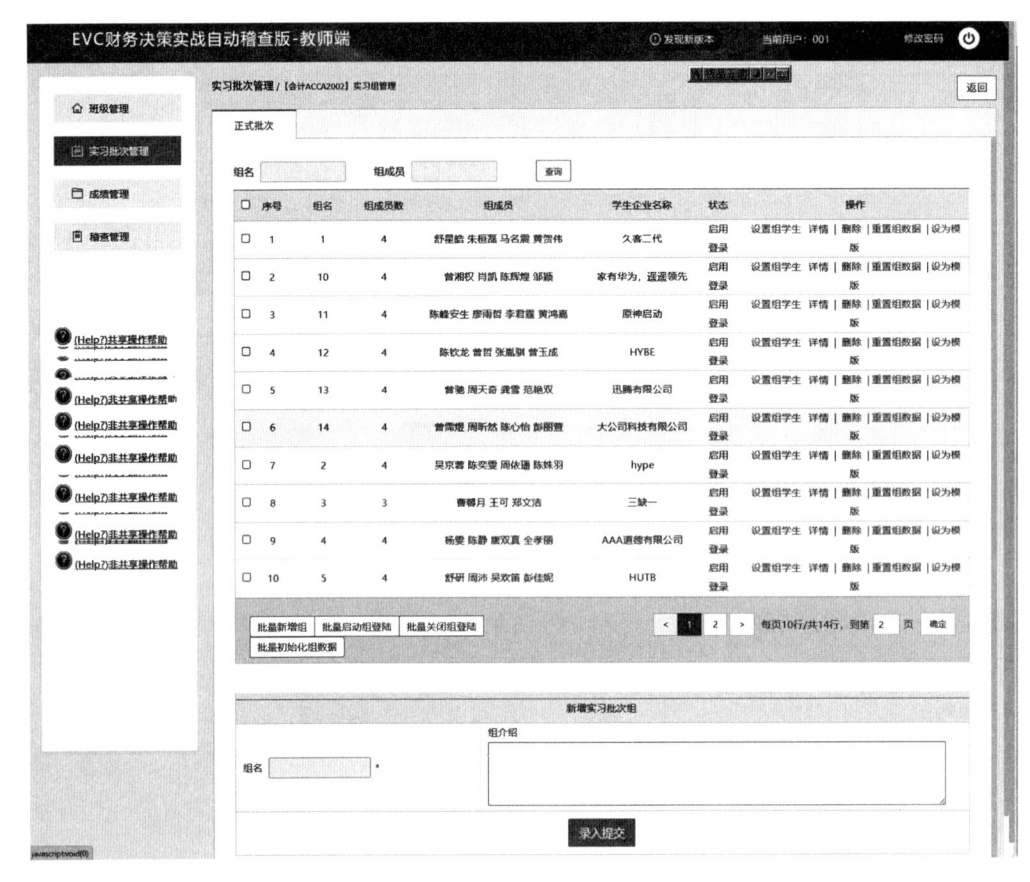

图 7-14　实验运行组管理

点击"设置组学生",进入如图 7-15 所示的界面,先勾选所要的学生,然后点击"批量加入本实验批次组",则把你所要的学生加入到该组当中。

点击"详情",则可以对该组的详细信息进行修改。

点击"删除",则删除该组。

点击"重置组数据",则清空该组的所有操作数据,重新开始。

教师同时也可以将学生的运营数据设置成模板,新的批次可以使用这些模板数据,在这套模板数据的基础上继续运营。

1. 设置实验企业

点击设置实验企业,可以设置此批次的实验企业,也就是使用哪套数据进行实验。系统目前支持全新的实验企业,或者从一套运营过的数据模板开始运

图 7-15　学生批量加入实验组

营。在企业新建的状态下，才可以允许设置，一旦企业开始或者批次的组里已经有过初始化数据，则不能再修改（如图 7-16 所示）。

图 7-16　实验批次管理

2. 参数设置

点击参数设置，可以对实验企业一些默认参数进行设置（如图7-17所示）。

图7-17 参数设置

序号1，点击"启用"则财务预算表中非关键数据自动计算，"禁用"则需自己计算；序号2、序号3，"启用"则自动纳税申报、自动出具报表，无须学生做账报税；序号4，"启用"则需要提交决策，审批；序号8，"启用"则分角色，需要5人组队或者1人切换角色运行，"禁用"则1人即可运营，不分角色（如图7-18所示）。

图7-18 参数详细信息

图 7-18 数值依需要调整，涉及相关法律法规规定数值建议不作调整。

3. 学生决策项管理

勾选决策项，点击添加提交，学生运营企业时可以提交的决策项（如图 7-19 所示）。

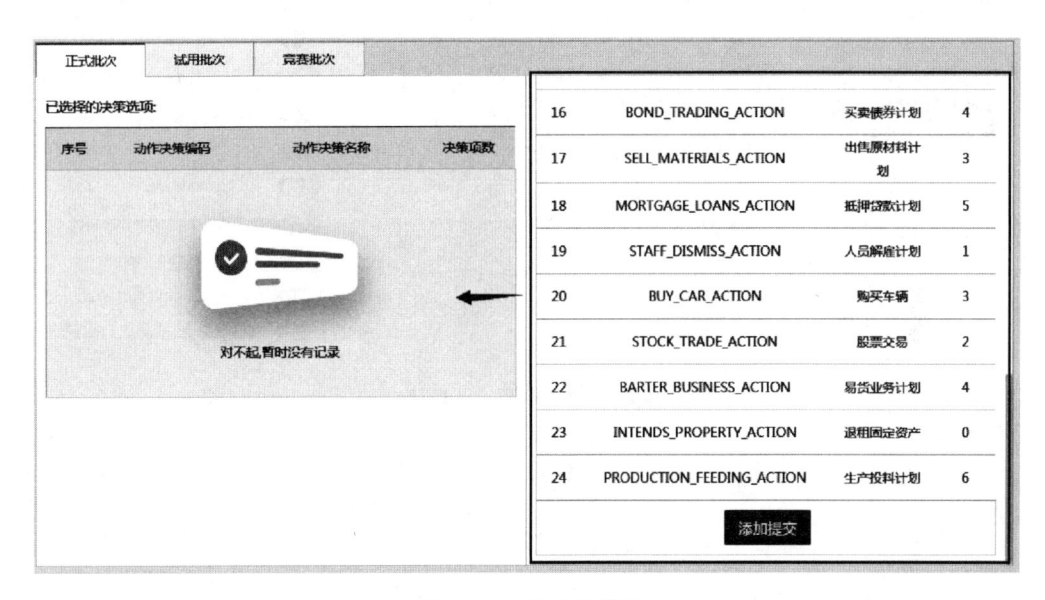

图 7-19　学生决策项

4. 实验运营组初始化

设置完各项信息之后，点击实验运营组初始化对运营组批量初始化（如图 7-20 所示）。

5. 状态控制

点击"批次开始"，开始实验批次，点击"批次暂停"暂停实验批次，学生不可实验，点击"批次继续"，学生可继续实验批次（如图 7-21 所示）。

批次暂停之后，学生将不能登录系统，此时教师可以进行新增组，初始化组数据等操作。等批次恢复运行，学生也将被允许登录系统，同时教师则不能进行以上这些操作。

图 7-20 初始化实验组

图 7-21 批次状态控制

6. 详情

点击详情，可以对该实验批次的信息进行修改，控制时间点是控制批次停止的时间点，比如设置到 2016 年 11 月 30 日，那么学生运行系统到这一天就无法再继续，方便老师进行一个进度控制。批次结束日期是指整个批次的结束时间，到这一天也一样是无法继续下一天，这个时间由批次实验企业设定的时间段决定，不能超过，比如批次实验企业设定的是 10~12 月数据，则批次结束日期一般设定在次年 1 月 4 日，方便学生完成纳税申报（如图 7-22 所示）。

图 7-22　新增与删除实验批次

7. 删除

点击"删除"，确认后则删除该实验批次。

（五）成绩管理

点击左侧菜单的"成绩管理"，则进入如图 7-23 所示界面。

如图 7-24 所示，选择批次，点击"生成成绩"。

再次点击"批量生成成绩"，系统会按照"总分"由高到低顺序排列，其中系统分与教师分占比为 70% 与 30%。如有需要，可以点击"导出 excel"将成绩明细导出（如图 7-25 所示）。

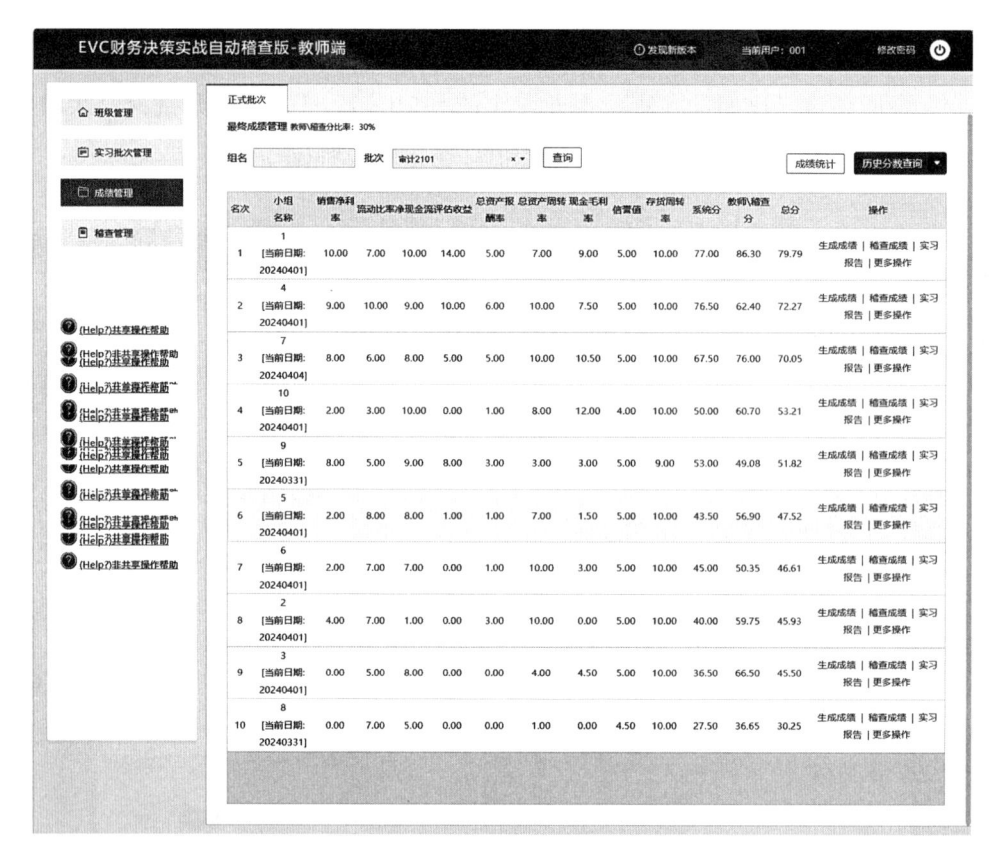

图 7-23　成绩管理

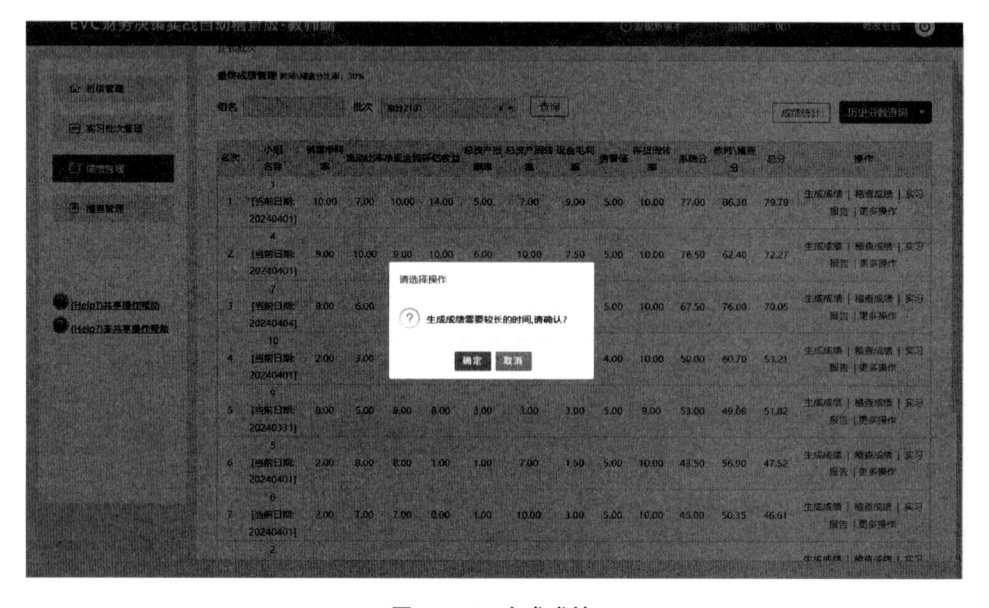

图 7-24　生成成绩

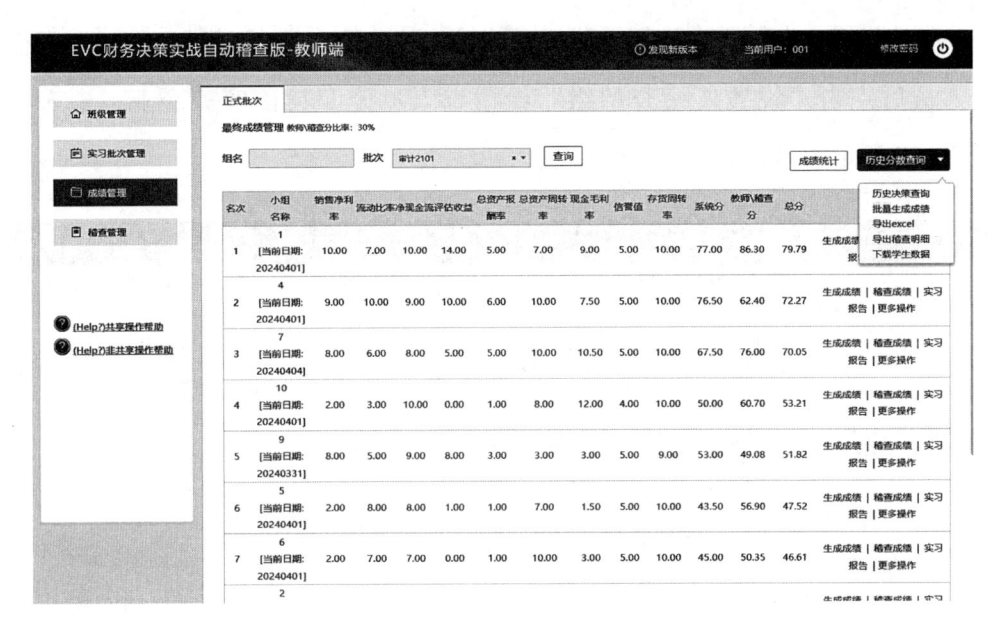

图 7-25　导出成绩

（六）稽查管理

"稽查管理"是给稽查人员分配要稽查的实验企业。点击如图 7-26 所示的"稽查管理"，则进入如下界面。

图 7-26　稽查管理

先选择稽查人员所在班级，或者直接输入稽查人员学号进行查询，选定稽查人员后点击"设置要稽查的组"给稽查人员分配具体实验企业，进入如图 7-27 所示的界面。

图 7-27 设置稽查组

图 7-27 中先在右侧栏中选择要稽查的"实验批次"，查询选择具体某一小组或者全部小组，点击"批量稽核"，被选定的小组会显示在左侧栏内，同样方式可以删除"已有稽核组"。

设置完后，使用稽查人员的账号登录后台进行稽查，学生登录界面右上角，稽查按钮以学生身份进行登录即可（如图 7-28 所示）。

选择对应小组进行稽查，如图 7-29 所示。

"选择企业"即我们选择对应小组（也就是上一步操作）"编制工作底稿"进行比对数据；"录入账务调整通知"即通过后台将学生的错误点（如账务处理）发送到学生；"税务稽查报告"即编写稽查报告。

图 7-28 稽查登录界面

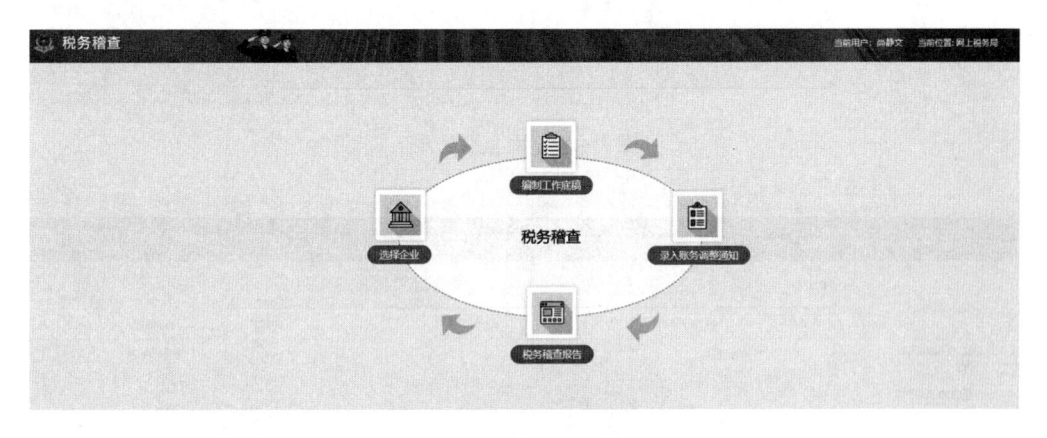

图 7-29 税务稽查界面

1. 税务稽查

税务稽查是比较独立的一个模块，有单独的登录入口，和系统运营部分分开。本模块的目的是从税务局的角度出发，对企业的账务和报税数据进行稽查，如果发现问题，则可以录入报告并提交给企业让其进行整改，也可以进行相应的罚款处罚。

稽查人员登录系统之后进入网上税务局（如图 7-30 所示）。

（1）选择企业。教师可以在管理模块中给稽查人员分配让其稽查的企业，当稽查人员登录之后，就可以选择其中一家进行稽查（如图 7-31 所示）。

图 7-30　网上税务局

图 7-31　选择稽查企业

登录稽查后进行查看相应的报税结果对比（如图 7-32 所示）。

（2）工作底稿查询。稽查人员可以在这个菜单中查看他录入过的所有工作底稿（如图 7-33 所示）。

（3）录入账务调整通知查询。稽查人员可以在这个菜单中查询他录入过的所有账务调整通知（如图 7-34 所示）。

图 7-32 稽查结果对比

图 7-33 工作底稿查询

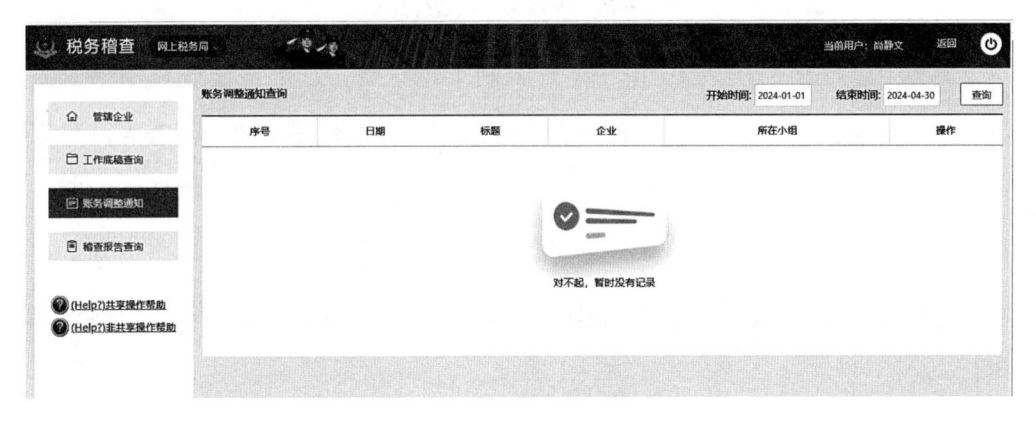

图 7-34 查询账务调整通知

(4) 税务稽查报告查询。稽查人员可以在这个菜单中查询他录入过的所有稽查报告（如图 7-35 所示）。当稽查人员选择一家企业进行稽查之后，将弹出稽查流程（如图 7-36、图 7-37 所示）。

图 7-35　税务稽查报告查询

图 7-36　稽查某一被选择企业

流程上显示有三个步骤：第一个是编制工作底稿，这个工作底稿由稽查人员保留，不会发给学生企业；第二个步骤是录入账务调整通知，稽查人员可以在工作底稿的帮助下，进行账务调整的录入，主要是对企业的一些凭证问题进行调整要求；第三个步骤是录入稽查报告，这个报告可以和账务调整通知进行绑定，稽查人员也可以在报告中作出相应的处罚，最终一并发给学生企业执行。

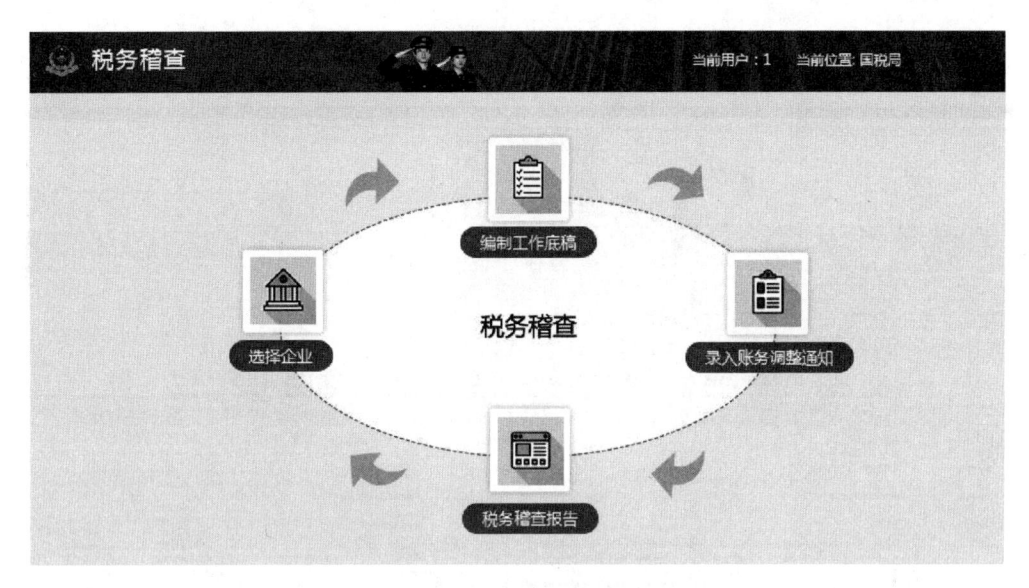

图 7-37　税务稽查流程

（5）编制工作底稿。编制工作底稿的时候，稽查人员可以查看企业的明细数据，包括电算化中所有数据、银行对账单、库存、现金流水、合同、纳税申报表以及发票清单，并可以直观地进行任何两项数据之间的比对（如图 7-38 所示）。工作底稿只留在稽查人员手上，学生企业将无法看到任何一个工作底稿。

图 7-38　工作底稿

录入工作底稿（如图 7-39 所示）。

图 7-39　录入工作底稿

录入账务调整通知。当稽查人员完成工作底稿录入之后，可以对工作底稿作一个汇总，将有问题的凭证修改录入到账务调整通知中，到最后和稽查报告一起发给企业进行修改（如图 7-40 所示）。

图 7-40　账务调整通知

录入账务调整。稽查人员可以新增或者删除明细条目，对于一大类凭证都录错的情况，稽查人员也可以直接录入文字描述，最后还需要录入调整分录条数，这个条数将会影响到学生企业中关于稽查部分的成绩判定，原则上条数越多，稽查部分成绩就越低。稽查人员完成录入之后点击保存按钮，或者点击返回按钮返回上层菜单（如图 7-41 所示）。

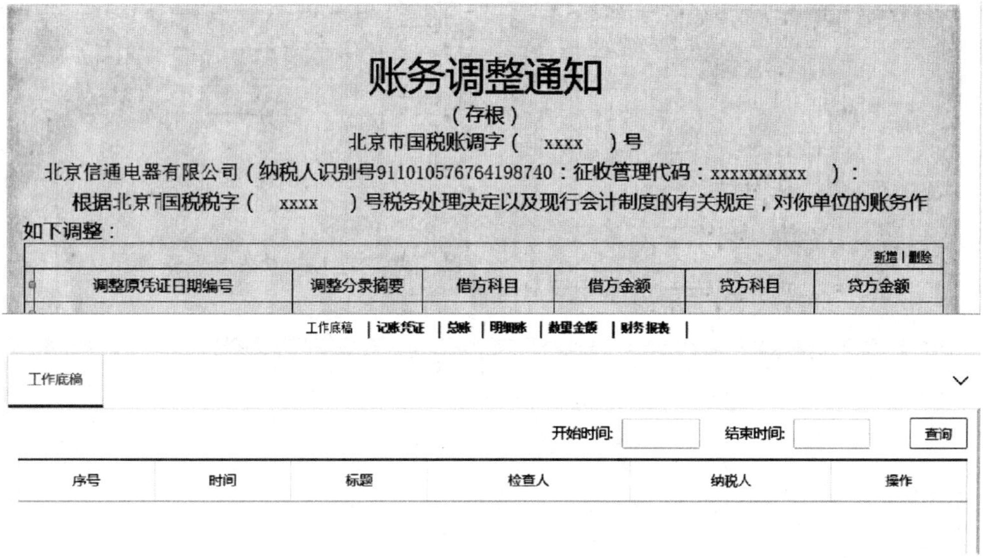

图 7-41　录入账务调整

录入稽查报告。稽查人员点击"税务稽查报告"，默认将本企业的稽查报告都显示出来，稽查人员可以点击"新增稽查报告"来进行录入（如图 7-42 所示）。

录入稽查报告首先需要关联账务调整通知，系统将未关联过稽查报告的账务调整通知显示出来，稽查人员可以选择其中一个进行录入稽查报告（如图 7-43 所示）。

稽查人员可以对照账务调整通知来录入稽查报告的相关内容，包括案件编码、检查时间、检查类型、违法事实需要录入相关的文字描述。如果对于需要处罚的情况，稽查人员可以在稽查报告底部录入相关的处理意见，包括各种罚款。稽查人员完成录入之后点击"保存"按钮，或者点击"返回"按钮返回上层菜单。

图 7-42 录入稽查报告

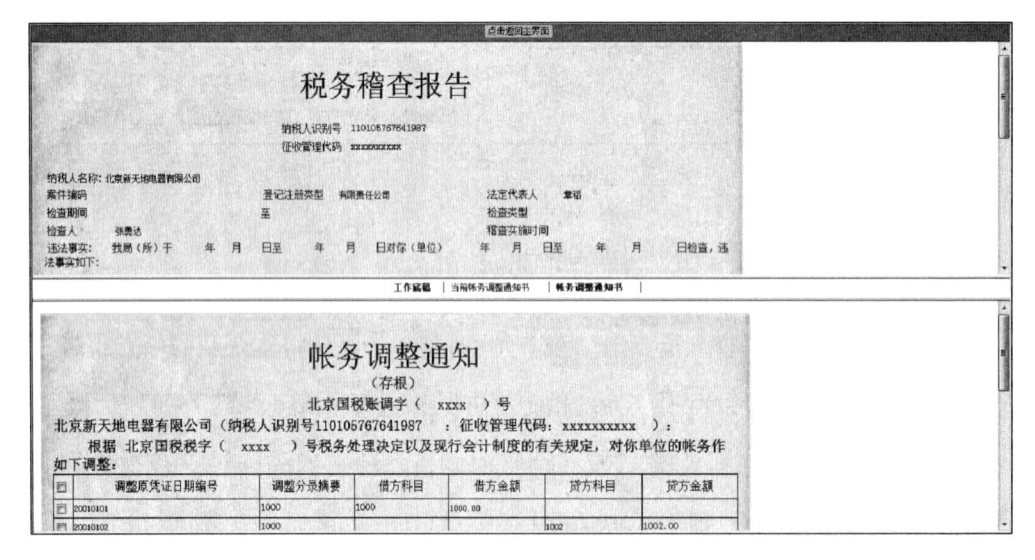

图 7-43 税务稽查报告

稽查人员在稽查报告主页面可以查看本企业所有的稽查报告，对于已经完成的稽查报告，稽查人员进行递交动作，递交之后，将会把相应的稽查报告发送给学生企业。

在学生企业收到稽查报告之后，学生可以选择无异议接受，或者有异议拒绝，但须提交回复返回给稽查人员，稽查人员也可以查看回复并录入回复，或者如果稽查人员觉得企业提交的拒绝理由确实符合情况,也可以将此报告作失效处理。如果学生企业和稽查人员在交互过三次之后还没最终确定结果的话,可以选择提交给教师进行最终裁决。

2. 辅助稽查

(1) 现金核对单。查询稽查企业中,现金对账单与企业现金账的逐条比对(如图 7-44 所示)。

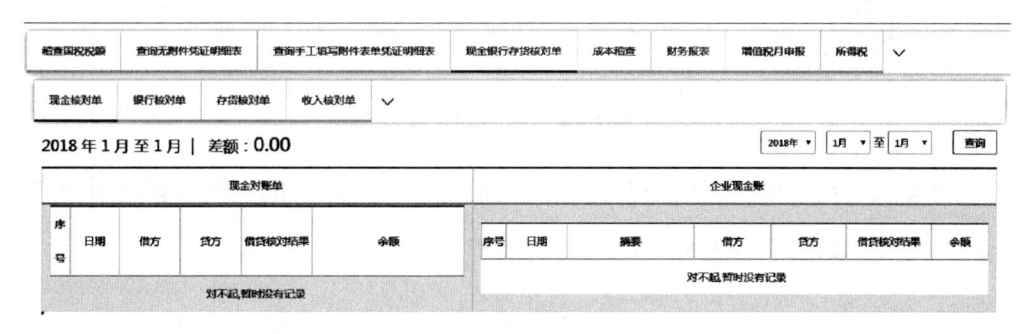

图 7-44 现金核对单

(2) 银行核对单。查询稽查企业中,银行对账单与企业银行账的逐条比对(如图 7-45 所示)。

图 7-45 银行核对单

(3) 存货核对单。查询稽查企业中,原材料产成品的账存数量和库存数量的比对(如图 7-46 所示)。

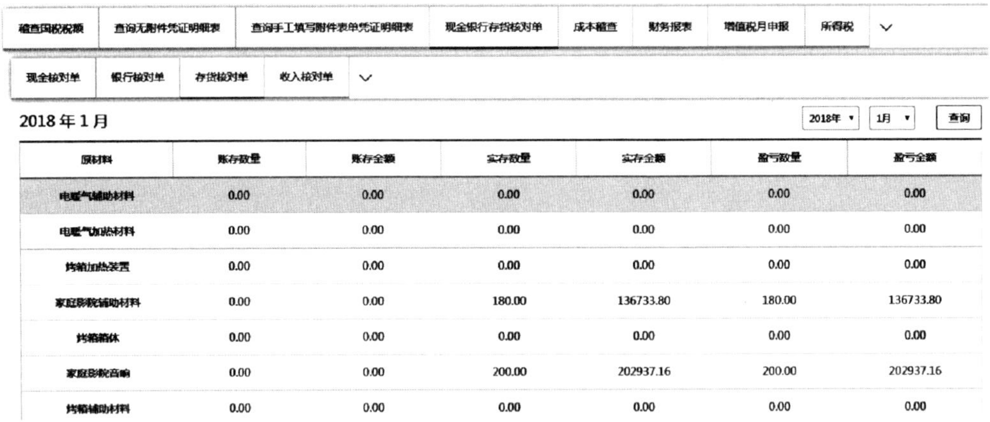

图 7-46　存货核对单

（4）收入核对单。查询稽查企业中，销售订单的发票的金额与账务处理的金额的比对（如图 7-47 所示）。

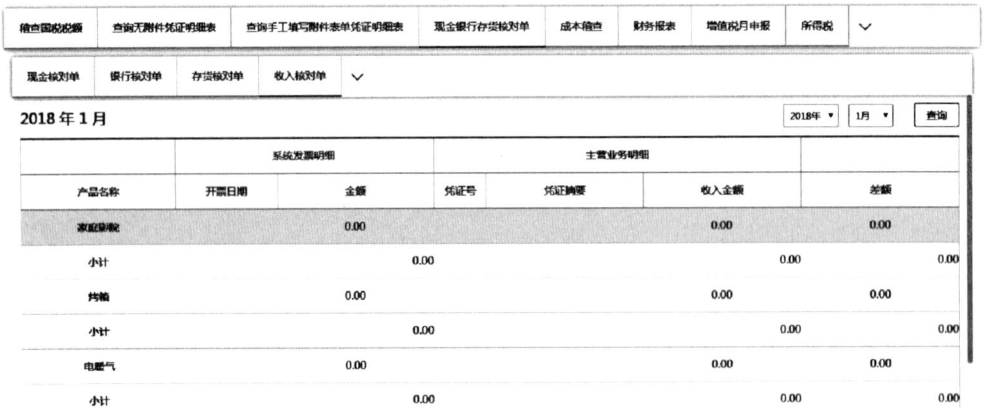

图 7-47　收入核对单

（5）稽查国税税额。图 7-48 上半部分为系统给出数据，"本期应缴"为系统得出数据；"本期实缴税金"为学生实际申报缴纳税金；"差额"不为零则说明对应月份申报数据不正确。图 7-48 下半部分为学生数据，点击"申报表""查看详情"可得到学生申报数据明细。

项目	说明	1月	2月	3月	4月	5月	6月	7月	8月	9月	10月	11月	12月
当期销售额合计		12633442.00	27143248.00	27951893.00	0.00	0.00	0.00	0.00	0.00	0.00	0.00	0.00	0.00
其中：销售货物销售额	当期货物确认销售的金额	12633442.00	27143248.00	27951893.00	0.00	0.00	0.00	0.00	0.00	0.00	0.00	0.00	0.00
卖出股票销售额	股票卖出价/1.06×卖出数量	0.00	0.00	0.00									
卖出不动产销售额	当期卖出不动产的金额（不含税）	0.00	0.00	0.00									
销项税额		1642347.46	3528622.24	3633746.09									
其中：销售货物税额	货物销售额×13%	1642347.46	3528622.24	3633746.09									
卖出股票税额	股票卖出数量×（卖价-买价）÷（1+6%）×6%	0.00	0.00	0.00									
卖出不动产税额	卖出不动产金额×9%	0.00	0.00	0.00									
进项税额		861295.12	572099.36	258632.48									
上期留抵税额		0.00	0.00	0.00									
本期应交税额	（销项税额-进项税额-上期留抵）如果负数取0	781052.24	2956522.88	3375113.61									
期末留抵税额	（销项税额-进项税额-上期留抵）如果负数则取其绝对值，正数填0	0.00	0.00	0.00									
本期实际缴纳税金	纳税回中取数	781052.24	2956522.88	3375113.61									
差额	本期应交-本期实缴税金	0.00	0.00	0.00									
应交城建税	增值税本期应交税款×7%	54673.66	206956.60	236257.95									
实际缴纳城建税	纳税回中取数	54673.66	206956.60	236257.95									
差额	本期应交-本期实缴税金	0.00	0.00	0.00									
应交教育费附加	增值税本期应交税款×3%	23431.57	88695.69	101253.41									
实际缴纳教育费附加	纳税回中取数	23431.57	88695.69	101253.41									
差额	本期应交-本期实缴税金	0.00	0.00	0.00									
应交地方教育附加	增值税本期应交税款×2%	15621.04	59130.46	67502.27									
实际缴纳地方教育附加	纳税回中取数	15621.04	59130.46	67502.27									
差额	本期应交-本期实缴税金	0.00	0.00	0.00									

图 7-48　稽查国税税额

查询无附件凭证、手工填写附件表单凭证明细表（如图 7-49 所示）。

图 7-49　查询无附件凭证、手工填写附件表单凭证

可查出"财务总监"录入的无附件凭证（如图 7-50 所示）。

图 7-50　查询无附件凭证

（6）成本稽查。工资薪酬费用分配表，图 7-51 左半部分"企业填制单据"，为学生填制单据；右半部分"系统生成单据"为系统给出正确数据，输入对应月份查询即可迅速查找出错误点。

考核点	月份	得分点	得分	学生答案	标准答案	应填数据	常见错误点/说明
成本核算工资分配表	202401	生产成本-分配标准 第1月	0.50	抽油烟机: 3420.00 电视机: 3040.00 微波炉: 3040.00	抽油烟机: 3420.00 电视机: 3040.00 微波炉: 3040.00		
		生产成本工资费用小计 第1月	0.30	2240000.00	2240000.00		
		工资分配表合计 第1月	0.50	2493161.44	2493161.44		
		管理费用-工资费用 第1月	0.30	26480.00	26480.00		
		销售费用-工资费用 第1月	0.30	147241.44	147241.44		
		制造费用-工资费用 第1月	0.30	79440.00	79440.00		
		研发费用-工资费用 第1月	0.30	0.00	0.00		
		其他业务成本-工资费用 第1月	0.20	0.00 0.00	0.00 0.00		
	202402	生产成本-分配标准 第2月	0.50	抽油烟机: 5220.00 电视机: 4640.00 微波炉: 4640.00	抽油烟机: 5220.00 电视机: 4640.00 微波炉: 4640.00		
		生产成本工资费用小计 第2月	0.30	2240000.00	2240000.00		
		工资分配表合计 第2月	0.50	2663951.36	2663951.36		
		管理费用-工资费用 第2月	0.30	26480.00	26480.00		
		销售费用-工资费用 第2月	0.30	318031.36	318031.36		
		制造费用-工资费用 第2月	0.30	79440.00	79440.00		
		研发费用-工资费用 第2月	0.30	0.00	0.00		
		其他业务成本-工资费用 第2月	0.20	0.00 0.00	0.00 0.00		
	202403	生产成本-分配标准 第3月	0.50	抽油烟机: 5580.00 电视机: 4960.00 微波炉: 4960.00	抽油烟机: 5580.00 电视机: 4960.00 微波炉: 4960.00		
		生产成本工资费用小计 第3月	0.30	2240000.00	2240000.00		
		工资分配表合计 第3月	0.50	2648902.32	2648902.32		
		管理费用-工资费用 第3月	0.30	26480.00	26480.00		
		销售费用-工资费用 第3月	0.30	302982.32	302982.32		
		制造费用-工资费用 第3月	0.30	79440.00	79440.00		
		研发费用-工资费用 第3月	0.30	0.00	0.00		
		其他业务成本-工资费用 第3月	0.20	0.00 0.00	0.00 0.00		
		总分	8.10		-		

图 7-51 工资薪酬谢费用分配表单

（7）制造费用分配表。制造费用分配表（如图 7-52 所示）。

（8）完工产品与月末在产品成本分配表。完工产品与月末在产品成本分配表（如图 7-53 所示）。

考核点	月份	得分点	得分	学生答案	标准答案	应填数据	常见错误点/说明
成本核算 制造费用分配表	202401	三种产品分配标准 第1月	0.50	电视机: 19.00 微波炉: 19.00 抽油烟机: 19.00 合计: 57.00	电视机: 19.00 微波炉: 19.00 抽油烟机: 19.00 合计: 57.00		
	202402	三种产品分配标准 第2月	0.50	电视机: 29.00 微波炉: 29.00 抽油烟机: 29.00 合计: 87.00	电视机: 29.00 微波炉: 29.00 抽油烟机: 29.00 合计: 87.00		
	202403	三种产品分配标准 第3月	0.50	电视机: 31.00 微波炉: 31.00 抽油烟机: 31.00 合计: 93.00	电视机: 31.00 微波炉: 31.00 抽油烟机: 31.00 合计: 93.00		
总分			1.50		-		

图 7-52 制造费用分配表单

考核点	月份	得分点	得分	学生答案	标准答案	应填数据	常见错误点/说明
成本核算 完工产品与月末在产品成本分配表	202401	3种产品制造费用本月数合计 第1月	0.60	757658.60	757658.60		
		微波炉产品-完工产品产量 第1月	0.10	直接材料-完工产品产量: 3189.00 直接人工-完工产品产量: 3189.00 制造费用-完工产品产量: 3189.00	直接材料-完工产品产量: 3189.00 直接人工-完工产品产量: 3189.00 制造费用-完工产品产量: 3189.00		
		微波炉产品-直接材料本月生产费用 第1月	0.20	1994830.63	1994830.63		
		微波炉产品-直接材料-约当产量 第1月	0.20	1000.00	1000.00		
		微波炉产品-直接人工、制造费用-约当产量 第1月	0.20	直接人工-月末在产品约当产量: 600.00 制造费用-月末在产品约当产量: 600.00	直接人工-月末在产品约当产量: 600.00 制造费用-月末在产品约当产量: 600.00		
		抽油烟机产品-完工产品产量 第1月	0.10	直接材料-完工产品产量: 2697.00 直接人工-完工产品产量: 2697.00 制造费用-完工产品产量: 2697.00	直接材料-完工产品产量: 2697.00 直接人工-完工产品产量: 2697.00 制造费用-完工产品产量: 2697.00		
		抽油烟机产品-直接材料本月生产费用 第1月	0.20	4421532.58	4421532.58		
		抽油烟机产品-直接材料-约当产量 第1月	0.20	900.00	900.00		
		抽油烟机产品-直接人工、制造费用-约当产量 第1月	0.20	直接人工-月末在产品约当产量: 540.00 制造费用-月末在产品约当产量: 540.00	直接人工-月末在产品约当产量: 540.00 制造费用-月末在产品约当产量: 540.00		
		电视机产品-完工产品产量 第1月	0.10	直接材料-完工产品产量: 2797.00 直接人工-完工产品产量: 2797.00 制造费用-完工产品产量: 2797.00	直接材料-完工产品产量: 2797.00 直接人工-完工产品产量: 2797.00 制造费用-完工产品产量: 2797.00		
		电视机产品-直接材料本月生产费用 第1月	0.20	5486934.56	5486934.56		
		电视机产品-直接材料-约当产量 第1月	0.20	640.00	640.00		
		电视机产品-直接人工、制造费用-约当产量 第1月	0.20	直接人工-月末在产品约当产量: 0.00 制造费用-月末在产品约当产量: 0.00	直接人工-月末在产品约当产量: 0.00 制造费用-月末在产品约当产量: 0.00		
	202402	3种产品制造费用本月数合计 第2月	0.60	804901.07	804901.07		
		微波炉产品-完工产品产量 第2月	0.10	直接材料-完工产品产量: 6394.00 直接人工-完工产品产量: 6394.00 制造费用-完工产品产量: 6394.00	直接材料-完工产品产量: 6394.00 直接人工-完工产品产量: 6394.00 制造费用-完工产品产量: 6394.00		
		微波炉产品-直接材料本月生产费用 第2月	0.20	2627447.68	2627447.68		
		微波炉产品-直接材料-约当产量 第2月	0.20	200.00	200.00		
		微波炉产品-直接人工、制造费用-约当产量 第2月	0.20	直接人工-月末在产品约当产量: 0.00 制造费用-月末在产品约当产量: 0.00	直接人工-月末在产品约当产量: 0.00 制造费用-月末在产品约当产量: 0.00		
		抽油烟机产品-完工产品产量 第2月	0.10	直接材料-完工产品产量: 5577.00 直接人工-完工产品产量: 5577.00 制造费用-完工产品产量: 5577.00	直接材料-完工产品产量: 5577.00 直接人工-完工产品产量: 5577.00 制造费用-完工产品产量: 5577.00		
		抽油烟机产品-直接材料本月生产费用 第2月	0.20	6683132.34	6683132.34		
		抽油烟机产品-直接材料-约当产量 第2月	0.20	720.00	720.00		
		抽油烟机产品-直接人工、制造费用-约当产量 第2月	0.20	直接人工-月末在产品约当产量: 180.00 制造费用-月末在产品约当产量: 180.00	直接人工-月末在产品约当产量: 180.00 制造费用-月末在产品约当产量: 180.00		
		电视机产品-完工产品产量 第2月	0.10	直接材料-完工产品产量: 4319.00 直接人工-完工产品产量: 4319.00 制造费用-完工产品产量: 4319.00	直接材料-完工产品产量: 4319.00 直接人工-完工产品产量: 4319.00 制造费用-完工产品产量: 4319.00		
		电视机产品-直接材料本月生产费用 第2月	0.20	7158475.12	7158475.12		
		电视机产品-直接材料-约当产量 第2月	0.20	800.00	800.00		
		电视机产品-直接人工、制造费用-约当产量 第2月	0.20	直接人工-月末在产品约当产量: 320.00 制造费用-月末在产品约当产量: 320.00	直接人工-月末在产品约当产量: 320.00 制造费用-月末在产品约当产量: 320.00		

234 | 财务决策模拟实验教程

期间	项目	得分	学生答案	标准答案
	3种产品制造费用本月数合计 第3月	0.60	798215.36	798215.35
	微波炉产品-完工产品产量 第3月	0.10	直接材料-完工产品产量: 6195.00 直接人工-完工产品产量: 6195.00 制造费用-完工产品产量: 6195.00	直接材料-完工产品产量: 6195.00 直接人工-完工产品产量: 6195.00 制造费用-完工产品产量: 6195.00
	微波炉产品-直接材料本月生产费用 第3月	0.20	2815898.24	2815898.24
	微波炉产品-直接材料-约当产量 第3月	0.20		
	微波炉产品-直接人工、制造费用-约当产量 第3月	0.20	直接人工-月末在产品约当产量: 0.00 制造费用-月末在产品约当产量: 0.00	直接人工-月末在产品约当产量: 0.00 制造费用-月末在产品约当产量: 0.00
202403	抽油烟机产品-完工产品产量 第3月	0.10	直接材料-完工产品产量: 5757.00 直接人工-完工产品产量: 5757.00 制造费用-完工产品产量: 5757.00	直接材料-完工产品产量: 5757.00 直接人工-完工产品产量: 5757.00 制造费用-完工产品产量: 5757.00
	抽油烟机产品-直接材料本月生产费用 第3月	0.20	6240652.29	6240652.29
	抽油烟机产品-直接材料-约当产量 第3月	0.20		
	抽油烟机产品-直接人工、制造费用-约当产量 第3月	0.20	直接人工-月末在产品约当产量: 0.00 制造费用-月末在产品约当产量: 0.00	直接人工-月末在产品约当产量: 0.00 制造费用-月末在产品约当产量: 0.00
			直接材料-完工产品产量: 5277.00	直接材料-完工产品产量: 5277.00

图 7-53 完工产品和月末在产品成本分配表单

（9）财务报表。图 7-54 "A" 部分为系统给出 "资产负债表" 数据，"B" 部分为系统给出具体账户明细及利润表项目等明细，"C" 部分可以查询得到相应月份学生数据明细。通过对比可迅速查找错误点。同样，"利润表" 也可按照此方式稽查。"现金流量表" 为系统给出参考数据。

考核点	名称	得分点	得分	学生答案	标准答案	应填数据	常见错误点/说明
财务处理	资产负债表	资产负债表-交易性金融资产	2.00	0.00	0.00		
		资产负债表-其他流动资产	1.00	0.00	0.00		
		资产负债表-固定资产	2.00	68664.90	68664.90		
		资产负债表-应付账款	1.50	5000000.00	5000000.00		
		资产负债表-应收账款	1.50	7575115.46	7575115.46		
		资产负债表-开发支出	1.00	0.00	0.00		
		资产负债表-无形资产	1.00	0.00	0.00		
		资产负债表-短期借款	2.00	5000000.00	5000000.00		
		资产负债表-预付账款与其他应收款	2.00	648059.65	648059.65		
		资产负债表-预计负债	2.30	931971.31	931971.31		
	利润表	利润表-信用减值损失	1.00	0.00	0.00		
		利润表-公允价值变动收益	1.00	0.00	0.00		
		利润表-投资收益	1.00				
		利润表-税金及附加	2.00	93726.27 376685.57 418229.34	93726.27 376685.57 418229.34		
		利润表-营业外支出	1.00	0.00	0.00		
		利润表-营业收入	1.00	12633442.00 27143248.00 27951893.00	12633442.00 27143248.00 27951893.00		
		利润表-财务费用	1.00	58711.34	58711.34		
		利润表-销售费用与管理费用及研发费用	2.00	5410125.71	5410125.71		
		总分	26.30		-		

图 7-54 财务报表单

（10）所得税。图 7－55“A”部分为系统给出年度所得税申报表主表数据；“B”部分为系统给出年度所得税申报表附表数据，每张附表可以单击查看；“C”部分为学生填写年度申报表主表数据；“D”部分为学生填写年度申报表附表数据，通过对比可迅速找出错误点。

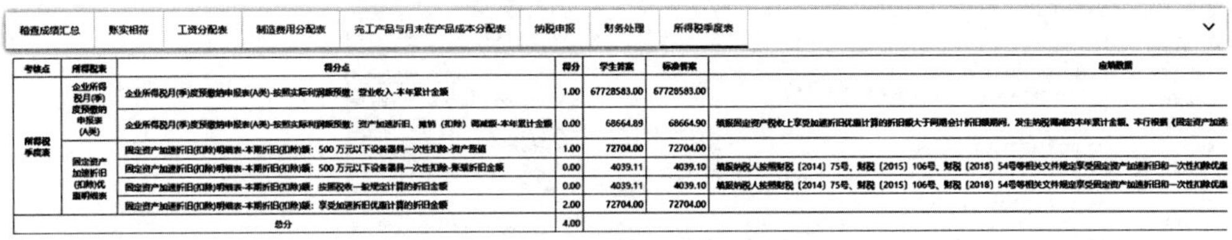

考核点	所得税表	得分点	得分	学生答案	标准答案	应填数据
所得税季度表	企业所得税月(季)度预缴纳申报表(A类)	企业所得税月(季)度预缴纳申报表(A类)-按照实际利润额预缴：营业收入-本年累计金额	1.00	67728583.00	67728583.00	
		企业所得税月(季)度预缴纳申报表(A类)-按照实际利润额预缴：资产加速折旧、摊销（扣除）调减额-本年累计金额	0.00	68664.89	68664.90	填报固定资产税收上享受加速折旧优惠计算的折旧额大于同期会计折旧额期间，发生纳税调减的本年累计金额，本行根据《固定资产加速
	固定资产加速折旧(扣除)优惠明细表	固定资产加速折旧(扣除)明细表-本期折旧(扣除)额：500 万元以下设备器具一次性扣除-资产原值	1.00	72704.00	72704.00	
		固定资产加速折旧(扣除)明细表-本期折旧(扣除)额：500 万元以下设备器具一次性扣除-账载折旧金额	0.00	4039.11	4039.10	填报纳税人按照财税〔2014〕75号、财税〔2015〕106号、财税〔2018〕54号等相关文件规定享受固定资产加速折旧和一次性扣除优惠
		固定资产加速折旧(扣除)明细表-本期折旧(扣除)额：按照税收一般规定计算的折旧金额	0.00	4039.11	4039.10	填报纳税人按照财税〔2014〕75号、财税〔2015〕106号、财税〔2018〕54号等相关文件规定享受固定资产加速折旧和一次性扣除优惠
		固定资产加速折旧(扣除)明细表-本期折旧(扣除)额：享受加速折旧优惠计算的折旧金额	2.00	72704.00	72704.00	
总分			4.00			

图 7－55　所得税申报对比

点击“编制工作底稿”进行数据对比（如图 7－56 所示）。

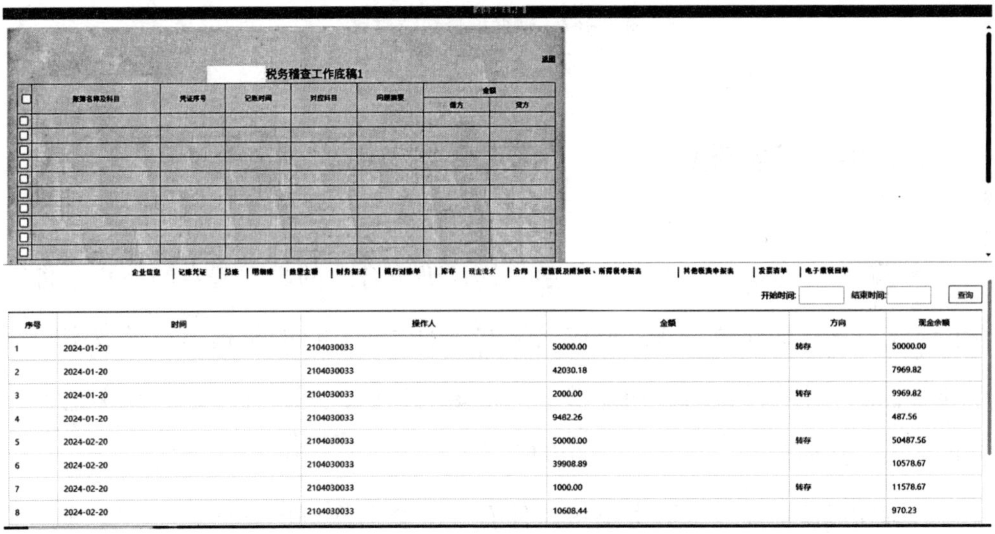

序号	时间	操作人	金额	方向	现金余额
1	2024-01-20	2104030033	50000.00	转存	50000.00
2	2024-01-20	2104030033	42030.18		7969.82
3	2024-01-20	2104030033	2000.00	转存	9969.82
4	2024-01-20	2104030033	9482.26		487.56
5	2024-02-20	2104030033	50000.00	转存	50487.56
6	2024-02-20	2104030033	39908.89		10578.67
7	2024-02-20	2104030033	1000.00	转存	11578.67
8	2024-02-20	2104030033	10608.44		970.23

图 7－56　工作底稿对比

“辅助稽查”即为系统参考答案；“辅助稽查（对比数据）”即为系统参考答案与学生答案进行比对；“新增工作底稿”即为稽查过程中记录的工作底稿；“对比数据”即学生自己的答案跟自己对比（方便打开不同界面上下比对）。

常用“辅助稽查（对比数据）”，点击进入（如图 7－57 所示）。

稽查增值税及附加税税额 | 稽查其他税费税额 | 现金银行存货核对单 | 成本稽查 | 财务报表 | 增值税及附加税费月申报 | 季度所得税（批次结束方可查看） | 年度所得税（批次结束方可查看）

选择年份：选择年份

2024增值税及附加税税务稽查

项目	说明	1月	2月	3月	4月	5月	6月	7月	8月	9月	10月	11月	12月
当期销售额合计		12633442.00	27143248.00	27951893.00	0.00	0.00	0.00	0.00	0.00	0.00	0.00	0.00	0.00
其中：销售货物销售额	当期货物确认销售的金额	12633442.00	27143248.00	27951893.00	0.00	0.00	0.00	0.00	0.00	0.00	0.00	0.00	0.00
卖出股票销售额	股票卖出价/1.06×卖出数量	0.00	0.00	0.00	0.00	0.00	0.00	0.00	0.00	0.00	0.00	0.00	0.00
卖出不动产销售额	当期卖出不动产的金额（不含税）	0.00	0.00	0.00	0.00	0.00	0.00	0.00	0.00	0.00	0.00	0.00	0.00
销项税额		1642347.46	3528622.24	3633746.09	0.00	0.00	0.00	0.00	0.00	0.00	0.00	0.00	0.00
其中：销售货物税额	货物销售额×13%	1642347.46	3528622.24	3633746.09	0.00	0.00	0.00	0.00	0.00	0.00	0.00	0.00	0.00
卖出股票税额	股票卖出数量×（卖价-买价）÷（1+6%）×6%	0.00	0.00	0.00	0.00	0.00	0.00	0.00	0.00	0.00	0.00	0.00	0.00
卖出不动产税额	卖出不动产金额×9%	0.00	0.00	0.00	0.00	0.00	0.00	0.00	0.00	0.00	0.00	0.00	0.00
进项税额		861295.22	572099.36	258632.48	0.00	0.00	0.00	0.00	0.00	0.00	0.00	0.00	0.00
上期留抵税额		0.00	0.00	0.00	0.00	0.00	0.00	0.00	0.00	0.00	0.00	0.00	0.00
本期应交税额	（销项税额-进项税额-上期留抵）如果负数则为0	781052.24	2956522.88	3375113.61	0.00	0.00	0.00	0.00	0.00	0.00	0.00	0.00	0.00
期末留抵税额	（销项税额-进项税额-上期留抵）如果负数则取其绝对值，正数填0	0.00	0.00	0.00	0.00	0.00	0.00	0.00	0.00	0.00	0.00	0.00	0.00
本期实际缴纳税金	纳税回单中取数	781052.24	2956522.88	3375113.61	0.00	0.00	0.00	0.00	0.00	0.00	0.00	0.00	0.00
差额	本期应交-本期实缴税金	0.00	0.00	0.00	0.00	0.00	0.00	0.00	0.00	0.00	0.00	0.00	0.00
应交城建税	增值税本期应交税款×7%	54673.66	206956.60	236257.95	0.00	0.00	0.00	0.00	0.00	0.00	0.00	0.00	0.00
实际缴纳城建税	纳税回单中取数	54673.66	206956.60	236257.95	0.00	0.00	0.00	0.00	0.00	0.00	0.00	0.00	0.00
差额	本期应交-本期实缴税金	0.00	0.00	0.00	0.00	0.00	0.00	0.00	0.00	0.00	0.00	0.00	0.00
应交教育费附加	增值税本期应交税款×3%	23431.57	88695.69	101253.41	0.00	0.00	0.00	0.00	0.00	0.00	0.00	0.00	0.00
实际缴纳教育费附加	纳税回单中取数	23431.57	88695.69	101253.41	0.00	0.00	0.00	0.00	0.00	0.00	0.00	0.00	0.00
差额	本期应交-本期实缴税金	0.00	0.00	0.00	0.00	0.00	0.00	0.00	0.00	0.00	0.00	0.00	0.00
应交地方教育附加	增值税本期应交税款×2%	15621.04	59130.46	67502.27	0.00	0.00	0.00	0.00	0.00	0.00	0.00	0.00	0.00
实际缴纳地方教育附加	纳税回单中取数	15621.04	59130.46	67502.27	0.00	0.00	0.00	0.00	0.00	0.00	0.00	0.00	0.00
差额	本期应交-本期实缴税金	0.00	0.00	0.00	0.00	0.00	0.00	0.00	0.00	0.00	0.00	0.00	0.00

会计制度：息】-【生产状态】处查询）；固定资产折旧方法采用直线法；产成品出库采用月末一次加权平均法。
    股票计入交易性金融资产，买卖采用移动加权平均法结转股票成本，以公允价值计量且其变动计入当期损益；所得税每季度末一次性根据企业利润计提（无需进行纳税调整，纳税调整事项统一体现在年度所得税申报表上）；本企业员工到岗后，次月起薪，为了保证成本核算均衡，工资福利费等薪酬当月计提，次月支付；月末无需计提本月利息费用，次月支付时直接计入当期费用。
    月末销项税额大于进项税额时需计提增值税，若有留抵则无需计提，留抵部分可结转下期进行抵扣；月末无需计提印花税，次月申报缴纳时直接计入对应科目即可；

图 7-57　辅助稽查数据对比

二、平台教学设计

教学设计是根据教学对象和教学目标，确定合适的教学起点与终点，将教学诸要素有序、优化地安排，形成教学方案的过程。目的是提高教学效率和教学质量，使学生在单位时间内能够学到更多的知识，更大幅度地提高学生各方面的能力，从而使学生获得良好的发展。

教师在授课前需对本财务决策软件有一个全面深刻的理解认识，尤其是平台的设计理念、各子系统功能结构、平台中整合的知识体系等。教师在进行教学设计时应立足于整体，每个子系统应协调于整个教学系统中，做到整体与部分有机统一，最终达到教学系统的整体优化。

（一）教学对象

本平台的学习，要求学生应基本具备出纳实务、基础会计、财务会计、成本会计、税务会计、财务管理、会计电算化、管理学基础、市场营销学、金融等相关知识，适合高等院校金融、贸易、管理、会计、财管、审计等专业学生开设本实验课程。

（二）教学目标

1. 知识和技能目标

（1）基础层面：掌握企业运作的基本流程以及各环节的基本关系。

（2）技术层面：掌握企业的资产结构、物流结构和现金流结构及其周转变化的特点与核算。

（3）决策层面：掌握企业不断提高竞争力的战略规划、执行效率和细节安排。

2. 能力目标

（1）迅速处理信息的能力。

（2）准确把握关键问题的能力。

（3）归纳发现基本规律的能力。

（4）合理运用竞争策略的能力。

（5）评估控制风险的能力。

（6）妥善处理团队关系的能力。

（7）深入思考和创新的思维能力。

（三）教学要求

1. 掌握流程化管理的理念和实践

（1）要点：业务衔接流程、工作执行流程、战略决策流程。

（2）难点：企业战略决策流程的制定与执行；采购计划与产能、产量、库存的匹配管控；资金的计划与控制；财务管理服务业务发展的需求。

2. 理解效率化管理的理念，掌握资源管理与规划的理念和基本方法

（1）要点：资产结构及其变化、资金周转与效率、资金规划与控制、权益控制、企业效率。

（2）难点：资产结构的规划、资金的规划与控制、资金运用效率的提升。

3. 体验职位工作关系和团队管理理念，掌握分工与协作的理念和基本方法

（1）要点：关键岗位职责、工作分工与任务分配、工作衔接与沟通、员工绩效。

（2）难点：员工工作效率的提升、绩效的考核与员工激励机制、人力资源成本的控制。

4. 理解制定战略的理念和基本方法，掌握战略与效率之间的关系

（1）要点：战略性思维、战略定位与战略性风险、策略制定与策略性风险、决策执行与执行性风险。

（2）难点：以战略性思维运作企业、经营风险的预计与防范、决策方案的评估与选择。

5. 要求不断改进工作方法

（1）要点：区分完成什么任务和完成任务的过程、准确完成任务的方法、提高工作效率的方法、妥善储存经营决策数据的方法、数据共享与沟通的方法、改进工作流程。

（2）难点：明确工作流程，提高数据信息管理功效，改进工作流程。

6. 要求进行创新工具设计

（1）要点：操作工具设计（操作记录、计算用的表单，如排产记录）、分析工具设计（如市场、成本分析的表单）、决策工具设计（如现金预算与控制的表单）。

（2）难点：根据企业运营、资金管理控制及成本计算的需要，进行系统工

具集成设计，提高工作效率。

（四）教学实施

财务决策平台具有跨学科、跨专业配合的综合特点，所以传统的教学组织形式不符合这一新型课程的要求。教学过程中可以从教师的组织、学生的组织和教学过程的组织三方面来进行。

1. 教师的组织

传统的一位专业教师对应一个专业教学班的一门专业课程的教学模式，不适应新型的平台综合模拟教学，建议采用新的教学组织形式，成立专门的相关专业教师组成的综合性课题教学小组。采用"协作式"教学，共同设计、集体备课、交流协作等方式，共同承担财务决策平台教学任务，只有这样才能有良好的教学效果。

2. 学生的组织

以班级为单位组织教学，是大家惯用的教学组织形式，教学中可将班级学生按平台规则进行分组；条件许可的情况下也可以将不同专业的学生混合编组，每个学习小组都是一个具有相对完整知识结构的学习群体。这样可以为模拟公司行为提供多重角色资源，为自主式、协作式学习提供必要的组织保障。各小组成员按企业角色岗位设置进行，使每个学生既能全面把握企业的运作和工作流程，又能在链接相关专业知识的环境下深化专业知识与专业技能的学习，从而将专业知识学习与相关知识学习、专业技能培养与基本技能培养有机地结合起来。

3. 教学过程的组织

教学过程可采用阶段性教学，使学生在完全了解财务决策平台模拟教学过程的前提下，有足够的时间对所学知识进行梳理和归纳。教学过程可分为两个阶段：情景模拟阶段、知识重建阶段。

第一阶段学生已经掌握了许多专业基础知识，但学生的知识仍然是凌乱的、松散的。通过第一阶段的情景模拟教学，可以将学生所学的知识系统化，将零散的知识有机组合起来。这不仅有利于以前知识的调用，而且有利于未来新知识的吸收，更有利于搭建整体知识的系统构架。通过第一阶段的情景模拟、教师的点评、问题的提出，使学生带着问题进入第二阶段的专业知识学习。学生在这个阶段可以轮换角色，旨在让每个学生都感受到完整的决策体验，进而深刻体会到决策在企业经营成败中的重要作用。采用小组学习的方式，可以促进同学之间的融合，优势互补，互相学习，从而提高他们探索知识和自主学习知识的能力。

本实验要求完成一个主体实验，即经营一个虚拟企业的运作全过程操作和各分项实验，研究如何处理企业经营竞争过程中的关键问题。教学中以学生自主学习、亲历实践为主，教师负责指导、核查、评判、解析；学生在平台使用中通过完成虚拟企业设置的工作任务来加深对理论知识的理解和反思，不断通过复习、拓展理论知识来指导虚拟企业的运作，最终实现知识和能力的融合贯通；教师亦不再单纯地采用知识灌输的教学方式，而是作为一名导师，指点学生运作企业的思路；作一名咨询师，帮助学生分析解决企业运作的难题；作一名裁判，判断学生企业面临的内外部矛盾。具体可分为以下步骤。

（1）教学分成两个阶段：第一阶段，情景模拟阶段，由教师引导学生了解企业的内外部环境，了解每个角色的工作职责，并通过实例引导帮助学生熟悉平台规则；第二阶段，知识重建阶段，学生分组自行完成平台操作，详见《教学进度计划表》。

（2）期末成绩由分组操作成绩（平台自动打分）、实战经验总结和教师稽查评分组成。

（3）《教学进度计划表》中的课时分配为教师课堂指导和学生课堂实验时间，在学校网络条件允许的情况下，可开放平台，鼓励学生在课后多次重复进行平台实战操作，运营规划的不同、实际执行的情况不同、随机事件的出现都会让每次实战有不同的收获。

（4）学生可以选择 1~3 月或者 10~12 月的企业数据进行实战操作，不同企业数据所能经历的经营情况会有所不同。完成 10~12 月的实战操作还可以体验年度企业所得税汇算清缴业务的操作流程。